인문학으로 행복 찾기

인문학으로 행복 찾기

2015년 9월 1일 초판 인쇄
2015년 9월 5일 초판 발행

지은이 박도현 | **펴낸이** 이찬규 | **펴낸곳** 북코리아
등록번호 제03-01240호 | **전화** 02-704-7840 | **팩스** 02-704-7848
이메일 sunhaksa@korea.com | **홈페이지** www.북코리아.kr
주소 462-807 경기도 성남시 중원구 사기막골로 45번길 14
　　　 우림라이온스밸리2차 A동 1007호
ISBN 978-89-6324-442-6 03190

값 13,000원

FINDING HAPPINESS with
THE HUMANITIES

인문학으로 행복 찾기

박도현 지음

북코리아

추천의 글

요즈음 서점에 나가보면 행복에 대한 책들이 넘쳐나는 것을 볼 수 있습니다. 그런데 그렇게 알려지는 행복에로의 길이 정말 우리를 행복으로 인도하는지 의심스러울 때가 많습니다. 방송을 통해 이야기되는 수많은 행복의 길들도 마찬가지입니다. TV에 나와 웃는 낯으로 행복을 이야기하던 사람이 어느 날 자살했다는 소식을 접했을 때 그 황망함이란 이루 말할 수 없는 것이었습니다. 그런 이에게 행복은 밥벌이 수단이기는 했겠지만 자신을 진정으로 행복케 한 것은 아니었던 게지요. 또한 우리가 그의 유창한 말에 잠시 행복감에 젖어 보기는 했어도, 그게 진짜 행복은 아니었던 것입니다.

잠시 행복하다고 느끼는 것과 진정한 행복의 길은 다릅니다. 진정한 행복은 영원과 잇대어 있습니다. 그래서 어거스틴은 인간의 비참함과 하나님 안에서 인간의 행복을 대비하여 말하였습니다. 목회의 길에서 행복을 깊이 묵상했던 박도현 목사님의 글은 이런 점에서 우리의 기대를 모으게 됩니다. 목회 현장에 서 있는 그가 말하는 행복론에는 현실성과 깊이를 동시에 드러낼 것이기 때문입니다.

박 목사님은 인문학으로 행복을 찾는다고 합니다. 인문(人文)이란 인문(人紋)을 말합니다. 즉 인문학은 인간의 무늬를 살피는 학문이라는 말입니다. 인간에게는 오랜 세월 형성된 무늬가 있는데, 그 무늬를 알아야만 진정한 행복의 이해가 가능합니다. 박 목사님은 지난 수년간 '행복의 철학'을 대학에서 강의하면서 대학생의 문제를 깊이 들여다보았고, 또 목회를 통해 다양한 계층의 사람들을 만나며 인간의 무늬를 깊이 깨달아 왔습니다. 이런 점 때문에 박 목사님의 행복론에 더욱 기대가 갑니다.

특히 이 책에서 박도현 목사님은 사적인 행복만이 아니라 공적인 행복에 대해서도 주목하고 있다는 점이 무척 흥미롭습니다. 개인의 성실한 노력이 잘못된 사회에서는 제대로 된 보상을 받지 못합니다. 우리가 아무리 제대로 노력해도 행복이 우리를 찾아오지 않는다면, 우리의 시선은 사회 구조를 향해야 합니다. 이것이 공적 행복에 우리가 관심을 가져야 하는 이유입니다. 이 책의 시선은 여기에까지 이르고 있습니다.

저는 박도현 목사님의 학문적 능력을 신뢰합니다. 박사학위 과정을 통해 보여준 역량 때문입니다. 그런데 난해한 이론이나 어려운 용어보다는 쉬운 이야기 형태로 우리에게 행복의 깊이를 깨닫게 해주는 이 책의 분위기가 참 따뜻합니다. 이 책이 널리 읽힘으로써, 일상적 수준에서 제시되는 행복 담론이 우리 사회의 깊숙한 곳까지 다다를 수 있기를 간절히 바랍니다.

김선욱
숭실대 철학과 교수

프롤로그

―

행복한 삶을 찾는 이들에게

프랑스의 철학자 알랭(Alain)의 『행복론』*에 나오는 일화입니다. 알렉산더 대왕은 젊은 시절 명마 중의 명마인 '부케팔로스'라는 말을 선물 받았습니다. 그런데 그 말은 너무 사나워서 아무도 그 말을 탈 수 없었습니다. 알렉산더 대왕도 보통 사람이었다면, '이 말은 성질이 나쁜 말이네.' 하고 포기했겠지만, 알렉산더는 이 말이 이렇게 날뛰는 데에는 이유가 있을 것이라고 생각하고, 이 말을 잘 관찰했습니다. 그 결과 부케팔로스는 자기의 그림자를 보고 놀란다는 것을 알게 되었습니다. 무서워 날뛰면 그림자도 날뛰니 말이 더 날뛰게 됩니다. 그래서 알렉산더는 말의 코를 위로 치켜들어 태양을 보게 했습니다. 그러자 말은 그림자를 못 보게 되고, 얌전해졌습니다. 결국 알렉산더는 이 명마의 주인이 되었습니다.

이 이야기는 인간의 삶의 모습이 복잡해 보이지만, 그것을 이끌어 가는 핵심적인 요소는 간단할 수 있다는 의미로 이해할 수 있습니다.

---

* 알랭 지음, 이희승 옮김, 『알랭의 행복론』(빅북, 2010), pp. 20~21.

즉 인생이 복잡하고 저마다 다른 것 같지만, 어떤 핵심적인 하나의 그 무엇인가를 발견한다면, 쉽게 이해될 수도 있다는 뜻입니다. 인생이 무엇인지 묻는 청년들에게 '인생이란 이것이다'라고 한마디로 정의하기는 참으로 어렵습니다. 특히 아직 인생의 연륜이 짧은 청년들에게 삶이 무엇인지, 삶에서 어떻게 하면 행복할 수 있을지를 가르친다는 것은 쉽지 않습니다. 그러나 알렉산더 대왕의 예로 보면, 청년들에게 자신의 삶과 나를 둘러싼 사회를 냉철한 이성으로 살펴보고, 깊이 생각할 수 있어야 한다고 권면하고 싶습니다. 알렉산더가 명마를 자신의 말로 길들일 수 있었던 것은 주의 깊은 관찰에서 비롯되었기 때문입니다. 마찬가지로 우리가 행복하고자 한다면 먼저 우리의 삶을 잘 관찰하는 것이 중요합니다. 내 앞에 펼쳐진 삶의 현상들만 보지 말고, 그 이면에 숨겨져 있는 삶의 본질을 찾을 수 있어야만 진정 행복이 무엇인지, 어떻게 사는 것이 행복한 것인지를 이해할 수 있게 됩니다.

그런 면에서 인문학을 공부하는 것은 중요합니다. 인문학을 공부하는 이유는 다양한 선택과 결정이 가능하다는 것을 알게 하는 것입니다. 문학은 우리에게 다양한 사람들의 다양한 삶을 보여주고 있습니다. 세상을 보는 다양한 시각을 가르쳐 줍니다. 우리는 다른 사람의 생각과 자신의 생각이 다르면 누군가는 틀렸다고 생각하기 쉽습니다. 그런데 인문학은 특히 문학이나 철학은 틀렸다고 하지 않습니다. 다만 생각이 다를 뿐이라고 말합니다. 물론 옳고 그름의 문제에 있어서는 맞거나 틀리다고 할 수 있으나, 우리 인생이나 정치나 삶의 문제에서 옳고 그름의 문제보다는 다름의 문제가 훨씬 더 많습니다. 행복 역시 마찬가지입니다. 행복에는 한 가지 길만 있지 않습니다. 그런데 많은 사람들이 한 가지로만 생각합니다. 그 길이란 돈을 많이 벌고 높은 성취를 얻는 것이라고 생각하는 것입니다. 인문학은 바로 이런 편향된 생각을 바로 잡아줍니다. 서로 다르고 이 다름이 우리의 삶을 풍성하게 한다는 것을 알게 합니다. 동시에 인문학은 인간에 대한 바른 이해입니다. 인간을 이해한다는 것은 나를 아는 것이요, 인생을 어떻게 살아야 하는지를 이해하는 것입니다.

사람들이 쉽게 간과하지만 꼭 필요한 행복의 조건 가운데 하나는 내가 사는 공동체에 대한 이해입니다. 내가 태어나 자라면서 지금까지 살아온 공동체가 어떤 공동체인지가 행복에 중요합니다. 사람은 모두 이야기(narative)*가 있습니다. 이 이야기는 자신만의 이야기가 아니라 공동체에서 경험하고 학습된 이야기입니다. 내가 살고 경험했고 앞으로 경험하며 살아야 할 공동체와 행복은 밀접한 관련을 갖습니다. 만일 내가 속한 공동체가 독재국가이거나 아주 소수만 행복한 곳이라면 우리는 그 안에서 과연 행복할 수 있을까요? 그럴 수는 없습니다. 공동체가 행복해야 나의 삶도 행복할 확률이 높아집니다. 따라서 우리는 내가 사는 공동체에 대해서 깊이 숙고해야 합니다. 행복은 단순하지도 쉽지도 않습니다. 흔히 말하듯이, 마음을 긍정적으로 가진다고 되는 것이 아닙니다. 세상을 등진다고 되는 것도 아니며 열심히 노력한다고 되는 것도 분명 아닙니다. 그러나 분명한 사실은 나와 나를 둘러싼 세계를 이해하고, 내가 속한 공동체가 어떻게 움직이는지를 알 수 있다면, 보

---

* 이야기 즉 내러티브는 인간은 이야기를 통해 자아를 구성하고 이야기적 삶의 관계망 안에서 살아간다는 것을 말한다.

다 행복에 가까이 접근할 수 있습니다.

　서점에 가보면 행복에 대한 책들이 아주 많습니다. 요즘 방송에서는 행복 전도사들이 나와서 저마다 행복의 길을 설파합니다. 그것은 대중들이 그만큼 행복에 목말라 있다는 증거요, 동시에 지금 살고 있는 사회에서 행복을 얻기가 쉽지 않다는 반증이기도 합니다. 특히 청년들의 삶과 미래가 점점 불투명해지고, 좋은 스펙을 쌓아도 취직하기가 어렵다보니 그들을 위로하기 위해서 힐링의 책들이 많이 나와 있습니다. 흔히 '아프니까 청춘이다'라는 식의 행복론이나 힐링의 책들이 잘 팔리는 이유는 위로받고 싶어 하는 청춘들이 그만큼 많기 때문입니다. 그러나 그런 책들이 주는 한계는 살고 있는 공동체에 대한 탐구 없이 사회 겉으로 드러난 현상들에 집중하거나, 현실의 문제를 개인의 문제로 환원함으로 단순히 청년들을 위로하는 데 머물러 있다는 점입니다. 개인의 행복을 말하며 그들에게 힘내라고, 그래도 열심히 노력하면 행복할 수 있을 거라고 말을 건네는 그런 행복론을 읽고 잠시는 위로받을 수 있으나, 진정한 행복에 도달할 수는 없습니다.

　다시 말씀드리지만, 우리가 행복을 얻는 길은 단순하지 않습니다. 부케팔로스라는 명마를 타기 위해서는 말이 날뛰는 원인을 찾아야 하는 것처럼, 우리도 행복하지 못한 근원적인 이유를 찾아야만 역으로 행복의 길이 무엇인지 알 수 있습니다. 그런 면에서 이 책은 알렉산더가 명마 부케팔로스를 얻기 위해 날뛰는 원인이 무엇인지를 찾아보고 관찰하였듯이, 행복의 길이 무엇인지 찾아보고 탐구하는 길을 갈 것입니다.

　이 책은 겉으로 보이는 현상을 문제 삼는 것이 아니라, 그 이면에 감추어진 우리 공동체의 구조와 시스템을 이해함으로 행복을 새롭게 발견할 수 있도록 돕는 것을 목적으로 합니다. 또한 인문학으로 인간을 바로 이해함으로 행복한 삶이 무엇인지를 살펴보려고 합니다. 공적 영역에서의 행복에 대해서 필자는 숭실대 철학과의 김선욱 교수님께 시사 받은 바가 많습니다. 아렌트 전공자이신 교수님을 통해 정치의 중요성과 공적 영역에서의 행복이 중요함을 배우게 되었음을 이 자리에서 밝혀둡니다.

이 책의 많은 힌트는 숭실대 교양과목 가운데 하나인 '행복의 철학'이라는 과목을 수년 동안 가르치면서 얻었습니다. 이 과목을 통해 행복이 무엇이고, 행복하려면 어떻게 해야 하는지에 대해 많은 사색과 독서를 하게 되었으며, 학생들과 대화하면서 이들의 아픔과 미래에 대한 두려움을 이해하게 되었습니다. 대부분의 학생들은 행복하기를 원하지만, 지금까지 학교 교육을 통해서 행복이 무엇인지, 어떻게 하면 행복할 수 있는지를 배워본 적도 없고 깊이 생각해 본 적도 없었다는 것을 알았습니다. 학생들이 이 수업을 택한 것은 행복이 무엇인지 알기 위해서였습니다. 학생들은 이 수업을 행복을 배우기를 원했지만, 저는 그것을 가르쳐 줄 수 없었습니다. 제가 그들에게 줄 수 있었던 것은, 수업을 통해 학생들 스스로가 행복이 무엇인지 재정의 하고, 사적 영역뿐 아니라 공적 영역에서의 행복의 길이 무엇인지 스스로 찾아보게 하는 것이었습니다. 저는 이 수업을 통해서 학생들에게 행복의 답은 저마다 다를 수 있으나, 행복을 찾아가는 길이 무엇인지, 행복을 얻기 위해서는 무엇을 해야 하는지는 얻어갈 수 있을 것이라고 말했습니다. 수업을 들은 학생들은 스스로 행복을 새롭게 정의하고, 그 정의에 따라 어떻게 인생을 살 것인가를 스스로 결정하였다는 말을 들을 때마다 가르치는 보람을 느낍니다.

이 책을 어떻게 썼는지를 몇 가지 설명하는 것이 좋을 듯합니다.

첫째로 이 책은 기본적으로 수업에 사용하던 강의안을 토대로 만들어졌습니다. 그래서 이 책에서는 강의에서 했던 것처럼 존대어를 그대로 사용했습니다. 저는 수업을 할 때 항상 학생들에게 존대어를 사용합니다. 그 이유는 학생들을 존중하기 때문입니다. 인격적으로 성인으로 대우하고, 그런 바탕에서 서로 동등하게 토론을 합니다. 저의 수업은 토론이 아주 중요합니다. 그래서 장이 끝날때마다 토론한 문제들을 넣었습니다. 읽고 토론해보시기 바랍니다. 어떤 면에서 이 책은 수업을 들은 학생들과 함께 쓴 것이라고 할 수 있습니다. 그들의 예리한 질문들과 행복에 대한 열망들이 저에게 힘을 주었습니다. 함께 토론하고 고민하면서 학생들의 재기 넘치는 질문들 속에서 저 역시 많이 배우게 되었습니다. 그들에게 진심으로 감사를 드립니다. 그리고 요즘 청년들이나 대학생들이 얼마나 치열하고 절실하게 사는지 알기에, 그들이 정말 행복한 삶을 살았으면 하는 마음 간절합니다.

두 번째로 이 책을 쓰면서 세운 원칙은 가급적 이해하기 쉽게 쓰려고 노력했다는 것입니다. 그래서 구어체를 잘 살릴 수 있도록 노력했습니다. 인용도 외국 서적은 참조하지 않았고, 번역본을 사용하였습니다. 누구라도 관심이 있으면 읽어볼 수 있게 하기 위함입니다. 그리고 장마다 읽어야 할 책들을 간략하게 소개하였습니다.

세 번째로 인문학을 통해서 행복을 찾아보려는 시도를 했습니다. 더 정확히 말하면 인문학과 사회과학 이 둘을 통해 행복을 찾아보려고 했습니다. 인문학과 사회과학은 사실은 모두 인간의 이해 없이는 불가능합니다. 인문학이 인간에 대한 이해라면, 사회과학은 인간이 모였을 때 생기는 현상과 시스템에 관한 문제를 다루는 것입니다. 이 책에서는 인문학을 기본으로 하여 사유의 중요성과 현대사회의 현상들을 정치, 경제를 중심으로 살펴보았습니다.

감사할 분들이 많습니다. 목회를 하면서 동시에 윤리학자로서 가르침의 기쁨을 허락해주신 숭실대 철학과 교수님들과 '행복의 철학' 수업을 맡겨주신 김선욱 교수님께 진심으로 감사를 드립니다. 과목을 맡으면서 스스로 공부하게 되고, 공부하면서 스스로 많은 것들을 얻었기 때문입니다. 그리고 목사로서 나를 사랑해주는 부민교회 성도들에게도 깊은 감사를 드립니다. 그들의 사랑과 기도로 지금 여기에 있음을 저는 알고 있습니다. 졸저를 출판해주신 이찬규 사장님께 감사를 드립니다. 그리고 사랑하는 나의 가족들, 아내와 두 딸 다영이와 서영이에게 사랑의 말을 전합니다. 그들이 있기에 제가 행복할 수 있음을 알고 있습니다. 끝으로 지금까지 인도하신 하나님의 은혜에 감사를 드립니다.

다음은 『성경』의 「전도서」의 한 구절입니다. 이 구절은 하나님이 우리를 함께 더불어 사는 존재로 만드신 이유가 무엇인지 잘 보여줍니다. 우리에게 진정한 행복은 나 혼자 행복한 것이 아니라 다른 사람과 함께 행복해야 하며, 그렇게 함께 걸어갈 때, 인생에서 진정한 행복을 알게 되는 것임을 보여줍니다. 행복은 많은 사람들과 함께 걸어갈 때 알게 되는 신비한 그 무엇이라고 믿습니다.

"두 사람이 한 사람보다 나음은 그들이 수고함으로 좋은 상을 얻을 것임이라 혹시 그들이 넘어지면 하나가 그 동무를 붙들어 일으키려니와 홀로 있어 넘어지고 붙들어 일으킬 자가 없는 자에게는 화가 있으리라 또 두 사람이 함께 누우면 따뜻하거니와 한 사람이면 어찌 따듯하랴 한 사람이면 패하겠거니와 두 사람이면 맞설 수 있나니 세 겹줄은 쉽게 끊어지지 아니하느니라"(전도서4:9~12)

목차

추천의 글 • 5
프롤로그 • 7

제1부 행복을 찾아서

   1   **행복이란 무엇인가?**   • 21

       우리가 생각하는 행복   • 23

       인간의 욕망   • 25

       행복을 상징하는 단어들   • 29

       우리가 행복하지 않은 이유   • 33

       대학생들이 생각하는 행복   • 39

   2   **행복 이해하기**   • 48

       행복이 아닌 것들   • 48

       행복과 현대사회   • 59

       행복의 세 차원   • 65

3 행복을 이해하기 위한 것들 • 76

  행복과 사유 • 77

  행복과 가치 • 84

  행복과 욕망 • 89

  행복과 운명 • 92

  행복과 사랑 • 97

  행복과 고통 • 104

  행복과 공포 • 109

  행복과 죽음 • 114

  행복과 정의 • 120

4 행복의 철학적 이해 • 127

  그리스 철학자들의 행복 • 128

  아우구스티누스의 행복 • 148

  공리주의 • 151

  심리학자들의 행복 • 159

  러셀의 행복론 • 177

제2부 공적 행복의 재발견

1 공적 영역에서의 행복 • 185

  공적 행복과 정치 • 186

  공적 행복과 경제 • 193

2 행복한 공동체를 위하여 • 208

  유토피아 혹은 디스토피아
  그리고 나우토피아 • 208

인문학으로 행복 찾기

행복지수를 높이자   • 212
가난의 원인을 알자   • 215
호모 데비토르   • 220

3   진짜 행복을 찾아서   • 226

소비를 잘하자   • 226
패자부활전이 있는 사회   • 229
행복을 재정의하자   • 232
잘 노는 사람이 행복하다   • 234
청춘이여 고전을 읽자   • 242
서로 사랑하라   • 247

에필로그 • 253
보론 • 257
참고문헌 • 263

제1부

행복을
찾아서

1

행복이란 무엇인가?

진부한 말이기는 하지만 인간은 누구나 행복하기를 원하고 그것을 추구하며 살아갑니다. 그러나 행복을 얻기는 쉽지 않고, 행복이 무엇인지 알기도 어렵습니다. 누군가 '행복이란 ~이다.'라고 말할 때의 그 행복은, 객관적인 행복이 아니라 자신의 주관적인 행복에 대해 말하는 것뿐입니다. 어쩌면 이 땅에 사는 모든 사람들이 생각하는 행복이 모두 다를 수 있습니다. 어떤 이는 산속에서 혼자 자연과 벗하면서 사는 것이 행복이라고 하고, 어떤 이는 평범한 직장 생활을 하면서 가정을 이루어 가는 것을 행복이라고 하고, 또 어떤 이는 돈이 많으면 행복하다고 합니다. 사람 수만큼이나 행복의 정의도 다양하고, 느끼는 감정도 각기 다릅니다. 결국 한마디로 행복을 정의하기는 어렵습니다.

이 강의에서는 우리 모두가 인정할 만한 행복의 공통분모를 찾아보려고 합니다. 또한 지금까지 별로 생각하지 않았던 행복에 다른 차원의 행복이 있음을 아는 것도 큰 유익이라고 생각합니다. 사실 행복의 정의(definition)는 자신이 스스로 정의해야 하고, 그것에 맞추어 살아가는 것은 개인 각자의 몫이라고 생각합니다.

그럼에도 불구하고 다시 질문해 봅니다. 행복이 무엇일까요? 대략적으로 정의해보면, 행복이란 개인이 만족하고 기쁜 상태를 말합니다. 즉 행복은 살아가면서 어떤 사건을 통해서 얻어지거나 어떤 목표를 이루었을 때 얻어지는 감정의 고양이나 만족감이라고 할 수 있습니다. 이런 행복감을 지속할 수 있다면 좋겠으나, 문제는 동일한 강도로 만족감이 지속된다면 얼마 안가 행복한 감정이 일상이 되어 더 이상 만족을 얻지 못하게 됩니다. 행복은 고통이나 슬픔이 있은 후에 오는 법입니다. 그래서 역설적이게도 고통이 크면 클수록 슬픔이 깊으면 깊을수록, 그 뒤에 오는 행복감은 크기 마련입니다. 우리 속담에 고생 끝에 낙이 온다는 속담이 그것을 잘 말해줍니다. 인간에게 행복은 감정적인 요소가 많습니다. 이는 주관적인 면이 많다는 말이기도 합니다. 그래서 행복을 정의하는 일은 어렵습니다. 행복도 조사를 하면 가난한 부탄이나 네팔 같은 국가가 늘 상위권을 차지하는 것을 보면 확실하게 증명됩니다. 많은 사람들이 생각하듯이 돈이나 경제 발전이 반드시 행복감을 주는 것은 아니고, 가난하거나 힘든 상태에 있다고 할지라도 반드시 불행한 것만은 아닙니다. 이렇듯 행복의 정의는 어렵습니다. 그럼에도 이 강의를 통해 우리는 마지막에서는 각자의 행복에 대해 정의를 내려야 합니다. 어떤 단어에 정의를 내리는 것이 중요한 것은, 그것을 통해 자신이 무엇을 해야 하는지, 그리고 무엇을 포기해야 하는지를 알게 되기 때문입니다. 이제 강의를 시작하면서 행복에 대해 좀 더 깊이 들어가보겠습니다.

우리가 생각하는 행복

우리나라 사람들처럼 복을 좋아하는 사람들은 많지 않은 것 같습니다. 지금도 시집가는 여인의 이불과 베개뿐 아니라 숟가락에도 한자로 '복(福)'이나 '수(壽)'라는 단어가 새겨져 있습니다. 전통적으로 우리나라 사람들이 생각하는 복은 크게 '오복(伍福)'입니다. 장수의 복, 부귀의 복, 건강의 복, 성공의 복, 자식의 복이 그것입니다. 우리가 보통 '복 있는 사람'이라고 할 때는 이 다섯 가지 복을 고루 갖추고 있는 사람을 말합니다. 특히 우리나라 사람들은 현세적입니다. 그것을 잘 보여주는 속담이 '개똥밭에 굴러도 이승이 낫다'라는 속담입니다. 이는 내세관이 약하고 현재의 삶을 중시하는 우리 전통의 생사관을 잘 보여줍니다. 요즘은 드물지만, 얼마 전만 해도 죽음이 연상되는 '사(死)'자를 발음하기 싫어서, 병원에는 4층이 없는 병원이 많았습니다. 엘리베이터의 4층 표시가 영어의 4를 가리키는 'F(four)'로 되어 있는 경우도 많습니다. 이 모두는 죽음을 두려워하는 데서 나오는 터부(taboo)의식의 일종입니다. 우리에게는 죽어서가 아니라, 현세에서 잘 사는 것이 중요하고, 힘들어도 이 땅에서 장수하는 것이 복이라고 믿었습니다. 특히 조선시대에 수명이 짧았던 우리의 형편으로 보아 장수하는 것이 큰 복 가운데 하나였음은 당연해 보입니다.

또 하나 우리나라 사람들의 복의 조건 가운데 중요한 것은 자식의 복입니다. 여기서 자식의 복은 자식이 많은 것만을 가리키지 않습니다. 자식의 복 가운데 가장 중요한 것은 자식 가운데 -특별히 아들이- 과거급제를 하여 가문의 이름을 드높이는 것입니다. 조선시대에 효도의 완성은 과거에 급제를 하여 부모의 이름을 드높이고, 국가에 봉사하는 일이었습니다. 이러한 관념은 유교사상의 핵심인 '내성외왕(內聖外王)'에서 비롯되었습니다. 내성(內聖)은 내적으로 성인군자가 될 수 있도록 자기를 수양하는 것이고, 외왕(外王)은 그런 내적인 수양을 바탕으로 국가를 위해서 일을 하는 것입니다. 그래서 과거 급제하여 관료가 되어 국가의 녹을 먹는 것이 자랑이었고, 가문을 살리는 길일 뿐 아니라, 효도의 완성으로 보았습니다. 유교문화는 내세관이 약하고 현세적임을 잘 보여줍니다.

유교의 영향을 깊이 받은 우리는 현재에도 이런 관념들이 뿌리 깊게 자리하고 있어서 아직도 많은 영향을 받고 있습니다. 유교의 이러한 관념이 결국 우리나라의 관존민비(官尊民卑)의 사상으로 발전하게 됩니다. 그래서 요즘은 시골에서만 볼 수 있는 풍경이기는 하지만, 동네의 누군가가 사법고시에 합격하면 마을 입구에 현수막을 붙이고, 온 동네 사람들이 모여서 축하를 하며 잔치를 했던 것이 낯선 풍경이 아니었습니다. 자식이 고시에 합격하면 어깨에 힘이 들어가고, 마을 사람들도 그를 진심으로 부러워했습니다. 이렇게 하여 우리 사회는 지금도 관료의 힘이 세고, 누가 고시에 합격했다고 하면 부러워하는 전통이 남아 있습니다. 우리나라 사람들은 법조계에 먼 친척이라도 있으면 목에 힘을 주고 자랑합니다. 그런 영향으로 자식의 성공이 곧 나의 성공으로 받아들여지는 우리 사회에서 지금도 많은 사람들이 자식이 공부 잘해서 유명한 대학을 나와 좋은 직장을 가지는 것이 자신의 성공이요, 행복이라고 생각합니다. 이는 전적으로 유교의 전통 가운데 우리가 있기 때문입니다. 자신과 자식의 삶을 독립적으로 바라보는 서구는 자식의 성공을 축하하고 기대하지만, 그것이 자신의 행복과 직결된다고 생각하지는 않습니다. 그만큼 개인주의적이기 때문입니다. 그러나 우리는 자식과 자신을 동일시하는 경우가 많습니다. 나는 힘들지만 내 자식은 성공하기를, 그래서 다른 사람들에게 내 자식이 이런 직장에 다닌다고 자랑하기를 좋아합니다. 한 발 더 나아가 우리는 자녀들이 의사, 검사, 변호사와 같은 전문직을 가진 사람이 되거나 대기업에 취직하거나 공무원이 되라고 합니다. 그것을 위해 부모는 자식에게 많은 시간과 물질을 투자하고 외국에 유학을 보내고 기러기 아빠로 살아가는 것도 마다하지 않는 것입니다. 이런 노력에도 불구하고 자녀가 다른 삶을 살거나 기대에 미치지 못하면 불행해 합니다. 이는 자신만이 아니라, 충분히 행복할 수 있는 조건에서도 자녀들 스스로도 만족하지 못하게 하는 불행한 결과를 가져오게 됩니다. 자기가 원하는 일을 하기보다는 부모가 원하는 일을 하는 경우가 많기 때문입니다. 이는 유교의 좋은 전통은 사라지고, 나쁜 관습만 남아 버린 가장 좋은 예입니다.

인간의 욕망

행복과 관련하여 아주 중요한 것은 인간의 욕망 또는 욕구입니다. 인간의 욕망이 무엇을 원하는지, 그리고 욕망이 원하는 목적이 무엇인지를 아는 것이 중요합니다. 이에 대해서는 먼저 미국의 인본주의 심리학의 창시자인 아브라함 매슬로우(Abraham Maslow)는 5단계 욕구계층이론'을 볼 필요가 있습니다. 매슬로우는 인간의 욕구는 타고난 것으로서 낮은 단계에서 시작하여 욕구의 충족요건에 따라서 높은 단계로 올라간다고 하였습니다.

1단계: 생리적 욕구입니다. 여기에는 의식주의 욕구가 있습니다. 사람은 누구나 가장 기초적인 의식주의 문제가 해결되어야만 합니다. 이는 생명을 유지하는데 기본이기도 합니다.

2단계: 안전의 욕구입니다. 여기에는 신체적·감정적 안전을 추구하는 욕구이며, 이는 개인이 잘 정돈되고, 조직화되고, 예측 가능한 환경 내에서 살고 싶어 하기 때문이라고 합니다.

3단계: 소속감과 애정욕구입니다. 1, 2 단계의 욕구가 충족된 후에 나타나는 욕구로, 여기에는 집단에 소속되어 인정받고 싶은 욕구로 직장을 구하거나 결혼을 하는 것 또는 공동체 활동 등을 하고자 하는 욕구입니다. 이런 소속감과 사랑에 대한 욕구를 채우지 못하면 인간은 공허감, 무가치함, 적대감 등을 갖게 됩니다. 인간은 서로 사랑하는 존재임을 잘 보여줍니다.

4단계: 자존감의 욕구입니다. 이는 내적으로는 자기만족을 얻고 외적으로는 타인에게 존경과 인정을 얻고자 하는 욕구입니다. 성숙해 가는 인간은 자신을 가치있는 존재로 여깁니다. 동시에 타인으로부터 좋은 평가와 명성을 얻는 것을 바라게 되고, 그것을 위해 노력하

---

1   김동배, 권중돈 지음 『인간행동이론과 사회복지실천』(2000, 학지사), pp. 312~314 참조.

게 됩니다.

5단계: 자아실현의 욕구입니다. 앞에 네 단계를 모두 이룬 사람은 이제 마지막으로 자아 완성의 욕구를 갖게 됩니다.

매슬로우의 욕구 이론은 기본적으로 인간의 욕구는 자신의 행복을 추구하는 것이며, 개인의 행복은 자아실현을 완성할 때 얻어지는 것임을 잘 보여줍니다. 즉 인간은 밥만 먹고 사는 존재가 아니라, 가장 급한 삶의 문제들이 해결되면 점점 더 고차원적인 욕구가 생기고, 그 욕구를 충족해야만 행복할 수 있음을 말하고 있습니다. 의식주의 문제가 급한 사람은 그것이 해결됨으로 행복을 경험할 수 있지만, 의식주의 문제가 해결된 사람은 더 이상 먹는 것으로 만족할 수 없게 됩니다. 매슬로우의 욕구이론은 인간의 욕구에는 단계가 있으며, 단계마다 만족감이 다르고, 하나 하나 이루어 마지막 단계에 섰을 때 가장 행복한 사람이 될 수 있다고 말합니다. 이것이 심리학적으로 보았을 때 이룰 수 있는 행복의 길입니다. 통념상 인간은 돈이나 성공으로 행복할 수 있다고 생각하지만, 심리학에서는 인간의 행복은 자신의 자아실현을 통해 얻어지는 것임을 말하고 있습니다.

인간의 욕망을 통해서 도달할 수 있는 행복의 길은 크게 두 가지로 볼 수 있습니다. 하나는 자신이 원하는 욕망을 다 채우는 것이고, 다른 하나는 욕망을 최소한으로 줄이는 것입니다. 자신이 원하는 것을 다 채울 수 있는 능력이나 권력이나 돈을 가진 사람들은 채우면서 살려고 하겠지만, 인간의 욕망을 온전히 채우기에는 우주도 작습니다. 인간의 욕망은 끝이 없기 때문입니다. 채울 수 없기에 대부분의 종교나 성인(聖人)들은 자신의 욕망을 줄이라고 말합니다. 특히 종교는 더욱 욕망의 절제를 말합니다. 조금만 생각해보면, 현실적으로 자신의 욕망을 원하는 대로 채울 수 있는 사람은 거의 없다는 것을 알 수 있습니다. 우리의 자원은 한정적이고, 내 욕망은 커서 대부분은 자신의 욕망을 이룰 수 없어서 괴로워하거나 아니면 스스로 자신의 욕망을 줄이는 방법을 택하게 됩니다. 그러나 현실은 그 반대로 욕망을 추구하라는 방향으로 나아가고 있습니다. 이것이 자본주의 시스템입니다.

이런 자본주의 아래서 중요한 것은 경제발전입니다. 우리나라는 가난한 나라에서 경제발전에 성공한 드문 사례입니다. 경제 발전을 위해서 온 국민이 성실하게 일하여 여기까지 왔습니다. 흔히 우리나라의 경제 성장을 압축성장이라는 말로 요약합니다. 즉 순서에 따른 것이 아니라 모든 것을 한꺼번에 갑자기 이룬 것이라는 뜻이죠. 갑자기 이룬 만큼 부작용도 만만치 않습니다. 경제 발전을 위해 정치제도와 사회시스템 그리고 안전과 국민의 생활과 문화에 이르기까지 희생이 적지 않았습니다.

2014년의 세월호 사건은 우리 사회의 민낯을 보여주었습니다. 기본적인 안전을 무시하고 빨리빨리 하는 것을 당연히 여기고, 돈을 버는 일과 일자리를 만든다면 안전도 기꺼이 후퇴시킬 수 있었습니다. 선장 이하 승무원은 기본적인 원칙과 대응 방안도 알지 못하거나 무시하였습니다. 관리 감독을 해야 할 공무원들은 직무에 태만했고, 서로 책임을 미룹니다. 해경이나 국가비상 대책위원회 역시 무사안일과 적당주의로 일관하다가 사건 앞에서 우왕좌왕하는 모습을 보여주었습니다. 그 모든 기관과 국민 모두는 무력하게 아이들이 죽는 것을 지켜보아야만 했습니다. 이 모든 것이 우리 사회의 민낯입니다. 이 원인은 경제우선주의에 기인한다고 생각합니다. 경제만 잘되면 다른 모든 것을 희생할 수 있다는 생각이 우리 사회를 지배하고 있습니다.

한번 생각해 봅시다. 도대체 경제 발전을 해서 무엇을 하려고 합니까? 어떤 이는 경제 발전을 하면 우리는 행복하게 살 수 있다고 말할 것입니다. 그럼 우리 사회가 더 행복졌습니까? 이에 대해서는 여기서는 문제만 제기하고 넘어갑니다. 다만 여기서는 문제의식만 가지고 계시기 바랍니다. 뒤에서 경제문제와 행복의 상관성에 대해 다루겠습니다.

행복을 상징하는 단어들

영국문화협회가 세계 102개 비영어권국가 4만 명을 대상으로 '가장 아름다운 영어 단어'를 조사하였습니다. 1위는 'mother'가 뽑혔고, 2위는 'passion'이었습니다. 3위는 'smile', 4위는 'love'였습니다. 여기서 가장 아름다운 영어 단어라고 할 때의 '아름다운'이란 말은 '개인에게 가장 좋은 감정을 가지게 하거나 행복감이 들게 하는 것'이라는 의미로 볼 수 있습니다.

이 단어들을 통해서 인간의 감정이나 정서로 보는 행복이 무엇인지 함께 생각해봅시다.

먼저 mother라는 단어에 대한 감정은 누구나에게 보편성을 가진다는 것을 알 수 있습니다. 어린 시절 어머니는 누구에게나 기쁨의 근원인 동시에 행복의 원천입니다. 어머니는 삶의 안식처요, 걱정과 근심을 하지 않던 시기에 나를 무조건 사랑해주신 분으로, 마치 신과 같은 분으로 받아들여지기에, 모든 사람의 마음속에 가장 아름다운 말로 남아 있습니다. 동서고금을 막론하고 어머니라는 단어는 어린 시절의 사랑과 근심이 없던 바로 그 시절을 생각나게 합니다. 이것이 바로 고향의 근원지입니다.

passion은 인간으로 하여금 어떤 일을 하고 싶은 마음이 들게 합니다. 즉 열정은 사람에게 사는 보람이나 사는 이유를 제공합니다. 열정이 없는 인생만큼 비극적인 인생이 또 있을까요? 하루하루를 열정 없이 살아가는 것은 인간의 삶이 아닙니다. 일본의 유명한 작가인 다자이 오사무의 소설 『인간실격』[2]의 주인공 요조와 같은 인물이 전형적입니다. 그에게는 무엇인가 하고 싶은 것이 없습니다. 목적도 없고, 열정도 없습니다. 그저 상처받고 스스로 유폐시킬 뿐입니다. 이처럼 열정이 없는 인간은 그렇게 무력합니다. 그런 의미에서 열정은 삶을 행복하게 살아가는 중요한 원인 가운데 하나임이 분명합니다. 열정이 있어야 일을 하고, 열정이 있어야 사랑도 하고, 열정이 있어야 관심과 노력을 할 수 있습니다.

그 다음은 smile입니다. 웃음 없는 삶은 얼마나 비극적입니까? 이탈리아의 기호학자이면서 동시에 문학 비평가이자 베스트셀러 소설가로 유명한 움베르토 에코(Umberto Eco)가 쓴 『장미의 이름』[3]이라는 소설은 포스트모던시대의 중요한 작품 가운데 하나입니다. 이 책은 한 중

---

2   다자이 오사무 지음, 김춘미 옮김, 『인간실격』(민음사, 2015)

3   움베르토 에코 지음, 이윤기 옮김, 『장미의 이름』(열린책들, 2002). 중세의 문화와 막 태동하는 근대의 가치관이 섞여 있어 그 당시의 문화적 철학적 이해를 원한다면 꼭 읽어보아야 한다. 추리소설이기에 재미도 갖추었다.

세 수도원에서 벌어지는 살인 사건을 해결해 나가는 윌리엄 수도사의 예리한 추리력을 바탕으로, 중세사회와 새로운 시대를 열고자 하는 최초의 근대인 사이의 갈등을 다루고 있습니다. 이 책에서 주요한 모티브는 아리스토텔레스의 『시학』입니다. 『시학』 가운데 첫 번째인 비극은 현재에도 전해지고 있지만, 웃음을 주제로 한 두 번째 권은 현재 전해지지 않고 이름

『장미의 이름』

만 남아있습니다. 에코의 책은 바로 두 번째 책인 희극이 남아 있었다는 것을 가정하여 그 책이 중세 수도원의 장서관에 존재하고, 그것을 읽는 사람들이 죽어간다는 것을 사건의 발단으로 삼고 있습니다. 이 책의 주인공 윌리엄 수사가 그 살인 사건을 파헤치는 과정을 중세인의 생각과 신앙에 기초하여 추리기법으로 쓴 아주 지적인 재미를 주는 책입니다. 이 책에서 아리스토텔레스의 『시학』 두 번째 권인 '희극'에 대한 책을 숨긴 사람은 전형적인 중세인입니다. 그는 예수님이 웃지 않았다고 주장하면서, 웃음에 대한 아리스토텔레스의 책은 불온한 책으로 이해하고 타인이 읽으면 안되는 것으로 여기고 그 책을 숨깁니다. 그리고 그 책을 찾아서 읽었던 사람들을 하나하나 독살하면서 이 책은 중세가 붙잡고 있었던 이데올로기가 무엇인지를 보여주고 있습니다. 웃음이 우리 삶에 없다고 생각해 보세요. 얼마나 불행할까요? 중세인은 그런 웃음을 경건하지 못한 것으로 여김으로 진정한 행복을 추구하는 데 실패한 것이라는 것을 저자는 말하고 있습니다. 그래서 아마도 중

세를 '어둠의 시대'라고 하는지 모릅니다.[4] 웃음은 행복의 중요한 상징입니다. 웃음은 행복한 사람만이 가질 수 있는 인간의 감정이기 때문입니다. 그런 웃음을 불경하다고 생각한 중세의 인간은 과연 행복했을까요? 오늘 우리에게 웃지 말라고 한다면 우리는 과연 행복한 삶을 살 수 있을까요? 아마도 불가능할 것입니다.

그 다음은 love입니다. 사랑의 감정은 동서고금을 막론하고 인간의 가장 중요한 삶의 원동력이요, 행복을 얻는 중요한 방법 가운데 하나입니다. 얼마나 많은 사람들이 사랑이라는 감정으로 인해 울기도 하고 웃기도 했습니까? 인류의 역사는 '사랑과 미움의 역사'라고 해도 틀리지 않을 정도로 사랑은 인간의 행복에 중요합니다. 그리스어에는 사랑이라는 단어가 세 가지 있습니다. 첫째는 '필리아(philia)'로, 우정을 말하며 어떤 물건을 좋아할 때 사용합니다. 예를 들어 철학이라는 philosopy단어는 그리스 지혜의 신인 sophia를 philo 즉 좋아하는 것입니다. 지혜를 사랑하는 것이 곧 철학입니다. 그런 면에서 철학을 어렵게 생각할 필요는 없습니다. 어떤 면에서 지혜를 사랑하고 궁금해하는 사람은 누구나 철학을 할 수 있습니다. 둘째는 '에로스(eros)'로, 이는 이성 간의 육체적인 사랑을 말합니다. 셋째는 '아가페(agape)'로, 이는 신이 인간을 사랑하는 무조건적이고 가장 고귀한 사랑을 말합니다.

우리나라의 말 '사랑'은 고어로는 '생각한다'는 뜻입니다. 즉 생각하는 것이 사랑이요, 사랑은 생각하는 것이라는 의미입니다. 이어령 선

---

4 물론 역사학에서 말하는 어둠의 시대와는 다른 의미입니다. 즉 웃음이 사라진 시대나 웃음을 긍정하지 않는 엄숙주의는 인간의 행복의 길이 아닌 불행의 길로 인도한다고 생각하는 의미에서 말하는 것입니다. 웃음을 부정하는 시대는 어둠의 시대입니다.

생은 서양인들의 사랑이 난롯불이라면 한국인의 사랑은 화로라고 하였습니다.[5] 난롯불처럼 과열과 냉각, 곧 열병처럼 달아올랐다 쉬이 식어버리는 것이 서양인의 사랑이라면, 한국인은 불타는 사랑이라기보다는 재속에 묻은 화롯불과 같다는 것입니다. 타오르지는 않지만 쉬이 꺼지지 않는 화롯불과 같은 사랑이 한국인의 전통적인 사랑이라고 합니다. 이처럼 동서양의 사랑의 형태는 다를지라도, 인간의 행복의 추구에서 사랑은 빠질 수 없는 것입니다.

이렇게 보면 행복이라는 말은 mother, passion, smile, love 같은 단어들의 감정이 우리에게 채워질 때 얻을 수 있을 것 같습니다. 많은 사람들이 이 단어를 생각해 낸 데에는 다 이유가 있습니다. 또한 이러한 단어들을 통해서 인간이 원하는 보편적 행복의 의미들을 찾아볼 수도 있습니다. 단어들의 공통점은 모두 따뜻함과 아름다운 감정의 발로입니다. 이는 인간의 마음속에서 이런 감정들이 생겨날 때, 행복감을 준다는 것입니다. 이처럼 감정이나 정서적인 면도 행복에 중요한 요소임을 우리는 알게 됩니다.

우리가 행복하지 않은 이유

심리학자인 이나미 박사는 『한국사회와 그 적들』[6]이라는 책에서 우리가 불행한 이유를 분석하고 있습니다. '한국사회와 그 적들'이라

---

5   이어령 지음, 『흙속에 저 바람속에』(문학사상사, 2002), pp. 156~157.
6   이나미 지음, 『한국사회와 그 적들』(추수밭, 2013).

는 제목은 오스트리아 출신의 철학자인 칼 포퍼(Karl Popper)의 저서 『열린사회와 그 적들』에서 차용하였습니다. 포퍼는 열린사회와 닫힌사회를 구분했는데, 열린사회는 개인의 자유를 최대한 보장하는 사회이고, 닫힌사회는 개인의 자유를 억압하고 전체주의로 몰아가는 사회입니다. 그는 열린사회의 가장 큰 적으로 플라톤(Platon) 철학과 마르크스주의(Marxism)를 들고 있습니다. 이 둘의 공통점은 어떤 목적을 위해서 개인의 자유를 억압한다는 것입니다. 포퍼가 보기에는 플라톤의 이상주의적 철인정치나 마르크스의 유토피아주의는 인류를 닫힌사회로 이끈다고 보았습니다. 이 둘은 어떤 인간의 유토피아적인 상황을 상정하고, 그것이 진리이기에 다른 사람들을 강제하여 도달할 수 있도록 만들기 때문입니다. 이런 강제는 자유를 억압하게 되고, 결국 이는 사회를 닫힌 사회로 만든다는 것입니다.

여기서 착안하여 이나미 박사는 그의 책을 통해 한국사회를 불행하게 하는 적들이 무엇인가를 보여주고 있습니다. 그녀는 한국 사회가 불행한 원인으로 물질만능주의, 허례허식, 소통부재, 분노 같은 것들을 지적합니다. 그녀가 지적한 것은 우리 사회에 만연한 근원적인 문제들이 무엇인지 잘 보여주고 있습니다. 어떤 면에서 우리 사회는 자신의 행복을 위해 살기보다는 가족을 위해서 살고, 자신의 만족이 아니라 타인의 평가와 칭찬에 민감한 사회이기에 불행합니다. 사회가 정의롭지 못하므로 사람들이 노력해도 성공할 수 없다는 생각을 가지고 있어서 마음속에 분노가 많아지고 예민해집니다. 끊임없는 경쟁으로 인해 피폐해진 한국인들은 새로운 삶을 원합니다. 그것이 무엇인지는 잘 모릅니다. 대부분의 보통 사람들은 행복을 작은 것에서 찾습니다. 매년 새해 첫날에 저마다 소원 비는 것을 방송에서 보면, 대개 가족의 건강을 빌거나 자녀가 원하는 학교에 들어가거나 또는 남편의 장사가 잘되기를 바랍니다. 이는 인간이 가진 소박한 행복의 바램입니다. 그런데 오늘 우리는 이런 소박한 행복조차도 지키기가 어렵습니다. 그 원인이 무엇일까요?

다양한 답이 나올 수 있으나 여기에서는 우리 사회를 지배하는 유교문화에 대해 살펴볼까 합니다. 오늘날 많이 퇴색하기는 하였으나 우리 사회를 이끄는 문화는 유교문화입니다. 유교가 가지는 장점에도 불구하고, 오늘 우리 사회는 유교의 폐해가 심각한 것이 있는데, 그것은 연고주의와 체면문화입니다. 우리가 행복하지 못한 이유를 유교문화에서 비롯된 두 가지 현상에서 찾아볼 수 있습니다.

첫째는 타인의 시선을 의식한다는 점입니다. 우리는 자신이 원해도 다른 사람이 나를 어떻게 볼 것인가에 관심을 가집니다. 옷을 고를 때도 무난한 것을 좋아하고, 유행하는 옷을 입는 심리는 바로 타인의 시선을 의식하는 것에서 비롯됩니다. 타인의 시선을 의식하여 우리는 중형차를 타고, 프랑스의 사치품으로 유명한 가방들을 지하철 또는 길거리에서 쉽게 볼 수 있습니다. 어린 청소년들은 모두 같은 상표의 옷을 입고, 가까운 산에 가면 마치 에베레스트 산에 올라갈 수 있을 것 같은 등산복을 머리에서 발끝까지 맞추어 입고 가는 사람들을 쉽게 볼 수 있습니다. 이처럼 타인의 시선을 의식하는 문화는 결국 자신이 하고 싶어 하는 일을 하는 것이 아니라, 남들이 좋은 것이라고 말하는 것을 하게 합니다. 즉 자신이 원하는 것이 아닌 가족이나 남들의 눈에 좋은 것을 선택하게 되고, 타인의 시선으로 자신을 규정하게 됩니다. 이는 자기정체성의 상실을 가져오고, 오직 타인에 의해서 자신을 규정하는 존재가 되고 마는 결과를 가져옵니다. 이처럼 타인의 시선을 의식하며 살아가는 한 자신의 자유를 유예시킬 수밖에 없기에 행복하지 못합니다.

타인의 시선을 의식한다는 것을 요즘 젊은이들에게 대입해 봅시다. 대학생들은 재학 중에 열심히 스펙을 쌓으려고 합니다. 회사에서 그것을 요구하기 때문입니다. 학점은 기본이고 영어에 능통하여 능력 있는 사람임을 입증해야 하고, 거기에 봉사도 열심히 해서 이타적인 인간임을 증명해야 합니다. 또 해외 연수나 다양한 자격증을 통해서 멀티 플레이어임을 보여야 하니 얼마나 힘들겠습니까? 그럼 우리 사회가 왜 이렇게 스펙을 강조하는 사회가 되었을까요?

이명수는 이를 '후광효과'라고 말합니다. 그는 한 신문의 칼럼에서 '후광효과가 판치는 사회'라는 글을 써서 우리 사회의 스펙 요구 문제를 다루고 있습니다.

"스펙이 좋으면 모든 게 끝이다. 한 줌의 의심조차 하지 않는다. 뻔한 궤변인데도 발화자의 스펙을 강조하면서 믿으라고 강변한다. 한 술 더 떠 그게 현실이어야 한다고 강요까지 한다. 진실도 힘 있는 자들이 정하고 악도 힘이 있으면 정의가 된다고 우기는 격이다. 그럴 수는 없지 않은가. 출세했더니 키가 커졌다는 식의 논리적 오류가 명백한, 막걸리 같은 말이 사람을 평가하는 잣대로 아무렇지도 않게 통용되는 사회가 정상일 수는 없다. 후광효과가 아니라 인간의 개별성을 바탕으로 묻고 따질 수 있어야 한다. 후광효과에 의존하는 사회는 신기루 사회다. 결국 무너진다."[7]

후광효과란 개인에 대한 일반적인 평가를 할 때, 그가 가지고 있는 특성이 평가에 영향을 미치는 것입니다. '좋은 학벌을 가지고 있다면 그의 말이 맞을 것이다', '그는 똑똑하니까 그의 행동이 맞을 것이다'라고 생각하는 것이 그 예 입니다. 좋은 스펙을 가지고 있으면 일을 더 잘할 것이라고 생각하면 그것이 후광효과입니다. 그래서 기를 쓰고 스펙을 쌓으려고 합니다. 많은 대학생들이 대기업이나 좋은 직장에 들어가려는 이유가 무엇일까요? 그것은 봉급도 많이 주기도 해서지만, 사회적으로는 어디에 가서 내세울 만한 직장을 갖기 위함입니다. 그래야 결혼을 하기도 쉽고, 가족들의 자랑이 될 수 있습니다. 이름 모를 중소기업에 들어가면 자기도 모르게 의기소침하게 되고 가족들 역시 자식이 다니는 직장을 자랑할 수 없게 됩니다. 우리 사회에서 돈이 많으면 그 사람은 능력 있는 사람이 되고, 그가 말하는 것은 진리가 되고, 그 사람을 닮고 싶어 합니다. 이러한 현상이 우리 사회에 만연합니다. 이런 타인을 끊임없이 의식하는 문화 속에서는 자신이 주체성을 가지고 살기가 어렵습니다. 끊임없이 다른 사람이 나를 어떻게 보느냐에 민감해집니다. 이는 다시 두 번째 문제로 이어지게 됩니다.

둘째는 비교의식입니다. 이는 타인의 시선을 의식하는 것과 '양면의 동전' 관계입니다. 타인의 시선을 의식하는 사람은 결국 타인과 비교하면서 살게 됩니다. 그런데 문제는 항상 비교를 자기보다 못한 사

---

7   이명수, 〈한겨레신문〉, 2013년 9월 2일자.

람과 하는 것이 아니라, 자신보다 높은 사람이나 나은 사람과 비교합니다. 예를 들어 월 5백만 원을 받는 사람이 있다고 합시다. 그 자체로는 만족할 수 있습니다. 그런데 월 7백만 원을 버는 옆집 남자와 비교하는 순간 5백만 원을 받는 사람은 갑자기 불행해집니다. 자신이 무능력하다는 생각을 하게 되고, 빨리 노력해서 자신도 7백만 원 받는 사람이 되기를 원하게 됩니다. 그렇게 노력해도 안 되면, 스스로 자괴감에 빠지게 되고, 자신의 처지가 불행하다고 느낍니다. 이것이 비교에서 오는 불행감입니다. 이러한 것을 감추기 위해서 자신의 수입에 비해 무리해서 중형차나 대형차를 타고, 다른 사람 앞에서 자신이 성공한 사람임을 과시하고자 합니다.

경제학은 기본적으로 인간은 합리적 소비를 한다고 전제합니다. 그런데 실제로는 그렇지 않습니다. 인간은 합리적이지도 않고, 사실 타인의 시선을 의식하면서 소비를 하게 됩니다. 이를 '베블린 효과(veblen effect)'[8]라고 합니다. 경제학자 베블린의 주장으로 '비싼 명품일수록 그리고 가격이 비쌀수록 과시욕과 허영심에 수요가 늘어나는 현상'을 말합니다. 즉 비쌀수록 잘 팔리는 사치품을 가지려는 인간의 욕망을 말하는데, 이것이 비교의식에서 나옵니다. 나보다 높은 위치에 있는 사람과 같아지려는 욕망에서 사치품을 사게 되고, 그 사치품을 사용함으로 나도 그와 같은 부류의 사람이라는 만족감을 갖게 됩니다. 그러면 상류층의 사람은 더 높은 가격의 물건을 사려고 하고, 중류층은 다시 상

---

8   소스타인 베블린 지음, 김성균 옮김, 『유한계급론』(우물이있는집, 2012) 이 책에서 베블린은 경쟁체제는 경제를 발전시킨다는 논리를 반박하고 있다.

류층을 따르게 됩니다. 이런 식으로 값이 비쌀수록 잘 팔리게 되는 근원적인 이유는 '나는 너와는 다르다'라는 것을 드러내고 싶은 욕망이나 다름없습니다.

경제적으로 발전한 우리나라의 사람들이 스스로 행복하지 않다고 생각하는 사람들이 많아지는 이유는 문화적으로 이 두 가지에 기인한다고 보입니다. 이러한 틀에서 참된 행복을 찾으려고 한다면 우리는 타인의 시선에서 자유로울 필요가 있습니다. 자신만의 개성과 정체성을 드러내고, 세상에서 유일한 자신의 고유한 삶을 살아가는 것이 행복의 길임을 자각하는 것이 중요합니다. 다른 사람과 비교하지 않고, 스스로 자신의 분수에 맞게 살아간다면 우리는 지금보다 더 행복한 사람들로 살아가게 될 것입니다. 타인과의 비교를 멈출 때 우리는 보다 자유로울 수 있고, 그 자유가 당신을 행복의 길로 인도할 것입니다.

대학생들이 생각하는 행복

대학에서 '행복의 철학'이라는 교양과목을 가르치면서 첫 시간에 반드시 하는 일이 있습니다. 그것은 새로운 학기가 시작하는 첫날 첫 수업에 들어오는 학생들에게 다음 시간까지 '내가 생각하는 행복'이라는 주제로 반 페이지 정도 써서 제출하라고 숙제를 내줍니다. 이 글들을 다 모았다가, 학기 마지막 날에 나누어주고, 한 학기 동안 행복관이 얼마나 바뀌었는지를 쓰게 합니다. 생각이 많이 변하지 않은 학생도 있지만, 대부분의 학생들에게서 많은 변화를 봅니다. 대개 첫날 써서 내는 행복관은 개인적인데, 어떤 목적을 이루거나 얻거나 할 때 행복을 느낀다고 말합니다. 말 그대로 전형적인 답과 누구에게나 들을 수 있는 소박한 행복론입니다. 한 학생이 첫날 제출한 행복에 대한 이야기를 들어보죠. 이 학생은 산업정보시스템공학과 학생입니다.

"내가 생각하는 행복은 '원하는 것을 이루는 것'을 기본으로 한다. 여기서 원하는 것이란, 거창하게 이루고 싶었던 꿈을 이루는 것이나 삶의 의미를 찾는 그런 것이 될 수도 있지만 당장 내 몸이 원하는 것, 자그마한 기쁨, 혹은 별것 아닌 호기심의 충족이 될 수 있다."

이 학생의 경우, 행복은 자신이 원하는 무엇인가를 얻거나, 소유할 때이고, 그것이 어떤 높은 목적이 아니더라도 소소한 삶의 성취감이 행복임을 밝히고 있습니다. 또 글로벌미디어학부 3학년인 한 여학생의 말을 들어봅니다.

"내가 생각하는 행복이란 내가 제일 좋아하는 일을 할 때, 느낄 수 있는 것이라 생각한다. 나는 맛있는 음식을 먹으러 다니는 것을 좋아하는데, 내가 좋아하는 사람과 좋아하는 음식을 먹으며 이런저런 대화를 나눌 때 정말 행복하다고 느낀다."

이 여학생의 경우는 일상에서 느끼는 작은 행복을 말하고 있습니다. 이는 최근 행복에 대한 책들이 대개 '일상에서 느끼는 작은 행복이 소중하고 본인의 마음가짐이 중요하다'고 말하는 것과 같은 맥락임을 알 수 있습니다. 이 여학생도 사회에 대한 큰 관심은 없으며 지극히 개

제1부 행복을 찾아서

인적인 행복을 말하고 있습니다.

어떤 철학과 신입생은 행복을 상당히 부정적으로 보기도 합니다.

"나는 행복이 꼭 인간의 목적이라고 생각하지 않는다. 행복 자체가 추구해야 될 절대 진리나 선이라고 생각되지 않기 때문이다. 그저 인생의 길을 걷다가 잠깐 마주치게 되는 개인의 즐거운 감정의 순간인 것 같다. 우리는 그 잠깐의 시간을 만날 때마다 최대한 즐기면 된다고 생각한다. 맛있는 음식을 먹으며 행복을 느낀다면 그것이 곧 사라질 것이라는 이유로 우울해할 필요도 없는 것 같다. 영원한 행복이란 어차피 없으니까."

행복이란 신기루 같은 것이며, 삶의 목적도 아니라고 단언합니다. 이 학생에게 행복이란 잠시이므로 그때그때 즐기고 누리면 족한 것으로 보고 있습니다. 지속적인 행복도, 영원한 행복도 없다고 봅니다. 이 학생의 경우는 행복 추구에 대해 별 기대가 없으며, 삶을 상당히 관조적으로 보고 있다는 것을 알 수 있습니다. 동시에 이 세상에서 행복을 구하는 것이 쉽지 않을 것이라는 생각을 볼 수 있습니다.

그 가운데 아주 재치 있는 한 학생의 답을 보겠습니다. 글로벌미디어학부의 한 여학생이 쓴 글입니다. 이 학생은 아주 재미있는 정현종의 '섬'이라는 시의 한 구절을 인용하면서 행복을 말합니다.

산에서 내려와서 / 아파트촌 벤치에 앉아
한 조각 남아 있는 육포 안주로 / 맥주 한 병을 마시고 지하철을 타러 가는데 / 아, 행복하다!

행복을 느낄 수 있는 유일한 때는 행복한 '순간'일 뿐이고, 그 순간에 대한 어떠한 기대도 없이, 순간을 즐길 준비가 된 사람에게만 주어지는 선물이라는 것을 소박한 시로 표현했습니다. 행복은, 산꼭대기를 정복했을 때, 목적으로서의 행복을 달성했을 때 느껴지는 성취감은 아닙니다. 대부분 목적으로서의 행복은 '욕심'으로 끝나기 때문입니다. 그래서 행복을 말할 수 있는 순간은, 흘러가는 시간 속에서 내 삶에 흘러들어온 소소한 행복을 온몸으로 느낄 수 있을 때, 그때야말로 '아 행복하다!'를 외칠 수 있는 진실한 순간입니다.

이 여학생은 시를 인용하면서 진정한 행복은 목적의 성취가 아닌 삶의 일상에서 때때로 느끼는 행복한 감정, 또는 즐거운 순간들이라고 말합니다. 이 여학생 외에 대부분의 학생들 역시 일상에서 느끼는 감정들이나 개인적인 것으로 행복을 한정짓고 있음을 알 수 있습니다. 행복에 대해 부정적이든지 긍정적이든지 삶의 현장에서 일어나는 지극히 개인적인 것으로 한정하고 있다는 점이 이들의 공통점입니다.

그러나 한 학기가 끝나서 물어보면 답은 많이 달라져 있음을 알 수 있습니다. 여기 한 여학생의 수업 후기를 보겠습니다.

"지금도 저는 처음과 같이 행복은 소소한 것들에서 올 수 있으므로, 주변의 행복을 느끼려는 마음가짐을 가져야 한다고 생각합니다. 하지만 처음과 달라진 점은 행복을 얻을 수 있는 방법이 얼마나 다양

제1부 행복을 찾아서

한지를 안다는 것입니다. 저는 이 수업을 통하여 행복을 느낄 수 있는 다양한 길과 공적 행복의 중요성을 알게 되었습니다. 지극히 개인주의자였던 저이지만, 공적 행복의 의미와 중요성, 그것을 얻기 위한 길들이 무엇인가를 알게 되어 정말 뜻깊은 수업이었습니다."

학생들은 대부분 개인적인 행복에서 공적인 행복의 중요성을 알게 되었고, 행복은 하루아침에 이루어지는 것이 아니라 좋은 습관을 오랫동안 쌓아야 한다는 것도 배우게 됩니다. 학생들은 대부분 수업을 한 학기 듣고 진정한 행복은 개인의 일상에서만 이루어지는 것이 아니라 다른 사람과 함께 행복해지지 않으면 안 된다는 것을 알게 됩니다. 내가 사는 공동체가 정의롭지 못하고, 부패하고, 정치가 엉망이 되면 아무리 개인적으로 행복하고 싶어도 행복할 수 없습니다. 한번 생각해 봅시다. 아프리카의 독재국가에서 많은 어린이들이 굶어죽고, 소수의 권력자들만 잘 살았던 시절의 그 나라의 국민은 과연 행복했을까요? 그럴 수 없습니다. 개인적인 행복도 중요하지만, 더 중요한 것이 바로 공적인 행복입니다. 이 공적인 행복이 우리의 행복에 많은 부분을 좌우합니다. 그런데 학생들이나 시민들도 대부분 공적 행복이 자신들의 행복에 얼마나 중요한지를 잘 알지 못합니다. 이 책 2부에서는 공적 행복의 중요성에 대해서 알게 될 것입니다.

요즘 대학생들 사이에서 인문학에 대한 관심이 높아지고 있습니다. 그런데 그 관심도 혹시 취직이나 유행에 따른 것이 아닌가 염려스럽긴 합니다. 대학에서 인문학이 필요한 이유가 무엇일까요? 좀 좁혀서 철학이 필요한 이유는 무엇일까요? 철학은 기본적으로 생각하는 것이고 어떤 것에 대해 근원적인 질문을 하는 것입니다. 소크라테스는 "음미하지 않는 삶은 의미가 없다"라고 하였습니다. 오늘 우리 사회의 비극은 생각하는 시간을 갖지 못한다는 데 있습니다. 어린 시절부터 학교에서 공부하고 외우고 시험보고, 학교가 끝나도 학원을 순례하며 일찍부터 명문대를 가기 위한 경쟁에 뛰어들어, 대학에 올 때까지 자신에 대해, 삶에 대해, 세상에 대해 질문하지 않는 수동적인 학생들이 되었습니다. 생각하는 법을 상실한 학생들은 자신의 인생을 어떻게 살아야 할지 잘 모릅니다. 그래서 부모나 사회에서 원하는 삶이 가장 좋은 삶이라고 생각하게 되었습니다. 대학에 들어와서도 학점과 스펙에 관심을 갖고 살다보니, 깊이 생각하는 법을 잊어버렸습니다. 그들은 생각하기보다는 스마트폰으로 세상을 보는 것에 더욱 익숙합니다. 그런데 스마트폰은 생각하는 힘을 현저히 떨어뜨립니다. 결국 대학에 들어와서도 생각하는 인간이 되지 못하고, 자신을 둘러싼 세계가 무엇인지, 삶을 어떻게 살아야 하는지에 대한 철학적·인문학적 생각을 하지 못한 채 살아갑니다. 그러다 어느 순간에 학생들은 비로소 '우리 사회가 왜 이렇지?', '우리는 왜 행복하지 못할까?'와 같은 질문을 하기 시작합니다.

이 책은 바로 그런 학생들에게 인문학으로 행복이 무엇인지, 그리고 우리 인생의 삶의 목적이 무엇인지에 대해 생각해보고, 그 지평을 확장하는 데 도움을 주기 위한 것입니다. 생각하는 힘이 자신과 자신을 둘러싼 세계에 대해 이해하고 알게 합니다. 어떤 사건이나 일에 대해서 행동을 하려면 먼저 그 사건이나 일의 원인과 과정을 알아야 합니다. 알아야 행동할 수 있기 때문이죠. 행복 역시 마찬가지입니다. 행복에 대해 생각하고 근본적인 질문을 던질 때, 행복을 알 수 있고, 알아야 행동할 수 있습니다.

1 행복이란 무엇일까를 생각해 보세요.

2 인간의 행복을 얻는 길은 욕망을 채우던가 아니면 욕망을 줄이는 것이라고 했는데, 그 외에는 다른 길은 없을까요?

3 한국인들이 행복하지 않은 문화적 요인들은 무엇이 있는지 생각해 보세요.

4 좋은 직장이 반드시 행복을 보장할 수 있습니까?

이나미 지음, 『한국사회와 그 적들』(추수밭, 2013)

요즘 우리 사회를 분석한 책들이 많이 있습니다. 그 가운데 이나미 교수의 책은 우리 사회의 문제를 잘 지적하고 있습니다. 심리학자인 저자는 우리 사회의 문제는 인간의 심리와 우리 문화의 연결고리를 잘 연결하여 우리 사회가 불행한 이유를 설득력 있게 설명하고 있습니다.

움베르토 에코 지음, 이윤기 옮김, 『장미의 이름』(열린책들, 2002)

이탈리아의 기호학자인 에코가 쓴 중세를 배경으로 한 추리소설입니다. 지적인 재미를 줄 뿐 아니라 중세의 분위기를 느낄 수 있으며, 동시에 중세인들이 고민했던 문제들이 무엇인지를 알게 합니다. 지적인 교양과 재미를 동시에 주는 책입니다.

소스타인 베블린 지음, 김성균 옮김, 『유한계급론』(우물이 있는 집, 2012)

이 책은 자본주의에 내재한 사회적 모순을 누구보다 잘 보여주었습니다. 그는 자본가의 이익이 반드시 사회의 이익과 일치하지 않음과 소비자가 합리적 소비를 하지 않음을 증명하였습니다. 읽기 어렵지만 고전에 한번 도전해보시기를 바랍니다.

2

행복 이해하기

행복이 아닌 것들

행복이 무엇인가에 답하는 것은 쉽지 않습니다. 행복은 정의하기가 어렵기 때문이죠. 그렇다면 여기서 역으로 행복이 아닌 것들이 무엇인지 살펴보면, 행복이 무엇인지를 어느 정도 알 수 있지 않을까요? 그럼 행복이 아닌 것은 무엇인지 살펴봅시다.

첫째, 욕망충족은 행복이 아닙니다. 우리는 흔히 내가 원하는 것을 얻으면 그것이 곧 행복이라고 생각합니다. 예를 들어 배가 고플 때 밥을 먹으면 배가 불러 만족한 상태가 됩니다. 그때 우리는 행복하다고 말합니다. 그렇다면 행복이란 과정이 아닌 결과에만 달려 있는 것이 됩니다. 그러나 행복은 이러한 생리적 욕망의 충족만으로 한정 지을 수는 없습니다. 행복이 오직 욕망의 충족에만 있다면 배부르면 행복해하는 돼지와 다를 바가 없습니다. 인간의 행복은 욕망 충족을 넘어서는 것이

어야 합니다.

그럼 돈으로 행복을 살 수 있을까요? 우리 사회에는 돈으로 행복을 살 수 있다는 믿음이 널리 퍼져 있습니다. 물질만능주의에 빠진 사람들에게는 혹시 이 말이 맞을 수는 있습니다. 복권이 잘 팔리고, 도박을 하는 사람들이 많은 것을 보아도 쉽게 알 수 있습니다. 만일 돈이 전혀 없다면 생활하기가 불가능합니다. 돈은 필요하지만 돈만 가지고는 행복할 수 없습니다. 그러나 돈은 많으면 많을수록 좋다고 생각하는 사람들도 많습니다. 돈에 희망을 거는 사람들은 다른 것들은 사라져도 돈은 변하지 않는다고 생각합니다. 과연 돈은 어떤 모습을 가질까요?

> "돈은 야누스의 얼굴을 가지고 있다. 그것은 모든 가치를 표상하고 뭇 소망을 수렴하는 기호로서, 기쁨의 원천이자 고통의 뿌리로 여겨진다. 풍요와 결핍의 척도요, 안도와 두려움의 이유로 보인다. 또한 사회적 차원에서 보면 돈은 인간관계를 해체하면서 또한 그나마 최소한의 질서와 통합을 보장하는 매체라고 할 수 있다. 권력을 세우기도 하고 허물어뜨리기도 하는 것이 돈이다. 그래서 사람들이 돈을 좋아하지만 돈이 불쾌한 기억으로 채색되기 일쑤다. 돈에 극도로 집착하면서도 '돈이 웬수야'라는 탄식을 한다. 돈에 대한 지긋지긋한 경험 때문에 그 한을 풀기 위해 돈에 매달리는 경우도 많다. 돈은 인간사의 희로애락을 모두 담아내고 빚어내는 블랙박스다."[9]

---

9   김찬호, 『돈의 인문학』(문학과지성사, 2011), p. 34.

위 글은 돈의 양면성을 잘 지적하고 있습니다. 돈 때문에 자살한 사람의 뉴스는 이제는 뉴스도 못됩니다. 돈이 우리 삶의 중요한 부분이 된 것은 부인할 수 없습니다. 어쩌면 행복을 위한 중요한 요소임이 분명해 보입니다. 요즘 청년들은 돈이 없어서 연애를 못하고 결혼도 할 수 없다고 말합니다. 결혼 연령은 점점 늦어지고 한 후에도 돈을 벌어야 하기에 맞벌이를 하고 자녀에게 들어가는 양육비와 교육비를 생각하면 낳을 엄두를 못 냅니다. 이런 사회에서 돈이 행복의 전부가 아니라고 말하는 것이 어떤 의미가 있을까요?

조금 더 나아가 보면, 우리가 왜 돈이 없으면 한 발자국도 집 밖을 나서지 못하는 사회가 되었는지를 알면 행복과 돈의 관계를 이해할 수 있습니다. 사실 우리가 돈이 많으면 행복하다고 생각하는 이유도 돈으로 내가 원하는 것들을 살 수 있기 때문입니다. 그래서 사람들이 돈이 곧 행복이라는 공식으로 생각합니다.

지금은 추억 속에 사라졌지만, 필자가 젊은 날에 좋아했던 팝 그룹 가운데 스웨덴 4인조 그룹인 ABBA가 있었습니다. 그들의 노래를 너무 좋아해서 수없이 듣곤 했는데, 그 중에 'money, money, money'라는 노래가 있습니다.

"난 밤이고 낮이고 일하지, 온갖 청구서나 세금을 내야 하니까 슬픈 일이야. 거기다 나에겐 단돈 한 푼도 남지 않을 것 같아. 너무 불행한 일이야. 난 꿈을 꾸며 계획을 세우지. 만일 내가 부자가 된다면 하루 종일 일도 안하고 빈둥거리며 놀기만 할 수 있겠지.

돈, 돈, 돈, 부자들의 세상은 아주 재미있을 거야.

돈, 돈, 돈, 부자들의 세상은 언제나 행복할 거야.

돈이 있다면 뭐든지 할 수 있을 텐데.

그게 바로 부자의 세상이지"

이런 가사의 노래입니다. ABBA의 이 노래는 우리에게 돈이 왜 필요한지에 대한 대중들의 생각을 잘 보여줍니다. 즉 돈을 벌기 위해서 일하는 이유는 결국 일 안 하고 노는 것이 행복이라는 생각 때문입니다. 세상에서 열심히 일하는 사람들은 노는 것을 꿈꿉니다. 노는 것이 곧 행복이라는 등식이 은연중에 사람들의 마음속에 있는 것이죠. 일만 하는 이유는 돈이 없어서이고, 돈이 있으면 부자들처럼 재미있게 놀 수 있으며, 그것이 곧 행복임을 말하고 있습니다. 그렇다면 과연 노는 것이 진짜 행복일까요? 우리는 정말 놀기 위해서 일을 하는 것일까요? 이런 이야기가 있습니다.

바닷가에서 쉬고 있는 어부에게 한 신사가 가서 물었다.

"지금 무엇을 하십니까?"

"보다시피 쉬고 있잖소. 그런데 당신은 어디를 바쁘게 가시오?"

"저는 항구에 배를 사러 갑니다."

"무엇을 하려고 배를 사십니까?"

"돈을 벌려고 합니다."

"어떻게 벌려고 하십니까?"

"열심히 배를 띄워 고기를 많이 잡고, 팔아서 다시 배를 사서 고기를 많이 잡으면 돈을 많이 벌 수 있을 겁니다."

"아니, 돈을 벌어 무엇을 하시게요?"

"편안히 쉬려구요."

"아니, 편안히 쉬는 것은 지금 나처럼 쉬면 되는 것 아닌가요?"

현대인들은 돈을 벌어야 쉴 수 있다고 생각합니다. 그러나 돈을 벌면 벌수록 쉬지 못하고, 더 일을 하게 됩니다. 일을 한다는 것은 나쁜 것이 아니라, 사실은 좋은 것입니다. 사람이 일을 할 수 있다는 것은 자아실현이면서, 동시에 자신의 존재 의미를 발견하게 하기 때문입니다. 쉬는 것이 의미가 있으려면, 일을 열심히 했을 때에 비로소 성립할 수 있는 것입니다. 열심히 일한 사람만이 쉼의 의미를 알고, 그 일과 쉼에서 행복이 무엇인지 알 수 있습니다.

물론 돈이 많은 것이 나의 욕망을 채우는 일에는 확실히 도움이 됩니다. 그런데 욕망의 만족이 꼭 행복의 길은 아닙니다. 만약 돈이 행복을 좌우한다면 이 세상의 백만장자들이 모두 행복해야 하는데, 그들도 다 행복한 것은 아닙니다. 정말로 중요한 것은 돈을 제대로 사용하는 것입니다. 돈을 아무리 많이 벌어도 제대로 사용하지 못하면 행복할수 없습니다. 그런 점에서 우리의 소비 행태를 잘 살펴볼 필요가 있습니다. 정말 필요한 것에 소비하고 있는지, 아니면 즉흥적이고 일시적인 기쁨에 쓰는 것은 아닌지를 잘 생각해 보시기 바랍니다. 돈을 잘못 사용하면 도리어 불행한 경우가 많습니다. 그런 면에서 돈은 행복의 필요조건은 되지만 충분조건은 아닙니다.

인간이 잘못된 길로 행복을 추구하면 어떻게 되는가를 잘 보여준

작품이 있는데 그것은 톨킨(J. Tolkien)의 『반지의 제왕』입니다. 영화로도 만들어져 우리에게 잘 알려진 작품인데, 이 작품의 중요한 모티브는 '절대반지'입니다. 이 반지를 손가락에 끼면 다른 사람에게는 보이지 않으며 힘이 세지고 모든 것을 얻을 수 있습니다. 많은 사람들이 이 반지를 얻으려고 하는데, 그 반지를 얻으려고 하면 할수록 본연의 인간성은 상실하게 됩니다. 가장 대표적인 인물이 '골룸'이라는 인물입니다. 인간의 선함과 악함을 동시에 가지면서 절대반지를 소유하기 위한 탐욕과 욕망으로 가득 찬 골룸은 그 자신이 점점 흉한 몰골로 변해갑니다. 그러나 자신은 그 흉한 몰골의 자신을 볼 수 없고 알지도 못합니다. 그의 관심은 오직 반지를 갖는 것입니다. 이 골룸이라는 인물은 절대반지와 같은 권력이나 돈을 얻으면 행복할 것이라고 생각하는 현대인들을 상징하고 있습니다. 즉 욕망에 사로잡혀 '저것만 있으면 나는 행복할 것이다'라고 믿는 사람들이 있다면 그는 골룸과 비슷한 사람입니다.

우리 사회를 보십시오. 오늘도 자신에게 행복을 줄 것이라고 믿는 돈을 벌기 위해서 인간이 범죄를 저지르고 심지어 다른 사람을 해치는 뉴스를 너무 쉽게 볼 수 있습니다. 돈 때문에 벌어지는 추악한 인간의 모습입니다. 우리 주위에는 너무나 많은 골룸들이 있습니다. 이 작품의 가장 놀라운 점은 반지를 얻는 데 있지 않고 버리는 데 있습니다. 주인공 프로도가 반지를 버렸을 때, 모든 사람에게 참된 평화와 행복이 옵니다. 그 작품이 말하고자 하는 점은 분명합니다. 우리도 이것만 가지면 행복할 것이라고 생각하는 그것을 버릴 때, 진정으로 행복의 길로 갈 수 있다는 것입니다. 대부분의 영화들이 무엇인가를 얻기 위해서 길을 떠난다면, 이 영화는 버리기 위해서 떠납니다. 영화에서 버려야 할 절대반지는 욕망충족입니다. 욕망충족으로 인간은 절대 행복할 수 없고, 채워지지도 않습니다.

둘째, 목표성취가 행복은 아닙니다. 현대인들은 누구나 자신이 설정한 목표를 이루는 것이 행복이라고 믿습니다. 예를 들어 자신이 목표한 대학에 들어가는 것이 행복이라고 생각했다고 해 봅시다. 그러면 문제는 그것을 이루기 위해서 열심히 공부를 해야 합니다. 공부를 좋아하고, 재미있어하면 상관없으나, 많은 학생들이 목표를 성취하기 위해서 참고 견디면서 3년의 고등학교 시절을 보내게 됩니다. 대부분 목표성취를 위해서는 자신의 행복을 유예하게 되고, 더 나아가서는 참고 견디어야 합니다. 열심히 공부해서 원하는 대학에 들어갔다고 그가 행복할까요? 물론 잠시는 행복합니다. 그러나 곧 대학에서 다시 새로운 목표를 잡아야 합니다. 그는 다시 원하는 직장에 들어가거나 더 높은 목표를 설정해서 도전해야 합니다. 그러면 또 다시 행복을 유예해야 합니다. 또한 노력하고도 그 목표를 이루지 못했을 때 오는 불행감은 감당하기가 쉽지 않습니다.

그리스 로마 신화에 시지프스의 신화가 있습니다. 시지프스는 바람의 신인 아이롤로스와 그리스인의 시조인 헬렌 사이에서 태어났습니다. 시지프스는 인간 중에 가장 현명하고 신중한 사람이었습니다. 어느날 시지프스는 제우스가 독수리로 변하여 요정 아이기나를 납치해가는 현장을 목격하고 요정의 아버지 아소포스를 찾아갑니다. 그리고 자신의 부탁을 들어주면 딸이 있는 곳을 가르쳐 주겠다고 하면서, 자신이 다스리는 지방에 물이 귀해서 백성들이 고생을 하니 마르지 않는

시지프스의 신화

샘을 하나 만들어 달라고 합니다. 아소포스는 시지프스의 말을 들어준 후, 딸이 납치당한 장소를 파악하고 자신의 딸을 제우스의 손에서 구합니다. 제우스는 자신의 잘못을 시지프스가 말해준 것으로 알고, 전쟁의 신 아레스에게 시지프스를 잡아오라고 명령합니다. 그러고는 시지프스를 지옥으로 보내는데, 지옥의 신 하데스는 그에게 아주 가혹한 형벌인 높은 바위산 꼭대기에 큰 바위를 밀고 올라가는 형벌을 내립니다. 그런데 문제는 시지프스가 온 힘을 다해 산꼭대기에 바위를 밀고 올라가면 바로 그 순간 바위는 다시 아래로 굴러 떨어집니다. 그러면 시지프스는 다시 내려가서 바위를 산꼭대기로 다시 밀어 올려야만 합니다. 시지프스는 바위를 올리고 다시 떨어지고를 반복하는 영겁의 형벌을 받게 되었습니다.

　이 시지프스의 신화는 인간이 행복을 추구하는 것이 무엇인가를 보여줍니다. 돌을 산에 밀어 올리는 것이 목표라고 한다면, 그 목표에 도달하기까지 수고하고 애써야 합니다. 그리고 이루는 순간 다시 굴러 떨어지는 바위처럼, 우리의 행복의 목표는 다시 설정되어야 합니다. 그래서 다시 참고 인내하면서 다른 목표를 향해 돌을 밀어야 하는 것이죠. 이는 시지프스의 헛된 노력처럼, 우리가 목표 성취를 행복으로 삼으면 만나게 되는 함정입니다. 행복은 목표를 이루는 것으로 되지 않습니다. 그것은 잠깐의 행복이자 성취감일 뿐입니다. 따라서 목표 성취가 행복은 아니라고 볼 수 있습니다.

셋째, 나 혼자 행복한 것은 행복이 아닙니다. 우리는 흔히 '나 혼자 행복하면 그만이다'라고 생각합니다. 타인이 어떤 삶을 살든 그것은 그 사람의 문제이며, 나의 삶에 대해서만 관심을 가지고 나만 행복하면 된다는 생각을 갖는다면 이는 진정한 행복에 이를 수 없습니다. 인간은 누구나 더불어 사는 존재이기에 다른 사람들이 다 불행하고 나만 행복하다면 그것이 과연 진짜 행복일 수 있을까요? 우리가 추구하는 행복은 타인과 함께 공유하는 것입니다. 타인의 불행이 곧 나의 행복은 아닙니다. 그 이유는 불행한 사람들이 많으면 많아질수록 결국 자신에게도 영향을 미치기 때문에 자신도 불행해질 수밖에 없기 때문입니다. 그래서 우리의 행복 중에 공적인 행복이 중요합니다. 공적인 행복은 내가 사는 공동체의 행복도가 높을 때 나 역시 더 많이 행복할 수 있습니다.

넷째, 지금 행복하다고 해서 내일도 행복한 것은 아닙니다. 반대로 오늘 불행하다고 해서 내일도 불행한 것도 아님을 잊지 마시기 바랍니다. 우리가 행복한 삶을 사는 데에는 운명이라는 변수가 있습니다. 이는 뒤에 '행복과 운명'의 장에서 자세히 다루겠습니다만, 여기에서는 오늘의 행복이 내일로 계속 이어지는 것도 아니고, 오늘의 불행이 내일 계속되는 것도 아니라는 것을 기억해 주시기 바랍니다.

헤로도토스(Herodotos)가 쓴 『역사』 제1권에 아테네 7현인 가운데 한 사람인 솔론이 리디아의 왕 크로이소스를 방문한 이야기가 나옵니다. 당시 리디아는 주변의 민족들을 차례로 정복하여 넓은 영토를 가지고 있으면서 안정된 나라였고, 역사상 최초로 금으로 주화를 만들 정도의 막대한 부를 자랑하였습니다. 그런 막대한 재산과 권력을 가진 크로이소스는 솔론에게 "당신이 만났던 수많은 사람들 가운데 가장 행복한 사람은 누구라고 생각하느냐?"라는 질문을 합니다. 크로이소스는 자신이기를 내심 바랐으나 솔론은 아테네의 텔로스가 가장 행복하다고 말합니다. 텔로스는 아테네라는 번영하는 나라의 시민이었고, 그의 자식들은 다 훌륭하게 성장하였고, 텔로스보다 먼저 죽은 자식이 없었으며 그의 삶이 순탄했고 그의 죽음 역시 영광스러운 죽음이었기에 가장 행복하다고 답합니다. 텔로스는 이웃 나라가 쳐들어 왔을 때 영광스럽게 싸우다가 전사하였으며, 그의 장례는 성대하게 국가에서 치러 주었기에 그가 제일 행복한 사람이라는 것입니다.

그럼 세상에서 그 다음으로 행복한 사람이 누구냐는 질문에 솔론은 왕을 말하지 않고 다시 아르고스의 클레오비스와 비톤 형제라고 대답합니다. 그러자 크로이소스는 참

헤로도토스

지 못하고 부자에다 거대한 권력을 가진 자신은 왜 아닌지를 묻습니다. 솔론은 클레오비스와 비톤 형제가 행복한 죽음을 맞이했으며, 사람들이 그들의 효행을 기려 신께 그들의 행복을 기원하는 의식을 베푼 후에 평화롭게 잠들게 하였다고 말합니다. 그 말을 한 후 솔론은 크로이소스 왕에게 지금 당신이 누리고 있는 부는 행복한 미래나 삶을 보장해주지는 않는다고 잘라 말합니다.[10]

여기서 크로이소스 왕이 가지는 행복관은 그 당시 통념적으로 가지고 있던 행복관을 반영합니다. 즉 돈이 많고 권력이 많아서 자기가 하고 싶은 대로 하면서 살아가는 것이 행복이라고 크로이소스는 생각하고 있습니다. 그러나 솔론이 생각하는 행복은 그런 것이 아닙니다. 솔론은 지금의 행복이 중요한 것이 아니라 죽음 후에야 비로소 그가 행복했는지 불행했는지를 알 수 있다고 말합니다. 솔론은 누구나 죽기 전에는 그 자신이 행복하다고 말할 수 없다는 것입니다. 그 이유는 인간에게 운명은 가혹해서 내일 어떻게 될지 아무도 모르는데, 오늘 내가 가진 부나 권력을 자랑하는 것은 어리석은 일이기 때문입니다. 솔론에게 행복한 삶이란 곧 칭송 받는 삶과 명예로운 죽음으로 완성됩니다. 오늘 우리는 솔론의 행복관을 갖기보다는 크로이소스왕의 행복관을 더 많이 지지합니다. 그러나 이는 진정한 행복이 아닙니다.

이처럼 우리가 생각하고 있는 보통의 행복이 반드시 행복이라고는 말할 수 없습니다. 행복은 단순히 돈이나 권력으로만 구성되는 것은 아닙니다. 오늘날 우리 사회는 돈이 없으면 하루도 살아갈 수 없고,

---

10   헤로도토스 지음, 천병희 옮김, 『역사』(숲, 2009), pp. 41~43 참조.

권력이 있으면 못할 것도 없는 행복한 삶을 살 수 있다고 생각하는데, 그것이 진정한 행복은 아닙니다. 오늘 그것이 나에게 있다고 내일도 나에게 있으리라는 보장은 그 어디에도 없기 때문입니다. 기업의 흥망성쇠를 보면 쉽게 알 수 있습니다. 30년 전에 30대 기업에 들었던 회사들 가운데 살아남은 기업이 얼마나 될까요? 솔론의 현명한 지혜의 소리를 우리는 귀담아 들어야 합니다. 오늘 내가 잘 되고 성공하고 행복하다고 해서 교만해서는 안됩니다. 오늘 내가 실패하고 불행하다고 해서 좌절할 필요도 없습니다. 내일 어떻게 될지 아무도 모르기 때문입니다. 그것이 인생입니다. 그래서 살아 볼만한 것입니다.

행복과 현대사회

오늘날 비약적인 물질문명의 발달로 사람들의 기대 수명이 100세를 바라보게 되었습니다. 사람들은 누구나 장수하고 싶어 하지만, 장수만 한다고 행복한 것은 아닙니다. 오늘날 노인 문제가 심각해지는 이유도 바로 여기에 있습니다. 우리나라는 경제적으로 발달한 나라이고, 흔히 GDP로 세계 12위라고 합니다. 그러나 사람들은 별로 행복해 보이지 않습니다. 왜 그럴까요? 그것은 우리 사회가 너무 경쟁적이고, 경제발전에만 집중하기 때문입니다. 현대인들에게 광범위하게 퍼진 신화 가운데 하나는 돈이 많으면 행복할 것이라는 믿음입니다. 그래서 사람들은 이른 새벽부터 밤늦게까지 열심히 노력하여 일을 해서 돈을 벌려고 합니다. 그런 사람들의 마음속에는 돈이 우리를 행복하게 할 것이라는 믿음이 있습니다.

그러나 앞에서도 계속 말했듯이 돈이 우리를 행복하게 할 수 없다는 것이 점점 드러나고 있습니다. 행복을 위해서 살지만 불행한 이유는 우리가 행복을 잘못 정의하고 있기 때문입니다. 그럼 우리가 사는 현대사회가 가지는 문제점은 무엇이 있을까요?

첫째, 현대사회는 경쟁을 통해서 행복감을 갖게 합니다. 우리가 사는 사회는 자본주의 사회입니다. 자본주의는 경쟁을 기본으로 합니다. 우리 사회는 이러한 경쟁이 사회 전체에서 가족과 개인의 내면까지 지배하고 있습니다. 부모는 직장이나 일터에서 끊임없이 경쟁과 비교에 시달립니다. 사람의 가치를 모두 돈으로 평가하는 물질주의적인 사고와 결합한 자본주의는 사람들을 연봉으로 구분하고, 경쟁에서 지면 도태되는 것이 당연하다고 생각합니다. 아이들은 학교에서부터 친구들과 경쟁하고, 일류 대학에 가기 위해서 1점이라도 더 얻기 위해 새벽부터 밤늦게까지 공부에 내몰려, 가장 행복해야 할 시기를 가장 불행하게 지내고 있습니다. 친구들과 함께 놀고 좋은 추억을 쌓는 것이 아니라, 친구는 이겨야 할 대상이 되었습니다. 이기면 행복할 것이라고 하지만, 정말 소수만 행복할 뿐입니다. 이런 우리 사회는 승자독식사회(The Winner take it All)입니다. 도대체 다른 사람들을 이기고서 얻는 행복이 진짜 행복이라고 말할 수 있을까요?

베를린예술대학의 한병철 교수는 이런 우리 사회를 한마디로 '피로사회'라고 합니다. 이런 우리 사회의 모습을 더 정확히 말하면 우리 사회뿐 아니라 자본주의 하에 있는 모든 사회의 모습이라고 해야 합니다. 그는 "21세기의 사회는 규율사회에서 성과사회로 변모했다."[11]고 말합니다. 즉 사회를 국가가 지배하는 모습에서 기업이 지배하는 사회로 변했음을 말하고 있습니다. 그는 규율사회가 '~해서는 안 된다'라는 부정성의 사회라면, 성과사회는 '예스 위 캔'이라는 긍정성으로 바뀐다고 합니다. "규율사회의 부정성은 광인과 부정성을 낳는다면 성과사회는 우울증 환자와 낙오자를 만들어 낸다"[12]고 말합니다. 그의 이런 견해는 오늘날 우리 사회를 바로 볼 수 있게 합니다.

현대인들은 피로합니다. 성과주의로 살기 때문입니다. 성과가 없으면 쓸모없는 사람이고, 성과가 있으면 그 사람은 능력이 있고 우수한 사람이라고 평가합니다. 문제는 모두가 성과를 낼 수 없다는 사실에 있습니다. 성과는 경쟁을 기본으로 합니다. 경쟁은 소수의 승리자와 다수의 낙오자를 남길 수밖에 없습니다. 회사에서 성과급을 받기 위해서 그리고 직장에서 떠밀려나지 않기 위해서 밤낮으로 일하는 한국인들의 삶은 그래서 피로합니다. 우리 사회가 왜 이렇게 성과에 목을 매는 것일까요? '성과를 내지 못하면, 또는 성장하지 못하면 우리는 죽는다' 또는 '다시 가난한 나라로 돌아갈 것이다'라는 두려움에 기인하는 것은 아닐까요? 그래서 여유도 없이 오직 잘 살고 행복하기 위해서 성과를 내려고 애쓰고 있는 것은 아닐까요? 한병철 교수가 예리하게 지적했듯이, 성과사회는 너무나 많은 우울증 환자와 낙오자(Loser)를 만들어 내고 있습니다. 이 성과 위주의 삶은 결국 경쟁과 비교에서 나온 것

11 　한병철 지음, 『피로사회』(문학과지성사, 2012), p. 23.
12 　같은 책, p. 24.

이고, 이런 삶에서 우리는 행복할 수 없습니다.

　둘째, 현대사회는 소비함으로 행복하다고 합니다. 현대 자본주의 사회는 행복을 소비하는 것으로 만족하게 합니다. 그래서 현대사회에서 사람들은 시민이라기보다는 소비자로 인식됩니다. 기업들은 자신의 물건을 하나라도 더 소비시키기 위해서 사람들을 소비자로 규정합니다. 광고를 통해 소비할 때에만 삶의 의미를 느낄 수 있도록 조장합니다. 예쁜 탤런트가 나와서 이런 아파트에서 살아야 한다고 말합니다. 직접적으로 사라고 하지 않습니다. 다만 이 아파트에 살면 행복해지고, 품격이 높아지며 다른 사람들이 부러워할 것이라고 속삭일 뿐입니다. 광고는 끊임없이 우리에게 소비하라고 말합니다. 소비하는 삶이 행복하다는 암시는 기본 배경으로 깔고 있습니다. 우리는 그녀가 선전하는 아파트에 살면 행복해질 수 있을 것 같은 착각에 빠집니다. 과연 그럴까요? 아닙니다. 그것은 속임수입니다. 집을 팔기 위한 상술일 뿐입니다. 광고는 대부분 이런 식으로 진행됩니다. 현대인은 이런 광고들로 인해 끊임없이 소비함으로 자신의 존재의미를 확인 받습니다. 방송에서 보았던 물건을 들고 사용할 때는 잠시 행복합니다. 그러나 이런 행복은 가짜입니다.

　이런 삶은 가짜의 삶이고 환상의 삶입니다. 도시에 사는 사람들이 주말에 어디를 가는지 보십시오. 대개 마트에 가거나 백화점에 갑니다. 물건을 사건 안 사건 갈 곳이 별로 없습니다. 주차를 마음대로 할 수 있는 곳도 마트나 백화점이나 극장가가 있는 몰(mall)이라고 하는 쇼핑센터뿐입니다. 가서 결국 우리는 소비하게 되고, 생각하지 않았던 물건들을 사게 됩니다. 백화점에 가면 세련된 매장과 아름다운 미소로 왕이나 공주처럼 대우해주는 직원들을 만나게 됩니다. 우리는 소비함으로 행복의 경험을 삽니다. 소비하는 순간만 우리는 대우 받습니다. 백화점에서 왜 손님을 왕으로 모실까요? 왕이기 때문이 아니라 단지 왕 같은 경험을 통해 더 많은 소비를 하게 만들기 위해서입니다. 그들이 물건을 산 후에 밖에 나오면 왕이 아니라, 그저 많은 소비자 가운데 한 사람일 뿐입니다. 결국 소비를 통해 얻는 것은 행복의 본질이 아니라 욕망의 만족입니다. 이런 삶은 결국 돈이 없으면 불행해질 것이라는 생각으로 귀결됩니다.

만일 당신이 돈이 없을 때의 삶을 한번 생각해보세요. 소비자의 삶을 살면 돈 없는 삶은 공포 그 자체입니다. 그래서 돈을 벌기 위해서 무엇이든지 하게 되고, 돈이 없으면 불행하다고 생각하게 되는 것입니다. 우리가 사는 사회는 그래서 서로에게 "부자 되세요."라는 인사가 전혀 어색하지 않은 사회가 되어 버렸습니다. 이런 소비의 삶이 우리에게 진짜 행복을 주지 못하는 이유는 모두가 돈을 잘 벌 수 없기 때문입니다. 그리고 소비해서 얻는 행복은 결국 욕망충족이기에 한계가 없습니다. 결국 돈으로 사는 행복은 일시적입니다.

셋째, 현대사회는 즉흥적이고 감각적인 것으로 행복하게 합니다. 현대인들은 감각적이고 즉흥적인 것에 만족을 얻습니다. 오랫동안 기다리거나 준비해서 얻기보다는 즉각적인 만족을 원합니다. 물질문명의 발달과 인터넷과 스마트폰으로 대변되는 현대인들에게 '기다리는 것'은 죄악입니다. 스마트폰은 이제 속도 경쟁을 하고 있습니다. 보다 빨리 연결되어야 합니다. 그래서 인내할 줄 모르고 깊이 사유하거나 생각하는 것을 견디지 못합니다. 현대사회는 번뜩이는 순간적 지혜와 즉 홍적인 생각들이 주목 받고 칭찬 받습니다. 나이가 어릴수록 독서나 사색을 통해서 삶의 지평을 넓히는 것이 아니라 인터넷과 페이스 북 같은 SNS를 통해서 세상을 이해하고 배웁니다. 보다 재미없으면 바로 다른 것으로 넘기면 됩니다. 넘기는 데는 1초도 걸리지 않습니다. 오래 참는 것이 미덕이 아니라 죄악이 된 세상입니다.

넷째, 현대사회는 도덕감에 얽매이지 않고 자기 마음대로 하는 것에서 행복을 찾습니다. 중시시대에는 신의 명령이 윤리의 기준이었습니다. 근대에 들어와서 신을 배제한 후에 윤리학은 칸트처럼 인간에게 선의지가 있다고 주장하거나, 공리주의처럼 다수결로 판단할 수 밖에 없게 되었습니다. 윤리적 기준을 이성에만 의존한 결과입니다. 문제는 이성이 각기 다르기 때문입니다. 결국 오늘날에는 대부분 공리주의적인 다수결로 옳고 그름을 나누게 되거나, 윤리적 영역을 법으로 판단하게 되었습니다. 현대에 들어와서는 포스트모더니즘(Postmodernism)의 시대가 되면서 자기가 좋으면 선이고 자기가 싫으면 악이라고 생각하게 되었습니다. 모두가 자기중심적이고, 이것이 포스트모더니즘의 본 모습이기도 합니다. 이런 가치관이 지배하는 사회는 자기중심적인 사고와 행동으로 드러나게 됩니다. 따라서 개인주의와 이기주의가 만연하게 되고 공동체에 대한 관심은 점점 줄어듭니다. 현대사회는 지극히 개인적이면서 자기중심적인 사회가 되었습니다.

이러한 현대사회의 세 가지 흐름은 우리의 진정한 행복을 왜곡시킵니다. 진정한 행복을 찾기보다는 유사 행복을 찾아 헤매게 만듭니다. 오늘을 사는 현대인들의 불행입니다.

행복의 세 차원

이제 진정한 행복이 무엇인지 한번 생각해 봅시다. 우리 삶에서 일시적인 행복이 아니라 지속적인 행복을 얻으려면 행복의 세 차원이 모두 만족돼야 합니다. 행복의 세 차원은 무엇일까요?

첫째는 개인적 차원에서의 행복입니다. 이는 개인의 노력과 능력으로 이룰 수 있는 행복입니다. 여기에는 마음의 안정, 또는 명상, 긍정적인 마음, 감사하는 마음, 자족의 마음 등등 개인 스스로의 마음을 통제하거나 또는 행복의 정의를 새롭게 함으로 얻을 수 있는 행복의 차원입니다.

둘째는 공적 차원에서의 행복입니다. 사회적 차원이라고도 하는데, 인간은 타인과 더불어 사는 존재이므로 모두가 불행한데 혼자서만 행복할 수는 없습니다. 즉 공동체가 행복할 수 있어야 개인도 행복할 수 있습니다. 그러므로 공동체의 행복을 위해 관심을 가지고 참여해야 합니다.

셋째는 영적 차원에서의 행복입니다. 이는 종교가 주는 행복의 차원입니다. 분명 개인이나 공적 차원에서 얻을 수 있는 것 외에, 종교만이 줄 수 있는 행복의 차원이 있습니다. 사람은 육체의 만족으로만 살아가는 존재가 아닙니다. 사람은 영적인 존재이기에, 영혼이 만족해야만 진정한 행복을 얻을 수 있습니다.

행복은 이러한 세 차원에서 충족되어야 일시적인 만족이 아니라 지속적인 만족과 참된 행복을 누릴 수 있습니다.

(1) 개인적 차원에서의 행복

사람들이 흔히 생각하는 행복의 차원은 바로 개인적 차원입니다. 많은 사람들이 행복이 무엇이냐고 물으면, 대부분 개인적인 행복을 이야기합니다. 자기가 하고 싶은 것을 하거나, 바라던 무엇인가를 성취하거나, 아니면 일상의 소소한 기쁨에서 행복을 얻기도 합니다. 시중에 나와 있는 자기계발서의 대부분이 말하는 행복이 여기에 속합니다. 예를 들어 행복하려면 긍정적인 마음을 가지고 살아야 한다든지, 또는 감사하는 마음으로 살아야 한다든지 하는 책들이 그런 류에 속합니다.

또 다른 부류로 보면 행복심리학을 들 수 있습니다. 행복심리학은 다른 말로 긍정심리학(positive psychology)이라고도 하는데, 그 선구자는 미국의 심리학자인 마틴 셀리그만(Martin Seligman)입니다. 그는 1998년 긍정심리학이라는 이론을 만들었습니다. 긍정심리학은 기존의 심리학적 방법과 달리, 긍정적인 면에 초점을 둔 방법으로 스트레스, 불안감, 우울증 같은 부정적인 감정에서 벗어나 희망, 용기, 지혜, 인내와 같은 긍정적인 감정에 초점을 둔 심리학의 새로운 개념입니다. 이 긍정심리학의 단점은 단순히 마음만 바꾸면 행복할 수 있다는 것으로 모든 문제를 환원한다는 데 있습니다.

사실 이러한 긍정심리학이 쉽게 받아들여지는 이유는 우리 사회에서 행복을 얻는 가장 쉬운 방식 가운데 하나가 비교를 통해서 얻어지기 때문이라고 생각됩니다. 다른 사람보다 내가 더 좋은 차를 타거나, 더 높은 지위에 있다는 것으로 쉽게 사람들은 행복해하곤 합니다. 그러나 이 비교는 자신보다 더 뛰어난 사람을 만났을 때는 쉽게 불행에 빠지게 하는 단점이 있습니다. 그럼에도 이런 비교를 통해서 행복을 얻으려는 사람들이 많습니다. 그 이유는 앞에서 이미 지적한 바대로 경쟁과 소비의 삶에 깊이 빠져 있는 현대인들의 자화상이기 때문입니다. 그러나 이런 긍정심리학만으로 진정한 행복을 얻기에는 부족합니다.

(2) 공적 차원에서의 행복

많은 사람들이 공적 차원에서의 행복에 대해서 잘 모릅니다. 학교에서 강의하면서 학생들에게 물어보아도 대부분 개인적 차원이나 영적인 차원에서의 행복을 말할 뿐이지, 공적 차원의 행복에 대해서는 들어본 적이 없다고 합니다. 그러나 인간이 행복하려면 공적 차원의 행복이 아주 중요하다고 봅니다. 공적 차원이란 자신이 속한 공동체, 즉 우리 사회에 사는 구성원들이 행복해질 수 있어야 한다는 것입니다. 쉽게 말하면 우리 사회에 정의가 이루어지고, 정치는 올바른 민주주의 사회적 시스템이 이루어지고, 경제적으로 발전하되 불평등하지 않아야 합니다. 이런 공적 차원의 시스템이 올바로 세워지지 않으면 개인적 차원에서 아무리 행복하다고 해도 곧 다시 불행해집니다. 아프리카의 가난한 나라나 지도자의 부정과 부패가 심한 나라에서는 개인이 아무리 노력을 해도 사회 전체가 부패하고 부정의하다면 개인은 행복할 수 없습니다. 행복도가 높은 나라는 어느 정도 정치적으로 민주주의가 실현되고, 경제적 발전과 평등이나 사회 복지가 잘 이루어져 있음을 알 수 있습니다. 그런 면에서 공적인 차원에서의 행복이 중요합니다.

이런 공적인 행복에 대해서 김선욱 교수가 『행복의 철학』에서 잘 정리하고 있습니다. 김선욱 교수는 공적 행복이란 "공적 영역에서 정치적 행위를 통해 얻게 되는 행복"[13]이라고 정의합니다. 이는 공동체에 속한 사람이 한 시민으로서 정치에 참여하여 얻는 행복을 말합니다. 고대 그리스에서 시민들이 아고라에 모여서 함께 회의하고 어떤 일들을 결정하는 것이 정치적 행위였습니다. 시민들은 그러한 정치적 행위를 통해 자신이 속한 공동체가 바른 방향으로 나아가게 하는 데 일조하였다는 것에서 오는 행복입니다.

현대사회를 깊은 통찰로 바라볼 수 있게 하는 폴란드 출신의 사회학자 지그문트 바우만(Zygumunt Bauman)은 『고독을 잃어버린 시간』이라는 책에서 공적 행복에 대해 이렇게 말합니다.

"우리는 결코 다른 사람들의 불행으로부터 우리 스스로 거리를 두는 동안에는 결코 행복추구라는 목적에 더 가까이 다가설 수 없다. '사회적 질병'에 대항해 맞서 싸우는 우리들의 투쟁은 오로지 함께할 때에만 비로소 가능할 수 있다. 만약 그렇지 않다면 우리들은 그 투쟁에서 실패할 수밖에 없을 것이다."[14]

우리를 불행하게 하는 제도나 체계를 바우만은 '사회적 질병'이라고 말합니다. 전염병은 혼자 있는다고 막아지는 것이 아닙니다. 불행한 사람을 피한다고 내가 행복해지지도 않습니다. 다른 사람들이 행복할

---

13 김선욱 지음, 『행복의 철학』(길, 2011) p. 47. 공적 영역에서의 행복이 무엇인지를 잘 보여주고 있다.

14 지그문트 바우만 지음, 조은평 · 강지은 옮김, 『고독을 잃어버린 시간』(동녘, 2012), p. 186.

때, 나도 행복할 수 있습니다. 그래서 우리는 함께 행복할 수 있도록 해야 하고, 그것은 우리 사회에 바른 정치와 제도를 통해서 정의와 공정을 회복하는 것에서 시작합니다. 우리 사회가 정의롭고 공정하다면 대다수의 시민들은 행복에 가까이 다가설 수 있습니다. 이것이 공적인 행복을 추구해야 하는 이유입니다.

(3) 영적 차원에서의 행복

오늘 한국 사회에서 유행하는 단어 가운데 하나는 힐링(healing)입니다. 많은 사람들이 상처를 치유 받고 싶어 하고, 영적인 만족을 얻기를 원합니다. 종교의 사회적 기능 가운데 하나는 바로 상처 나고 아파하는 사람들에게 영적인 평화나 행복을 주는 것입니다. 우리 사회에서 종교는 믿지 않더라도 불교에서 하는 명상이나 요가 또는 템플 스테이, 또 기독교의 영성 훈련이나 가톨릭의 피정과 같은 것에 많은 사람들이 몰리는 이유 역시 영적인 치유나 회복을 얻기 위함입니다.

몇 년 전에 한 극장에서 〈위대한 침묵〉이라는 영화를 상영한 적이 있습니다. 필립 그로닝(Philip Groning)이라는 감독이 알프스산맥 1,300미터 깊숙이 자리 잡은 카르투치오 봉쇄 수도원에서 수도하는 수도사들의 삶을 보여주는 다큐멘터리였습니다. 감독은 이 영화를 찍기 위해 수도사들과 함께 2년 동안 수도원 생활을 했으며, 자신 역시 침묵의 세계 속에서 살았음을 보여줍니다. 이 영화에서 대사는 거의 없습니다. 수도사들이 모두 침묵으로 수도하기 때문입니다. 음악도 없습니다. 오직 있는 그대로 수도사들의 일상을 보여줄 뿐이었습니다. 짜릿한 장면도 하나 없고, 대사도 없고, 음악도 없는 이 영화에서 저는 힐링을 경험하였습니다. 그 영화를 보면서 내 삶의 모습을 반추하게 되었고, 내 자신이 얼마나 많은 말을 하면서 살았으며, 그 말들 가운데 필요 없는 말들이 많았음을 알게 되었습니다. 그 두 시간의 침묵을 통해서 나는 자신을 볼 수 있는 귀한 시간을 얻었습니다. 이 영화는 바쁜 일상을 살아가면서 무엇인가를 끊임없이 듣고 말하며 짜릿한 감각을 추구하는 현대인의 삶이 얼마나 덧없는 것인가를 일깨워줍니다.

의사이자 작가였던 막스 피카르트(Max Picard)는 세상에서 가장 강력한 언어가 침묵[15]이라고 하였습니다. 우리의 세계가 말의 세계요, 시끄러운 세계라고 한다면, 또 다른 한편에는 침묵의 세계가 있습니다. 그는 우리에게 침묵은 무(無)가 아니라 존재이자 실체임을 보여줍니다. 오늘날 우리에게 필요한 것은 가벼운 힐링이 아니라, 존재의 깊이를 체험하는 일입니다. 여기서 부터는 종교의 영역입니다. 종교는 영적인 체험을 하게하고, 보이지 않는 세계를 볼 수 있게 하고 느낄 수 있게 합니다. 인간은 영적인 존재라는 것을 알게 되고, 진정한 행복은 영혼의 행복에 있다는 것도 발견하게 됩니다. 그래서 종교는 인류와 더불어 지금까지 왔고, 앞으로도 그렇게 인류의 삶을 풍요롭게 할 것입니다.

종교는 현대인의 근본적인 가치관을 바꿀 수 있습니다. 현대사회는 우리를 무엇인가 소유하는 삶으로 만듭니다. 집이나 차도 우리는 소유해야 내 것이라고 생각합니다. 우리는 소유함으로 만족함을 얻는데 익숙하고, 그런 삶이 행복의 삶이라고 믿습니다. 그래서 더 열심히

---

15 막스 피카르트 지음, 최승자 옮김, 『침묵의 세계』(까치글방, 2010). 피카르트의 말은 우리의 마음 깊은 곳에 울림을 준다. 말과 침묵이라는 주제를 깊은 사색을 통해 정갈한 언어로 정제되어 나온, 살아있는 글을 보여준다. 학생들에게 일독을 권한다.

소유하기 위해서 애를 쓰고 노력합니다.

이에 대해 에리히 프롬(Erich Fromm)은 잘못된 것이라고 말합니다. 그의 명저 『소유냐 존재냐』[16]라는 책에서 그는 인간의 삶을 존재양식과 소유양식, 두 가지로 구분합니다. 소유양식은 행복을 위해서 인간은 끊임없이 무엇인가를 소유해야 한다고 믿게 합니다. 자본주의는 인간의 욕망을 끊임없이 자극하여 소유하게 함으로 인간을 소유 양식으로 살아가게 하는 대표적인 체계입니다. 반면에 존재양식은 자신을 자연의 일부로 인식하고 다른 존재들과 조화를 이루며 살아가려는 삶의 태도입니다. 예를 들어, 길을 가다가 예쁜 꽃을 보았다고 하면 어떻게 합니까? 어떤 사람은 꺾어서 화병에 놓고 자신의 집에서 꽃을 감상할 수 있습니다. 이것이 소유양식의 행동입니다. 또 꽃을 꺾지 않고 그냥 그 꽃을 보면서 즐거워하다가 다른 사람을 위해서 그냥 두고 갔다면 그는 존재양식의 삶을 사는 사람이라고 할 수 있습니다.

프롬에 의하면 오늘날 우리의 삶은 철저하게 소유지향적인 삶을 살아갑니다. 이는 결국 우리가 욕망에 충실하게 산다는 것을 의미합니다. 이런 삶은 다른 생명들을 수단으로 삼게 됨으로 파괴적인 삶을 살 수 밖에 없습니다. 오늘날 '그 사람은 어떤 사람인가?'라는 질문은 '그 사람은 얼마나 재산을 가지고 있는가?' 또는 '얼마나 높은 지위에 있는가?'를 묻는 것입니다. 청년들이 이성을 만나려고 할 때, '그 사람이 어떤 사람이냐?'라는 질문은, '그 사람은 어떤 인격을 가지고 있으며, 어

---

16   에리히 프롬 지음, 최혁순 옮김, 『소유냐 존재냐』(범우사, 1999). 이 책은 우리 삶의 양식을 근본적으로 재검토할 수 있게 한다. 일독을 통해서 삶의 양식에 깊은 사유를 할 수 있는 재료로 삼아야 한다.

떤 생각과 가치관을 가지고 살아가는 사람이냐?'를 묻는 것이 아닙니다. 아마 '그 사람의 연봉이 얼마이고, 재산은 얼마인가?'를 묻는 것일 확률이 높습니다. 한 방송에서 어떤 여자 연예인이 "나는 남자를 만날 때, 그 사람은 나보다 돈을 백만 원이라도 더 버는 사람이어야 한다"고 말했는데, 이런 그녀의 마음이 곧 소유지향적인 삶의 전형입니다. 앞에서 언급했듯이 매일 보는 광고는 우리에게 끊임없이 무엇인가를 사라고 말합니다. 현대인은 소비자일 때, 가장 빛이 나는 사람으로 보이게 됩니다. 그래서 우리는 '돈을 버는 것이 삶의 목적이요, 돈이 우리에게 행복을 줄 것이다.'라고 생각할 뿐 아니라 자신도 모르게 돈이 목적이 되어 버립니다.

제가 여기서 프롬을 말하는 이유는 그가 존재지향적인 삶의 예를 부처와 예수, 그리고 마이스터 에크하르트(Meister Eckhart)[17] 같은 사람을 들고 있기 때문입니다. 이들의 공통점은 모두 소유하려 하지 않고, 다른 사람과 더불어 조화를 이루며 살려고 했다는 것입니다. 프롬은 예수의 삶을 마태복음 4장에 나오는 마귀의 세 가지 시험을 분석하면서 설명합니다. 예수가 마귀에게 광야에서 40일 동안 금식기도를 하면서 세 가지 시험을 받습니다. 첫째는 돌로 떡을 만들라는 것이고, 둘째는 성전 꼭대기에서 뛰어내리라는 것이었습니다. 셋째는 마귀에게 절하면

---

17   마이스터 에크하르트는 14세기 독일 출신으로 도미니코 수도회 소속의 수사였다. 그
      당시 교회는 타락해가고, 사회는 홍수와 가뭄·전염병으로 많은 유럽인들이 죽어가
      는 시점에 민중들을 위로해 준 위대한 설교자요, 신인합일을 추구한 신비주의 사상
      가였다. 독일 신비주의 최고의 정신으로 추앙받으며 현대에 와서 동양의 선사상과의
      만남으로 재조명 받고 있다.

세상의 부귀영화를 줄 터이니 절하라는 요구였습니다. 이 세 가지를 예수는 다 거절합니다. 여기서 예수는 존재의 대표자입니다. 마귀는 물질적 소비와 인간에 대한 힘의 대표자입니다. 기독교와 같은 종교는 모두 존재지향적인 삶을 추구합니다. 예수의 말은 그 당시로서도 혁명적인 언어였습니다. 예를 들어 "너희 원수를 사랑하라"(마5:44~48)라는 말씀이나 "가난한 사람들은 복이 있다. 하늘나라가 그들의 것이다"(눅6:20)라는 말씀이 그것입니다. 영적인 행복은 세상에 있는 것을 얻거나 경험해서 얻을 수 있는 것은 진짜 행복이 아니라고 봅니다. 진정한 행복은 영적인 만족과 신과의 합일을 통해서 얻을 수 있습니다. 지금도 많은 사람들이 영적인 행복에서 진정한 행복을 경험합니다. 따라서 종교를 믿던 믿지 않던 영적인 행복도 중요하고 의미 있음을 인정해야 합니다.

이 책에서는 개인적인 행복과 공적인 행복만을 주 대상으로 삼고자 합니다. 다만 부록으로 영적인 행복 가운데 기독교인의 행복이 무엇인지를 부연 설명하고자 합니다.

1 행복과 돈의 관계는 어떤 관계입니까?

2 현대사회가 서구의 중세나 조선시대보다 더 행복의 조건을 갖추고 있다고 생각합니까?

3 행복의 세 차원을 당신은 동의하십니까? 아니면 스스로 행복의 차원을 만들어 보면 어떨까요?

에리히 프롬 지음, 최혁순 옮김, 『소유냐 존재냐』(범우사, 1999)

소유양식과 존재양식의 차이를 통해 현대 사회의 문제를 비판하고 있는 책입니다. 우리의 삶의 모습을 잘 볼 수 있고, 앞으로 어떻게 살아야 할 것인가를 고민하게 만드는 책입니다.

막스 피카르트 지음, 최승자 옮김, 『침묵의 세계』(까치글방, 2010)

이 책은 언어의 한계와 침묵의 위대함을 잘 보여주고 있습니다. 또한 언어가 아닌 침묵으로 볼 수 있는 또 다른 세계로 우리를 안내합니다. "언어가 인간의 말이라면, 침묵은 신의 말이다. 인간은 말의 성찬 안에서 존재하지만, 신은 침묵으로 우리에게 말한다." 고 말합니다.

지그문트 바우만 지음, 조은평 · 강지은 옮김, 『고독을 잃어버린 시간』(동녘, 2012)

이 책은 바우만이 현대 유럽사회를 보면서 병들어가는 현대인의 모습을 가급적 쉽게 쓴 책입니다. 그의 책들이 많이 번역되어 있을 뿐 아니라, 요즘 가장 관심을 많이 받는 사회학자이자 철학자입니다. 그의 다른 책들과 함께 보시면 오늘의 사회의 문제를 잘 파악할 수 있습니다.

3

행복을 이해하기 위한 것들

　'노스탤지어(nostalgia)'라는 말은 '향수'라는 말로 '지난 시절에 대한 그리움'을 뜻합니다. 그리스어로 '노스토스(nostos)'는 귀환이라는 말이고, 그리스어로 '알고스(algos)'는 괴로움입니다. 이 두 단어가 합쳐져서 노스탤지어라는 말이 되었습니다. 이를 소설가 밀란 쿤데라(Milan Kundera)는 "향수란 돌아가고자 하는 채워지지 않는 욕구에서 비롯된 괴로움이다."[18]라고 했습니다. 향수는 가고 싶지만 갈 수 없는 유토피아와 같은 감정입니다. 우리는 다시 고향에 갈 수 없습니다. 우리의 고향은 장소가 아니라 내 안의 추억 속에 남아있는 감정의 울림이기 때문입니다. 내가 어릴 때 살았던 집을 방문한다고 해서 고향에 돌아간 것은 아닙니다. 어릴 때 행복했다면, 우리가 그리운 것은 그 장소가 아니라, 그 시절 아무 걱정 없이 친구들과 놀면서 지냈던 그 시간들에 대

18　밀란 쿤데라 지음, 박성창 옮김, 『향수』(민음사, 2012), p. 10.

　　　　　　　　　　　　　　　　　　　제1부 행복을 찾아서

한 아련한 노스텔지어일 뿐입니다. 이제 우리는 다시 고향에 가지 못합니다. 그래서 더욱 더 그리워지는 것입니다.

어떤 면에서 행복이라는 말이 그렇습니다. 마치 고향이 기억 속에 있는 것처럼, 행복 역시 잡을 수 없는 것이라고 생각하기 쉽습니다. 보통 우리가 행복했던 시간들을 떠 올려보라고 하면, 유년 시절일 경우가 많습니다. 그 이유는 향수와 같습니다. 걱정 없이 지내던 시절이었기에 행복했다고 생각합니다. 행복은 걱정이 없는 상태일 수도 있습니다. 그러나 사람이 성장한 후에는 걱정이 없이 살기 쉽지 않습니다.

행복이라는 감정은 향수와 유사합니다. 그러나 행복은 향수와 다른 점이 있습니다. 특히 현실에서 행복은 경험할 수 있습니다. 그러기 위해서 행복을 이해할 수 있어야 합니다. 이 장에서는 행복을 이해하기 위한 몇 가지 주제들을 살펴보겠습니다.

행복과 사유

21세기는 무기력, 무관심, 무의미의 3무의 시대라고 합니다. 이 모든 것은 불안에서 비롯된 것입니다. 경제·사회적인 급격한 변화와 정신없이 발전하는 물질문명을 바라보면서 따라갈 수 없는 무기력을 느끼고, 그 무기력에서 오는 불안은 무관심을 낳습니다. 현대인은 다른 사람들에 대해 관심이 없습니다. 많은 사람들이 지하철을 타고 가는 모습을 기억해보세요. 모두가 귀에다 이어폰을 꽂고 무엇인가를 듣거나 아니면 스마트폰으로 무엇인가를 보면서 갑니다. 그들은 타인과 벽을 쌓고 완벽하게 자신의 세계 안에 존재하고 있습니다. 그러나 그들의 마음 깊은 곳에는 외로움이 있습니다. 무기력하고 무관심한 사람들은 필연적으로 삶의 무의미를 경험하게 됩니다. 삶은 혼자 살아갈 수 없기 때문입니다. 의미를 찾지 못하면 다시 무기력해지고 무관심해지고 무의미한 삶이 반복됩니다. 이로써 인간은 삶으로부터 세상으로부터 완벽하게 소외됩니다. 불안은 이런 경제적·사회적 문제로부터만 나오는 것은 아닙니다. 포스트모던한 세상에서 불안은 절대적 가치관이 없는 세상에서 느끼는 자유의 심리적 압박감으로 나오며, 이는 소외의 한 형태로 볼 수 있습니다. 이런 시대에 사는 사람들은 근원적으로 행복할 수 없습니다. 이것이 오늘을 사는 우리의 비극적인 모습입니다.

　폴란드 출신의 사회학자인 지그문트 바우만(Zygmunt Bauman)은 현대인이 가지는 불안을 잘 보여주고 있습니다. 바우만은 지금의 세계를 '유동하는 근대 세계(Liquid Modernity)'라고 봅니다. 유동한다는 말은 견고하지 못하고 젤리처럼 유동적이라는 말입니다. 근대는 인간이 신과의 유대관계를 끊고, 인간이 이성으로 움직여가는 시대를 말합니다. 바우만이 보기에 근대사회는 유동적이어서 공포가 일상화되고, 위험은 더 커집니다. 또한 근대사회는 개인화되고 사적으로 변하여 삶의 실패의

책임을 일차적으로 개인이 져야 하는 시대입니다. 어떤 진리의 토대도 없고 공동체가 지향해야 할 거대 담론도 사라진 지금, 철저하게 개인주의화된 세상에서 모든 책임은 개인에게 귀착되고, 가

지그문트 바우만

정은 '짐 보관소'로 전락하였고, 파편화된 개인은 외롭고 끊임없이 유동합니다.[19] 이런 인간에게 남은 것을 공포와 두려움입니다.

그는 『고독을 잃어버린 시간』이라는 책에서, 불안을 안고 사는 현대인의 모습을 잘 보여줍니다. 이 책에서 한 달 동안 무려 3천여 건의 문자 메시지를 보낸 10대 소녀를 소개합니다. 이 소녀는 결코 혼자 지내본 적이 없습니다. 끊임없이 접속을 시도합니다. 다른 사람과 접속하면서 삶을 꾸립니다. 하루에 평균 100여 건의 메시지를 보내거나 받았는데, 이는 깨어 있는 동안 10분마다 한 번꼴로 메시지를 보냈다는 것을 의미합니다. 이 소녀는 누군가와 계속 대화를 나누었던 셈이고, 결국 이 소녀는 혼자서만 지내본 적이 거의 없다는 것을 말해줍니다.[20] 이것이 왜 문제일까요? 바우만은 외로움을 피하려다가 고독을 잃어버린 현대인을 보기 때문입니다.

"결국 외로움으로부터 멀리 도망쳐 나가는 그 길 위에서 당신은 고독을 누릴 수 있는 기회를 놓쳐 버린다. 놓친 그 고독은 사람들로 하여금 '생각을 집중하게 해서' 신중하게 하고 반성하게 하며 창조할 수 있게 하고 더 나아가 최종적으로는 인간끼리의 의사소통에 의미와 기반을 마련할 수 있는 숭고한 조건이기도 하다. 하지만 그럼에도 당신이 그러한 고독의 맛을 결코 음미해본 적이 없다면 그때 당신은 당신이 무엇을 박탈당했고 무엇을 놓쳤으며 무엇을 잃었는지

---

19   지그문트 바우만, 『유동하는 공포』(산책자, 2009)을 참조.

20   지그문트 바우만, 『고독을 잃어버린 시간』 앞의 책, pp. 24~31 참조.

조차도 알 수 없을 것이다."[21]

바우만은 외로움을 피하기 위해서 고독의 시간을 놓쳐서는 안 된다고 말합니다. 고독은 생각하는 시간이요, 생각은 곧 자신이 어디에서 있는가를 분명하게 보여주기 때문입니다. 그런데 현대인은 트위터나 페이스 북과 같은 SNS를 통해 많은 사람들과 대화를 합니다. 그러나 그 대화는 깊은 사색이나 생각에서 나온 것이 아닌 즉흥적인 감정의 발산일 수밖에 없습니다. 그래서 고독의 시간을 잃어버리게 되고, 그것은 결국 오늘 우리 사회가 우리를 왜 불행하게 하는지, 우리의 무엇을 빼앗고 거짓말을 하는지를 알지 못하게 합니다.

사실 생각하는 삶은 행복한 삶을 사는 데 중요한 요소입니다. 이러한 생각의 삶을 주장한 사람이 있습니다. 바로 한나 아렌트(Hanna Arendt)라는 여성 철학자입니다. 그녀는 『예루살렘의 아이히만』이라는 책에서 아주 중요한 말을 합니다. 이 책은 아이히만의 재판 관찰기입니다. 아이히만은 2차 세계대전 때 독일 히틀러의 밑에서 유대인 학살을 주도했던 인물입니다. 그런데 종전할 때 감쪽같이 사라집니다. 그러나 그는 1960년 아르헨티나에서 이스라엘의 비밀경찰인 모사드에 의해 잡히게 됩니다. 그리고 곧 예루살렘으로 옮겨져, 그 다음 해에 예루살렘에서 재판을 받게 됩니다. 이 책은 아렌트가 재판을 참관하면서 쓴 책입니다. 그녀는 재판을 참관하면서 아이히만이 악마 같은 성격을 가진 사람이 아님을 알게 됩니다. 아이히만이 6백만이나 되는 유대인을

---

21 같은 책, p. 31.

학살하는 책임자의 자리에 있으면서, 내린 결정들이 악마의 탈을 쓴 인간이 아니라 평범한 소시민적인 사람이라는 것이 더 큰 충격이었습니다. 그럼 그의 잘못은 무엇일까요? 그가 어떻게 저런 인류의 큰 죄악을 저지르게 되었을까를 생각해 보았습니다. 그녀는 그가 생각 없이 사는 사람임을 발견하게 됩니다. 즉 그의 죄는 무사유성입니다. 아렌트의 말을 들어봅니다.

예루살렘에서 재판 받는 아이히만

"그의 말을 오랫동안 들으면 들을수록, 그의 말하는 데 무능력함은 그의 생각하는 데 무능력함, 즉 타인의 입장에서 생각하는 데 무능력함과 매우 깊이 연관되어 있음이 점점 더 분명해진다. 그와는 어떠한 소통도 가능하지 않았다. 이는 그가 거짓말하기 때문이 아니라, 그가 말과 다른 사람들의 현존을 막는, 따라서 현실 자체를 막는 튼튼한 벽으로 에워싸여 있었기 때문이다."[22]

아렌트가 참관하면서 아이히만의 말의 무능력함이 곧 사유의 무능력에서 비롯된다는 것을 발견하게 되고, 여기에서 아주 중요한 '악의

---

22   한나 아렌트 지음, 김선욱 옮김, 『예루살렘의 아이히만』(한길사, 2006). p. 106.

평범성'(banality of evil)이라는 개념을 주장하게 됩니다. 악이란 특별하거나 무시무시한 악당이 저지르는 것이 아니라 누구나 할 수 있다는 뜻입니다. 아이히만은 자신이 하는 일이 어떤 일이고, 그것이 어떤 영향을 미치는지 알지 못했고, 자기가 무슨 일을 하고 있는지조차 깨닫지 못한 사람이었습니다. 즉 그의 죄는 생각 없이 살아간 죄이며, 그 생각 없음이 결국 그를 악인의 삶으로 인도하였다는 것입니다.

얼마나 무섭습니까? 우리는 단지 착하게 사는 것만이 바른 삶이 아니라는 것입니다. 생각하지 않고 살아가는 것이 죄인의 길로 갈 수 있다는 경고입니다. 이러한 아렌트의 생각은 바우만의 그것과 맞닿아 있습니다. 자신의 삶과 행위에 대한 진지한 사유와 반성이 없는 삶은 바른 삶을 살 수 없습니다.

생각을 하려면 두 가지가 되어야 합니다. 하나는 고독해야 합니다. 고독은 외로움과 달리 자신을 스스로 유폐시켜 자신을 관조하는 것입니다. 그리고 자신의 행위를 반성(reflection)함으로 자신과 세상을 바로 볼 수 있게 합니다. 다른 하나는 토론하는 것입니다. 다른 사람들과 함께 토론함으로 다른 사람의 생각을 들어보고, 받아들일 것은 받아들이고, 다른 생각들을 통해서 자신의 생각의 지평을 넓혀가야 합니다. 물론 여기에 먼저 많은 독서를 통해 내면에 자양분을 늘려 놓으면 더 좋습니다.

행복도 마찬가지입니다. 막연하게 생각만 해서는 안되고, 공부해야 합니다. 행복은 단순하지 않고, 개인적인 것만도 아닙니다. 인문학적인 이해도 있어야 하고, 사회과학적인 기반도 있어야 합니다. 우리 삶의 문제는 정치 · 경제 · 사회 · 문화 같은 복잡한 영역의 문제들이 실타래처럼 얽혀있습니다. 깊이 사유하지 않으면, 결국 우리는 피상적인 이해만 하게 됩니다. 이는 마치 프랑스의 기행문을 하나 읽고 프랑스에 대해 다 아는 것처럼 생각하는 것과 같습니다. 행복은 단순하지 않습니다. 책 한 권 읽고, 강의 한 학기 들어서 되는 것이 아닙니다. 어쩌면 평생 공부하고 사유해야만 얻을 수 있는 길입니다.

요즘 인문학의 중요성이 많이 강조되지만, 인문학이 필요한 이유는 두 가지라고 생각합니다. 하나는 인간에 대한 이해이고, 다른 하나는 사유하는 인간입니다. 현대인들은 사유하는 것을 배우지 못합니다. 요즘 중고등 학생들이나 대학생들에게 가장 익숙한 것은 검색입니다. 모든 것을 검색합니다. '나는 검색한다 그러므로 존재한다'는 말이 있을 정도입니다. 시험문제도 검색을 하고 모르는 일이 나와도 검색을 합니다. 수없이 많은 검색을 하고, 검색을 하는 데 익숙합니다. 그런데 그들에게 부족한 것이 있으니 그것은 사색입니다. 검색만 하고 사색하지 않으면 생각의 피상성을 벗어나지 못합니다. 이는 가진 정보를 통해 정확한 판단을 할 수 없다는 것을 의미합니다. 중요한 것은 정보의 양이 아니라, 정보를 종합하여 정확히 판단할 수 있어야 합니다. 그런 능력은 곧 사유하고 생각할 때 가능합니다. 이것이 우리에게 철학이 필요한 이유입니다. 더 나아가 인문학의 필요성도 여기에 있습니다. 아이히만 같이 생각하지 않는 사람들이 많아지면 많아질수록 우리 사회는 병들게 되고, 악인은 도처에 있게 됩니다. 자신이 왜 불행해지는지 조차 모르게 됩니다. 그런 점에서 사유하는 인간이 중요하고, 그런 사람들이 많아지면 우리 사회가 올바른 길로 가게 됩니다. 이것이 사유의 중요성입니다.

행복과 가치

대부분의 사람들은 취미라는 것을 가지고 삽니다. 어떤 이는 등산을, 또 어떤 이는 수영을, 또 어떤 이는 댄스를 취미로 삼습니다. 이렇게 취미를 가지게 되면, 거기에 돈을 쓰게 됩니다. 다른 사람이 보기에는 별 것도 아닌 것에 돈을 쓰고, 점점 그 취미에 몰두하는 사람들을 '마니아(mania)'라고 부릅니다. 사전에는 '한 가지 일에 열중하는 사람'이라고 하는데, 취미로 시작해서 그 일에 몰두하면 누구나 마니아가 될 수 있습니다. 저의 친구 가운데 커피를 전혀 모르고, 드립커피를 주면 설탕을 타서 마시던 친구가 있었습니다. 그런데 어느 날 드립커피를 배우러 다니기 시작하더니, 드디어 커피의 세계에 빠지기 시작했습니다. 그러더니 커피 기구를 모으고, 수많은 커피의 종류를 외우고, 맛을 구별합니다. 결국에는 자신이 원두를 직접 볶겠다고 원두 볶는 기구도 샀습니다. 그리고 많은 시간을 들여서 원두를 볶고, 커피를 내려주고, 맛을 구별하면서 만족해합니다. 그는 커피 기구에 많은 돈을 사용하였을 뿐만 아니라 많은 시간도 투자하였습니다. 또한 그는 커피 이야기만 하면 행복해합니다.

가치란 이렇게 자신이 좋아하는 것에 시간과 물질을 쏟으면서 최선을 다하는 것입니다. 그러면 거기에서 행복감을 얻을 수 있습니다. 개인이 어디에 가치를 두느냐에 따라서 다른 사람이 전혀 알 수 없는 행복감을 얻기도 하고, 행복한 상태를 경험하기도 합니다. 어떤 사람은 커피에 온 정성을 다하는 것을 이해하지 못할 것입니다. 그러나 커피 마니아는 들인 시간과 돈만큼 행복해합니다. 돌아보면 우리 주위에는 이런 마니아가 많습니다. 어떤 이는 등산을 좋아해서, 등산복뿐 아니라, 시간만 나면 전국의 산을 다 다니고, 그것도 부족해서 해외의 높은 산들을 섭렵하면서 다닙니다. 그러나 주위에 있는 사람들은 그를 전혀 이해하지 못합니다. 힘들게 산에 올라서 다시 내려 올 거면서 무엇 때문에 올라가느냐고 묻는 사람도 있습니다. 이런 사람은 등산이 주는 즐거움을 전혀 이해하지 못합니다. 그 이유는 무엇일까요? 자신이 어디에 가치를 두느냐에 따라서 달라지기 때문입니다.

광고는 우리에게 자신의 상품에 가치를 두게 만듭니다. 흔히 명품이라는 하는 사치품 역시 그런 가치 부여의 결과입니다. 만일 유명한 백에 가치를 부여하지 않는 사람이라면, 비싼 백은 아무런 의미도 없습니다. 그래서 끊임없이 상품에 가치를 부여하게 됩니다. 수없는 광고에 노출된 우리는 자연스럽게 상품에 가치를 부여하게 됩니다.

제가 이렇게 장황하게 가치를 설명하는 이유는 가치의 문제가 중요하기 때문입니다. 잠깐 우리가 사는 사회를 보시기 바랍니다. 오늘날 우리 사회는 끊임없는 경쟁을 요구하는 정글 같은 세상이 되어가고 있습니다. 경쟁을 근간으로 하는 자본주의의 본모습이기도 합니다. 우리도 경쟁을 당연한 것으로 여기고, 더 나아가 가치있는 일로 여깁니다. 그러나 다 그런 것은 아닙니다. 이런 경쟁 시스템을 거부하고 가치를 다른 것에 두는 사람들이 있습니다. 헨리 데이빗 소로우(Henry David Thoreau)나 스코트 니어링(Scott Nearing) 같은 사람들이 그들입니다. 이들은 스스로 자연속의 일부분으로 살아가는 방식에 더 큰 가치를 두고 살았습니다. 소로우의 유명한 저서 『월든(Walden)』은, 스스로 고백하듯이, 자연 속에서 참된 삶을 발견하기 위해 월든 호숫가에 집을 짓고 살

왔던 삶의 기록입니다. 그는 자연 속에서 살면서, 자본주의적 삶의 방식처럼 많은 돈을 들이지 않고, 보다 행복하고 건강한 삶을 자연 속에서 살아갈 수 있음을 직접 보여주었습니다. 소로우는 월든 호숫가에 들어온 이유를 이렇게 말합니다.

"내가 숲속으로 들어간 것은 인생을 의도적으로 살아보기 위해서이다. 다시 말해서 인생의 본질적인 사실들만을 직면해 보려는 것이었으며, 인생이 가르치는 바를 내가 배울 수 있는지 알아보고자 했던 것이며, 그리하여 마침내 죽음을 맞이했을 때 '내가 헛된 삶을 살았구나.' 하고 깨닫는 일이 없도록 하기 위해서였다. 나는 삶이 아닌 것은 살지 않으려고 했으니, 삶은 그처럼 소중한 것이다. 그리고 정말 불가피하게 되지 않는 한 체념의 철학을 따르기는 원치 않았다."[23]

소로우는 자신에게 주어진 삶의 방식을 거부하고, 다른 삶에 가치를 부여하여, 그 삶을 위해서 과감하게 현재를 탈출하여 월든 호숫가에 가게 되었습니다. 그렇게 할 수 있었던 것은 자신에게 주어진 삶의 가치들을 재검토하고, 숙고하였기 때문입니다. 즉 자신에게 주어진 현실이 전부인지, 아니면 최선인지를 검토하고, 그 후에 새로운 삶에 도전했기에 그는 새로운 삶의 가치관을 가지고 살아갈 수 있었습니다. 한 번뿐인 인생을 의미 있게 살기 위해서는 자신이 추구하는 가치가 무엇인지 깊이 숙고하는 과정이 필요합니다.

---

23   헨리 데이빗 소로우 지음, 강승영 옮김, 『월든』(이레, 2000), p. 107.

스콧 니어링 또한 소로우 같은 자연주의적 관점을 가지고 살았던 사람입니다. 그 역시 미국의 자본주의 체제와 현대 문화가 야만성을 가지고 있음을 직시하고, 새로운 삶을 추구합니다. 그는 아내와 함께 단순한 삶을 살면서 유기농 농사를 짓고, 채식주의를 실천하며, 자연 속에서 욕심 부리지 않고, 자족하며 살아갑니다. 현대 자본주의는 인간의 욕심을 끊임없이 자극하여, 소유하도록 하지만, 니어링 부부는 욕심내지 않고, 소박한 삶에 만족하여 행복할 수 있어야 한다고 주장합니다. 그러한 삶이 풍요로운 삶을 그리고 진정 행복한 삶을 준다고 역설합니다. 그들이 추구한 삶은 다음과 같습니다.

> "단순한 생활,
>
> 긴장과 불안에서 벗어남,
>
> 무엇이든지 쓸모 있는 일을 할 기회,
>
> 그리고 조화롭게 살아갈 기회.
>
> 단순함, 고요한 생활, 가치 있는 일, 조화로움은 단순히 삶의 가치만이 아니다. 그것은 조화로운 삶을 살려는 사람이라면 만족스러운 자연 환경과 사회 환경에서 당연히 추구해야 할 중요한 이상이고 목표이다. 현대 문명의 중심지인 도시에서 살아가는 사람들을 지배하는 것은 그러한 가치들이 아니다. 오히려 정반대의 것, 다시 말해 복잡함, 불안, 낭비, 추함, 소란 따위가 삶의 자리를 차지한다. 이것이 사람들이 서양 문명의 도시 한복판에 들여 놓은 것이다."[24]

24　헬렌 니어링 · 스코트 니어링 공저, 류시화 옮김, 『조화로운 삶』(2000, 보리), p. 18.

니어링 부부가 자연과의 조화로운 삶을 살아간 것은, 그들이 조화로운 삶에 가치를 부여하였기 때문입니다. 이렇듯 사람은 어디에 가치를 두느냐에 따라 전혀 달라집니다. 현대 사회는 우리로 하여금 소유 양식의 삶을 살게 하는데 반해, 니어링 부부가 추구하는 삶은 소유는 최소한으로 그리고 존재의 삶은 가능한 많게 살기를 원했습니다. 이러한 차이는 가치를 어디에 둘 것이냐가 결정합니다.

행복한 삶이 정해진 것도 아니고, 반드시 많은 것을 소유하거나 향유하는 데 있지도 않습니다. 다양한 행복의 방정식이 있는데, 그중에 어떤 것에 가치를 부여하느냐가 중요합니다. 우리가 행복하기를 원한다면 먼저 좋은 가치를 찾고, 그 가치에 초점을 맞출 수 있도록 노력해야 합니다. 인생의 행복은 거저 오는 것은 아닙니다. 현재 자신이 어디에 가치를 두고 사는지를 스스로 찾아보세요. 혹시 우리 사회가 요구하는 것처럼 좋은 대학을 나와 좋은 직장이나 정년이 보장되는 직장에 취직해서 사는 것이 가치 있는 일이라고 생각한다면, 그렇게 살아야 합니다. 누구나 자신이 가치를 부여하고, 의미를 부여하는 일에서 행복을 찾을 수 있기 때문입니다. 그러나 자신이 가치와 의미를 부여했음에도 행복해지지 않거든, 자신이 추구하는 가치가 잘못된 것은 아닌지를 반성해 보아야 합니다. 행복하지 않다면, 다시 자신의 삶을 재검토하고, 가치와 의미를 새롭게 찾아야 합니다. "구하라, 그리하면 너희에게 주실 것이요. 찾으라, 그리하면 찾아낼 것이요. 문을 두드리라, 그리하면 너희에게 열릴 것이니라."(마태복음7:7)는 성경 말씀을 기억하십시오. 행복은 구하고 찾고 두드려야만 하는 것입니다. 가만히 있다고 행복이 저절로 오는 것은 아닙니다. 중요한 일은 자신이 어디에 가치를 둘 것이며, 어디에 가치를 두어야 내 자신이 가장 행복할지를 찾는 일입니다. 그것이 행복을 찾아가는 아주 중요한 일 가운데 하나입니다. 그럼 당신은 어디에 가치를 두고 계십니까?

행복과 욕망

인간의 욕망은 끝이 없습니다. 누군가 인간의 욕망을 충족시키기에는 우주도 작다고 설파했습니다. 만일 행복의 정의를 욕망의 만족에 둔다면, 행복을 얻기 위해서 모든 인류가 매진한다면, 지구는 곧 파멸에 처할 것이기 때문입니다. 행복은 욕망과 깊은 관련 있습니다. 다만 욕망을 충족시키는 것으로는 행복할 수 없다는 것은 자명합니다. 생각해보시기 바랍니다. 사람은 밥만 먹고 살 수 없습니다. 하루 세끼 계속 밥만 주면 얼마 못 가 사람들은 불평하고 다른 것을 원하게 됩니다. 좀 더 맛있고, 좀 더 색다른 음식을 추구하게 됩니다. 가난할 때는 세끼 밥만 먹어도 행복했으나, 그 단계가 지나면 밥으로 만족하지 않고, 다른 것을 요구하게 됩니다. 이것이 인간의 본성입니다.

제가 중학교인지 고등학교인지 기억이 잘 나지 않지만, 지금도 기억하는 교과서에 실린 수필이 하나 있습니다. 김소운의 '가난한 날의 행복'이라는 제목을 가진 작품입니다.

그들은 가난한 신혼 부부였다. 보통의 경우라면, 남편이 직장으로 나가고 아내는 집에서 살림을 하겠지만, 그들은 반대였다. 남편은 실직으로 집 안에 있고, 아내는 집에서 가까운 어느 회사에 다니고 있었다.

어느 날 아침, 쌀이 떨어져서 아내는 아침을 굶고 출근을 했다.

"어떻게든지 변통을 해서 점심을 지어 놓을 테니, 그때까지만 참으오."

출근하는 아내에게 남편은 이렇게 말했다. 마침내 점심시간이 되어서 아내가 집에 들어와 보니, 남편은 보이지 않고, 방 안에는 신문지로 덮인 밥상이 놓여 있었다. 아내는 조용히 신문지를 걷었다. 따뜻한 밥 한 그릇과 간장 한 종지……, 쌀은 어떻게 구했지만, 찬까지는 마련할 수 없었던 모양이다. 아내는 수저를 들려고 하다가 문득 상위에 놓인 쪽지를 보았다.

"왕후의 밥, 걸인의 찬……, 이걸로 우선 시장기만 속여 두오."

낯익은 남편의 글씨였다. 순간, 아내는 눈물이 핑 돌았다. 왕후가 된 것보다도 행복했다. 만금을 주고도 살 수 없는 행복감에 가슴이 부풀었다.[25]

이 이야기는 우리나라가 가난할 때 가난을 이기게 하고, 행복할 수 없는 조건에서 행복을 찾을 수 있는 길이 무엇인가를 보여줍니다. 그것은 먹을 것이 많거나 소유를 많이 한데 있는 것이 아니라, 서로 존중하고 사랑하는 사람이 있다는 그 자체가 행복임을 우리에게 말해줍니다. 오늘날 조건으로 만나서 결혼한 사람들은 그 조건이 사라지게 된다면, 더 이상 부부관계를 유지할 이유가 없습니다. 돈을 보고 결혼을 했는데 그 돈이 사라지면 함께 살 이유가 사라지게 되고, 권력을 보고 결혼

---

25 피천득 외, 『한국의 명수필1』(을유문화사, 2006), pp. 121~122.

한 사람은 그 권력이 사라지면 같이 살 이유가 없습니다. 조건으로 이루어진 사랑이라면, 앞의 이야기는 불가능합니다. 남편이 실직을 하여 대신 직장을 나가는 아내를 위해서 동분서주하며 쌀은 구해서 밥은 했으나, 반찬은 미처 구하지 못한 남편의 안타까움과 미안함을 아름다운 표현인 '왕후의 밥, 걸인의 찬'이라는 말로 표현하였습니다. 이는 사랑이 무엇인지를 짐작해 합니다. 자신이 벌어야 하는데 하지 못하는 미안함과 안타까움이 그의 밥과 반찬에 있습니다. 비록 밥과 반찬은 형편없으나, 그 안에 있는 사랑은 차고 넘친다는 것을 우리는 알 수 있습니다. 오늘 우리는 너무 편한 것만을 추구하고, 안락함을 추구하면서 그것이 마치 행복인 것처럼 착각하고 사는 것은 아닐까요? 앞이 이야기는 사람을 사랑하는 것은 조건이 아니라, 사랑이 먼저라는 동서고금의 자명한 사실을 우리에게 분명하게 가르쳐 줍니다.

인간의 역사는 어떤 면에서 욕망을 이루기 위한 끊임없는 싸움의 역사였습니다. 인간의 건강과 장수의 욕망이 의학과 과학을 발전시켰습니다. 그리고 지금도 많은 병을 이기기 위해서 고군분투하고 있습니다. 인류가 이룬 과학의 발전과 경제발전은 놀라운 발전입니다. 이는 잘 살고 싶거나 장수하고 싶다는 욕망의 성취의 결과입니다. 욕망의 추구를 긍정하는 자본주의가 전세계를 지배하는 시스템으로 자리 잡았습니다. 끝없는 인간의 욕망을 계속 만족시킬 것인가, 아니면 조절할 것인가가 오늘 우리가 직면한 과제입니다. 인간의 욕망을 극대화할 것인가 아니면 인간의 욕망을 줄일 것인가가 우리의 문제입니다. 여러분은 어떻게 하시겠습니까?

욕망을 줄이면 생각보다 행복이 가까이에 있습니다. 만일 우리가 피곤한 몸을 이끌고 집에 돌아와서 사랑하는 가족과 함께 먹는 김치찌개의 소박한 상에 만족하고 감사할 수 있다면 군이 행복을 욕망의 극대화에서 찾을 필요는 없을 것입니다. 다만 사람들이 이런 소박한 행복과 기쁨을 너무나 쉽게 잃어버린다는 데 있습니다. 그리고 자꾸 멀리서 행복을 찾기에 불행한 것입니다. 우리의 문제는 과연 나의 욕망을 어떻게 조절할 수 있을 것인가에 달려 있습니다.

욕망의 절제는 거의 모든 종교가 말하는 행복의 선결 요건입니다. 불교도 인간의 욕망을 줄이면 줄일수록 행복할 수 있다고 설파합니다. 기독교 역시 욕망의 절제를 통해 이 땅에서의 행복을 넘어서 영원한 천국을 소망하게 합니다. 어떤 종교이든지 욕망을 극대화하라는 교리는 없습니다.

종교를 말하지 않더라도, 우리가 조금만 생각해보면, 행복을 위해서 욕망을 극대화하는 것은 불가능하다는 것을 쉽게 알 수 있습니다. 앞에 행복과 가치에서 말했던 소로우나 니어링과 같은 사람들 역시 욕망을 극대화하는 것에 가치를 두지 않고, 욕망을 최소화하고, 그 대신 자신의 삶을 자연과 더불어 살아가는 것에 두었던 사람들입니다. 이제 당신의 내면에 있는 욕망을 어떻게 하시겠습니까? 그 욕망을 채우시겠습니까? 아니면 조금씩 줄여가겠습니까?

행복과 운명

우리는 인간의 힘으로 감당할 수 없거나, 예기치 못한 일을 당할 때, 흔히 "이것은 운명이야."라는 말을 씁니다. 현재 설명할 수 없는 삶의 현실을 만날 때 우리는 "그것이 너의 운명이다."라고 말합니다. 이러한 운명론은 역사가 깊습니다. 사실 인류가 이 땅에서 살기 시작한 이후 세계는 설명할 수 없는 일들과 예측할 수 없는 사건의 연속이었습니다. 우리가 과학이라고 하는 학문의 기원은 사실 이러한 자연의 신비와 무지에 대해 알아보려는 인간의 노력의 결과입니다. 오늘 우리는 대부분 자연의 신비를 알게 되었습니다. 그러나 자연의 신비와 법칙을 알고 있으나 우리는 내 힘으로 어쩔 수 없는 일을 만날 때가 종종 있습니다. 그럴 때 우리는 운명이라고 쉽게 설명하거나 합리화하여 받아들이는 도구로 사용합니다.

이러한 운명론적인 생각은 고대 그리스의 비극적인 문학작품에서 쉽게 볼 수 있습니다. 그중에 소포클레스(Sophocles)의 『오이디푸스 왕』[26]에 가장 극적으로 잘 나타나 있습니다. 그 내용은 이렇습니다.

아테네 북쪽에 있던 테베는 도시국가이다. 라이오스 왕은 이오카스테와 결혼하여 아들을 낳게 된다. 그러나 아이에게 이름을 붙여주기 전에 아폴론의 신탁이 내린다. 그 내용은 이 아이가 자라서 자신의 아버지를 살해하고 자신의 어머니와 결혼하게 될 운명이라는 것이다. 겁이 난 라이오스와 이오카스테는 아이를 죽이기로 한다. 그러나 부모가 자녀를 차마 직접 죽일 수 없어서 목동에게 아이를 숲속에서 죽이라고 한다. 그 명령을 받은 목동은 차마 갓난아이를 죽일 수 없어서 이웃 나라의 코린토스의 목동에게 아이를 맡긴다. 어느

---

26   소포클레스 지음, 강대진 옮김, 『오이디푸스 왕』(민음사, 2009) 참조.

정도 세월이 지난 후에 아이가 없는 코린토스 왕 폴리보스에게 아이를 데려가서 양자로 삼게 하고, 오이디푸스라는 이름을 붙여준다.

훌륭하게 자란 오이디푸스는 어느 날 그가 자신의 아버지를 죽일 것이라는 신탁을 듣고, 그 신탁을 실현하지 않게 하기 위해서 코린토스를 떠난다. 그는 이리저리 떠돌다 테베로 가는 길에서 마차에 탄 노인과 그의 수행원들을 만나게 된다. 그러다 길에서 서로 다투다가 라이오스가 성급하게 오이디푸스를 모욕하고 때리자, 오이디푸스는 화가 나서 라이오스와 그의 수행원들을 죽인다. 테베에 도착한 후 스핑크스의 어려운 수수께끼를 풀어서 스핑크스를 퇴치하고 그 공로로 테베의 왕이 된다. 그리고 라이오스의 아내 이오카스테와 결혼해서 아들 둘과 딸 둘을 두게 된다. 그 이후 15년 동안 그 가족은 행복했고, 테베는 평안하였다. 그러나 신들은 더 이상 오이디푸스의 죄를 좌시할 수 없게 되었다. 그래서 신들은 테베에 역병과 기아를 주었고, 모든 백성들은 고통으로 신음하게 된다. 그리고 그 이유를 추적하다가 결국 오이디푸스가 아버지 라이오스를 죽이고 테베의 왕이 된 후에 어머니인 이오카스테와 결혼한 죄라는 것을 알게 된다. 그것을 알게 된 이오카스테는 자살을 하고, 오이디푸스는 고통에 몸부림치다가 이오카스테의 옷을 달린 브로치로 자신의 눈을 찌른다. 그리고는 테베를 떠나 이리저리 떠돌며 자신의 운명을 음미하며 살게 된다.

이 작품에서 인간은 신탁을 거부하거나 피하려고 하지만, 결국 어떠한 형태로든지 이루어지게 된다는 것을 보여줍니다. 인생의 주체로

오이디푸스 왕

서가 아니라, 인생이라는 운명 속에서 한 사람으로서 운명을 거스를 수 없는 인간의 한계를 잘 보여주는 작품입니다. 불쌍한 오이디푸스는 어머니이자 아내인 이오카스테를 어떻게 볼 수 있을까요? 스스로 눈을 뽑은 이유가 무엇일까요? 그리스에서는 안다는 것은 본다는 것을 전제로 할 때 가능해집니다. 모든 인식의 대전제는 보는 것, 즉 시각이었던 것입니다. 따라서 '봄'을 상실한 오이디푸스는 이제 더 이상 살아있는 존재가 아닙니다.[27] 오이디푸스가 스스로 눈을 뽑은 이유는 스스로 살았으되 죽은 존재가 되는 것이며, 보는 것이 진실이 아닐 수 있다는 것

---

27   임철규 지음, 『눈의 역사 눈의 미학』(한길사, 2009), p. 368.

을 상징적으로 보여준다고 생각합니다. 오이디푸스 왕의 마지막 코러스는 이런 노래로 끝납니다.

> "내 조국 테바이 주민들이여, 보시오. 저분이 유명한
> 수수께끼를 풀고는 덧없이 권세가 컸던 오이디푸스요.
> 어느 시민이 그의 행운을 선망의 눈길로 바라보지 않았던가!
> 보시오. 그런 그가 얼마나 무서운 불운의 풍파에 휩쓸렸는지!
> 그러니 항상 생의 마지막 날이 다가오기를 지켜보며 기다리되,
> 필멸의 인간은 어느 누구도 행복하다고 기리지 마시오,
> 그가 드디어 고통에서 해방되어 삶의 종말에 이르기 전에는."[28]

　인간은 운명이라는 거대한 벽 앞에서 잠시의 행복과 기쁨으로 얼마나 우쭐하며 살고 있습니까? 우리는 생의 마지막 날까지 스스로 행복하다고 말하지 말아야 합니다. 인생은 죽음에 이르러서야 비로소 보일 것이기 때문입니다. 이것이 어쩌면 소포클레스의 비극적 세계관인지 모르겠습니다. 그는 우리에게 운명을 받아들이라고 말하고 있는 듯합니다.

　그러나 실상 인류의 역사는 이러한 운명에 대한 끊임없는 도전과 거스름으로 통해 자신의 운명을 개척할 수 있음을 보여주고 있습니다. 즉 인류의 역사는 운명을 거부하는 역사였습니다. 자연의 법칙에 대해서 모를 때는 어쩔 수 없는 운명이고 인간의 한계였으나, 과학의 발전

28　소포클레스 지음, 천병희 옮김, 『그리스 비극 걸작선』(숲, 2011) p. 234.

으로 인하여 인류는 이제 신의 영역에 거의 가까이 와있습니다. 그럼에도 불구하고 아직 인류의 삶은 운명의 손아귀에 놓여 있는 면도 많습니다. 아직도 점을 보거나, 사주팔자에 자신의 운명을 맡기는 사람들도 많다는 것은, 인간의 마음속에는 두 가지의 마음이 다 존재하고 있다는 것을 보여줍니다. 아직도 어떤 이는 행복한 사람은 정해져 있으며, 나는 불행할 것이다라고 미리 포기하기도 합니다. 그러나 행복은 운명에 달려 있지 않습니다. 행복을 운명이라고 할 수 없습니다. 노력한 만큼, 행복을 어떻게 정의하느냐에 따라서 우리는 충분히 운명을 넘어서서 행복을 얻을 수 있기 때문입니다. 운명에 사로잡히지 마시고, 그 운명을 넘어서 도전하시기를 바랍니다.

행복과 사랑

인간은 누구나 행복하기를 원한다고 한다면 그 말은 곧 사랑받기를 원한다는 말과 같습니다. 사랑한다는 것은 행복하다는 말입니다. 사랑하면 행복하고 사랑받아도 행복합니다. 사랑이 없는 행복은 진짜 행복이 아닙니다. 재산이 많고 건강하다고 할지라도 그에게 사랑하는 사람이 없고 혼자라면 오히려 재산이 없고 병이 들었어도 사랑하는 사람이 있는 사람이 더 행복할 수 있습니다. 사랑의 힘은 놀라울 정도로 우리의 삶을 지배합니다. 그래서 사람은 사랑으로 산다고 말할 수 있습니다.

세계적인 대문호인 러시아의 톨스토이(L. N. Tolstoi)의 주 관심사는 '인간이 어떻게 행복할 수 있을까?'였습니다. 그는 깊은 기독교적인 가치관을 가지고, 인간의 삶을 통찰하는 책들을 썼는데, 그 가운데 『사람은 무엇으로 사는가』라는 작품이 있습니다. 그 내용을 간단히 요약하면 다음과 같습니다.

"천사였던 미하일이 하나님의 명령을 어겨서 지상에 내려온다. 하나님이 그에게 세 가지 질문을 하면서 이 답을 알면 다시 천사로 돌아올 수 있다고 한다. 그 질문은 다음과 같다. 첫째, 사람의 마음속에 무엇이 있는가? 둘째, 사람에게 허락되지 않는 것은 무엇인가? 셋째, 사람은 무엇으로 사는가? 그는 구두 수선 일을 하면서 많은 일을 겪으면서 다른 이들과의 만남과 사건들을 통해 그 답을 알아가게 된다. 첫째로 인간의 마음에는 사랑이 있다는 것을 깨닫는다. 두 번째 질문에 대한 답으로 사람은 언제 죽을지 모른다는 것이다. 그리고 세 번째 질문의 답은 사람은 사랑으로 산다는 것을 깨닫는다. 이것을 알게 된 미하일은 천사가 되어 하늘로 올라간다."

이 단편에서 톨스토이는 분명 인간의 마음속에 있는 것도 사랑이고, 사람이 살아가는 힘이나 동력 역시도 사랑임을 분명히 하였습니다. 톨스토이가 말하는 사랑은 이기적인 사랑이 아니라, 다른 사람과의 관계 속에서 서로 배려하고 이해하고 희생함으로 이루어지는 사랑을 말하고 있습니다. 가족이 유지되는 힘이 가족 간의 사랑이듯이, 우리 사회에서도 인간이 살아갈 수 있는 힘 역시 다른 사람의 사랑과 헌신이 있어야 합니다. 우리가 지금까지 이렇게 성장한 것은 부모와 많은 사람들의 사랑과 헌신이 있었기에 가능했습니다. 그것을 인정하면 나 혼자 행복할 수 있다는 것이 얼마나 터무니없는 말인가를 알게 됩니다. 우리는 다른 사람들과 함께 행복해야 하는 존재입니다. 그리고 우리는 사랑으로만 행복할 수 있는 존재이기도 합니다.

오늘날 우리의 가장 큰 문제는 이 사랑이 왜곡되어 있다는 점입니다. 대중가요의 80% 이상이 사랑이야기입니다. 많은 사람들이 사랑을 하고 싶어 하고 받고 싶어 하죠. 오늘을 사는 우리들은 사랑이라는 말을 많이 하지만 실제로는 사랑이 무엇인지는 잘 알지 못하는 것 같습니다. 우리의 사랑은 주는 만큼 받아야 하는 사랑입니다. 사랑은 단순한 주고받기(give and take)가 아닙니다. 그런데 이렇게 진정한 사랑의 의미가 퇴색된 이유는 사랑의 본질을 알지 못하기 때문이라고 생각합니다. 그럼 사랑의 본질이 무엇일까요? 저는 성경에 나오는 사랑의 본질보다 더 나은 사랑의 본질을 알지 못합니다. 한 번 들어보시겠습니까? 고린도전서 13장 4~7절의 말씀입니다.

"사랑은 오래 참고 사랑은 온유하며 시기하지 아니하며 사랑은 자랑하지 아니하며 교만하지 아니하며 무례히 행하지 아니하며 자기의 유익을 구하지 아니하며 성내지 아니하며 악한 것을 생각하지 아니하며 불의를 기뻐하지 아니하며 진리와 함께 기뻐하고 모든 것을 참으며 모든 것을 믿으며 모든 것을 바라며 모든 것을 견디느니라."

이것이 사랑의 본질입니다. 찬찬히 읽어보시라. 우리의 사랑이라는 관념이 얼마나 왜곡되고 변형되었는지를 알게 됩니다. 진정한 사랑과 가장 가까운 것은 부모가 자식을 향한 사랑입니다. 그 사랑에는 계산이 없고, 상대방이 사랑해주지 않더라고 인내하고 기다리며, 자신의 모든 것을 주어도 기쁘며 행복하다는 것입니다. 그것이 사랑입니다. 혹시 이 사랑의 정의를 읽고 실현불가능하다고 생각한다면, 그 사람이 그만큼 사랑의 정의를 잘못 알았고 있는 것입니다. 오늘날 우리의 사랑은 어떠합니까? 너무 계산적이고 가볍고 자기중심적인 사랑입니다. 이는 사랑이라는 단어의 오염이며, 왜곡입니다.

오늘 우리가 회복해야 할 것은 진정한 사랑의 단어요, 그 사랑의 실천입니다. 우리에게 이런 사랑의 마음이 있다면, 이 세상은 살 만한 세상이 되지 않을까요? 우리의 삶에 사랑이 없다면 우리는 이렇게 성장할 수도 없습니다. 부모의 헌신적 사랑으로 우리가 이렇게 살고 있는 것 아닙니까? 많은 사람들이 삶의 이유를 가족에서 찾는 이유가 무엇입니까? 사랑하는 관계이기 때문입니다. 누군가 나를 사랑해주고 지지해 준다는 것은 나의 삶의 근거가 되고, 살아야 할 이유가 됩니다. 우리가 이 세상을 살아가는 것은 사랑의 힘이요, 사랑받고 사랑하기 위해서 사는 것 아니겠습니까? 그러므로 우리는 진정한 사랑을 회복해야 합니다. 거짓 사랑을 사랑으로 알고 살아가는 것은 행복이 아닙니다. 사랑함으로 희생하고, 그 희생 안에서 얻어지는 기쁨이 행복감을 줍니다. 오늘 우리가 불행하다면 사랑의 본질을 상실했기 때문입니다. 많은 사람들에 둘러싸여 있지만, 진정한 사랑을 경험하지 못한다면 그 사람은 불행한 사람일 뿐입니다.

사랑을 하는 사람은 누구나 행복하다는 것을 알 수 있습니다. 한번 상상해 보세요. 연애를 하는 사람을, 아이를 가슴에 품고 웃고 있는 어머니의 얼굴을 상상해 보세요. 무엇이 보이십니까? 행복이 보이지 않습니까? 그가 삶의 어떤 고난이나 어려움이 있는지 알 수는 없으나, 사랑하는 대상과 함께 하는 그 순간만은 이 세상 그 무엇보다 행복합니다. 사랑하는 사람은 그래서 행복합니다. 청춘들에게 권하고 싶은 것은 행복하고 싶다면, 사랑하시기 바랍니다. 사랑하는 순간 여러분은 이 세상에서 가장 놀라운 행복의 세계에 입장할 수 있습니다. 그 행복을 누리시기를.

1 생각하는 것이 행복과 어떤 관계가 있습니까?

2 당신은 어디에 가치를 부여하고 있습니까? 또한 행복을 위해서 새롭게 가져야 할 가치는 무엇입니까?

3 욕망하는 삶이 행복의 삶이 될 수는 없을까요?

4 인간에게 운명은 실재하는 것일까요?

5 기쁨이나 행복 없는 사랑이 존재할 수 있을까요?

헨리 데이빗 소로우 지음, 강승영 옮김, 『월든』(이레, 2000)

이 책은 저자가 미국의 자본주의와 경쟁적 삶에 회의를 느끼고 월든 호숫가 숲 속에서 스스로 자급자족하면서 경험한 삶의 이야기와 내면의 성찰을 쓴 책입니다. 행복이 외적인 만족에 있는 것은 아님을 잘 보여주는 책입니다.

한나 아렌트 지음, 김선욱 옮김, 『예루살렘의 아이히만』(한길사, 2006)

아이히만 재판의 참관기이면서, 정치철학자인 아렌트의 철학적 통찰이 빛나는 책입니다. 악의 평범성이 무엇인지 보고, 생각하는 것이 왜 중요한지 깨닫게 해주는 책입니다.

소포클레스 지음, 강대진 옮김, 『오이디푸스 왕』(민음사, 2009)

희랍의 삼대 비극 가운데 하나이며, 인간이란 무엇인가라는 근원적 질문을 하고 있습니다. 또한 고대 그리스 비극의 정수를 경험할 수 있습니다. 이 책을 통해 인간과 운명의 관계를 새롭게 이해할 수 있게 해 줍니다.

행복과 고통

행복을 알기 전에 삶이 무엇인가를 정의(definition)하는 것이 중요합니다. 삶의 정의를 정확하게 정의한 사람은 미국의 심리상담자로 유명한 분이며, 베스트셀러인 『아직도 가야할 길』의 저자인 스캇 펙(Scoot Peck)입니다. 그는 삶을 이렇게 정의합니다.

> "삶은 고해(苦海)이다. 이것은 위대한 진리다. 다시 말하자면 이 세상에서 가장 위대한 진리 중의 하나다. 이것이 위대한 진리인 까닭은 진정으로 이 진리를 깨닫게 되면 그것을 뛰어넘을 수 있기 때문이다. 진정으로 삶이 힘들다는 것을 알게 되면, 즉 진정으로 그 사실을 이해하고 받아들이게 되면, 삶은 더 이상 힘들지 않게 된다. 일단 받아들이게 되면 삶이 힘들다는 사실은 더 이상 문제가 되지 않기 때문이다."[29]

삶이 무엇인지를 한마디로 분명하게 정의하고 있습니다. 삶은 고통의 바다인데, 그것을 인정하면 그 고통을 받아들이게 되고, 그 고통을 바로 이해함으로 삶의 문제들을 해결할 수 있게 된다고 말합니다. 예를 들면 우리가 아파서 병원에 가면 처음부터 다양한 검사를 합니다. 피를 뽑고, X-ray 사진을 찍고, CT 촬영을 합니다. 그 결과 어디에 문제가 있는지 원인을 알고 나서야 약을 쓰거나 수술을 하게 됩니다. 인생의 행복을 아는 것이 바로 이와 같습니다. 우선 삶이 무엇인지, 그

---

29 스캇 펙 지음, 최미양 옮김, 『아직도 가야할 길』(율리시즈, 2011) p. 19.

리고 행복을 방해하는 고통이 무엇인지 바로 이해할 때 우리는 비로소 행복을 정의할 수 있게 됩니다.

고통이 무엇일까요? 고통은 개념화하기가 어렵습니다. 고통을 경험하는 자는 각기 서로 다르기 때문입니다. 고통을 구분해보면 신체에 가해지는 고통과 정신적인 차원에서의 고통으로 나눌 수 있습니다. 육체적인 고통은 내 몸의 감각이 느끼는 자극에 대한 반응입니다. 신체적 차원에서의 고통은 주로 통증으로 나타나고, 정신적인 고통은 괴로움으로 나타나게 됩니다.

이를 좀 더 연구해봅시다. 기독교 교부이자 철학자인 아우구스티누스(Augustinus)는 고통을 '죄의 결과'라고 봅니다. 피조물인 인간이 하나님의 말씀을 거역함으로 죄가 들어오고, 그 죄로 말미암아 인간의 삶에 고통이 생겼다는 것입니다. 그렇다면 우리는 고통을 어떻게 이해해야 할까요? 고통을 좀 더 긍정적인 면에서 보면 좋을 것 같습니다. 우선 세 가지로 보겠습니다.

첫째로 신체적 위험에 대한 경고 체계라고 할 수 있습니다. 육체가 경험하는 고통은 내 몸의 어느 부분이 고장 나고 있거나 문제가 생기고 있다는 것을 알려주는 것입니다. 즉 몸의 위험을 가르쳐줍니다. 몸에 고통이 없다면, 우리는 큰 병이 생겨서 손을 댈 수 없는 지경에 이르게 될 것입니다. 그러나 고통으로 말미암아 내 몸의 어디에 문제가 있는지를 알 수 있게 됩니다. 필립 얀시(Philip Yancey)와 폴 브랜드(Paul Brand)가 쓴 『고통이라는 선물』이라는 책은 고통이 얼마나 우리에게 중요한 것인지를 잘 보여줍니다. 폴 브랜드는 나병 환자 전문의이면서 인도의 선교사로 나병환자를 치료했습니다. 본디 나병은 감각을 상실하는 병입니다. 그래서 몸이 칼에 베어도, 뜨거운 것에 닿아도 아무런 느낌이 없습니다. 평생 나병환자를 치료했던 브랜드가 경험했던 일입니다.

"내 평생 가장 어두운 밤은 이렇게 시작되었다. 나는 신을 벗고 잠자리에 들 준비를 했다. 끔찍한 생각이 무서운 힘으로 나를 강타했다. 발의 반쪽이 아무런 느낌이 없었다. 내 마음은 무섭게 소용돌이치고 있었다. 눈을 감고 볼펜 끝으로 발꿈치를 찔러 보았다. 아무 느낌이 없었다. 발꿈치 주변에 뭔가 닿는 느낌이 전혀 없었다. 두려움이 나를 엄습했다. 나병을 다루는 사람들은 누구나, 나병의 첫 증상 중 하나가 고통을 느끼지 못하는 것임을 알고 있다. 그렇다면 내가 나병을 치료하는 의사에서 나병 환자로 비참하게 전락하고 말았다는 것인가? 나는 몸이 뻣뻣하게 굳은 채 일어나서 무감각한 발에 힘을 주고 앞뒤로 무게 중심을 옮겨 보았다. 그러고 나서 옷 가방을 샅샅이 뒤져 바늘을 찾아 다시 자리에 앉았다. 나는 발목 바로 밑 살갗을 바늘로 조금 찔러 보았다. 아무 통증이 없었다. 바늘을 더 깊이 찔렀지만 아무 느낌이 없었다. 나는 두 손으로 얼굴을 감싼 채 전율했다. (…)

일상생활의 즐거움이 사라질 것이다. 강아지를 쓰다듬는다든지, 비단의 감촉을 느낀다든지, 어린 아이를 안는다든지 하는 이 모든 감각적인 일들이 곧 똑같이 느껴질 것이 분명했다. 그것은 죽은 것이나 다름없다. 아마 다음 차례는 손에 있는 신경들일 것이다. 손은 내 직업에서 없어서는 안 될 자원이다. 만일 손가락 끝의 예민한 감각

제1부 행복을 찾아서

들을 상실한다면 메스를 사용할 수 없을 것이다. 외과 의사로서 나의 직업은 조만간 끝날 것이다. 나는 나병을 현실, 즉 나의 삶으로 받아들이고 있었다.

마침내 날이 밝았다. 그러나 나는 여전히 불안과 절망에 빠져 있었다. 거울을 통해 면도하지 않은 얼굴을 쳐다보았다. 나병의 흔적을 찾기 위해 코와 귓불도 자세히 살펴보았다. 밤새도록 내 속에 있는 임상 의사가 나를 지배하고 있었다. (…) 나는 앉아서 심호흡을 하며 바늘 끝으로 발꿈치를 찔렀다. 나는 비명을 질렀다. 마치 전기 충격처럼 생생한 그 통증만큼 유쾌한 감각을 나는 지금까지 경험해본 적이 없다."[30]

고통이 필요한 이유를 잘 설명하고 있습니다. 고통은 경고를 보내는 신호입니다. 고통은 우리에게 꼭 필요한 것일 뿐 아니라 고통으로 인해 우리는 나 자신의 몸을 건강하게 유지할 수 있습니다. 고통이 없다면 인간의 삶은 정말 고통의 연속일 것이기 때문입니다. 그런 의미에서 고통은 불행이나 괴로움이 아니라 반드시 필요한 행복의 한 요소일 수 있습니다. 이것이 고통의 기독교적 이해입니다.

둘째로 고통은 죄에 대한 벌로 이해됩니다. 이를 응보설이라고 하는데, 이는 세계 어느 곳에서 쉽게 볼 수 있습니다. 우리는 권선징악(勸善懲惡)적 사회가 이루어져야 한다고 믿습니다. 착한 사람은 상을 받고

---

30 필립 얀시, 폴 브랜드 지음, 송준인 옮김, 『고통이라는 선물』(두란노, 2010), pp. 24~27.

악인은 벌을 받는 것이 당연한 것이며, 반드시 이루어져야 할 정의라고 생각합니다. 그래서 악인을 벌주기 위해서 필요한 것이 고통입니다. 우리에게 고통이 오면 우선 생각하는 것은 내가 무슨 죄를 지었나 생각하는 경우가 많은데, 그런 경우가 죄에 대한 벌로 이해하기 때문입니다. 그러나 잘 보면 어떤 경우 삶에서 경험하는 고통 중에 많은 부분이 자초한 면들이 많습니다. 사업에 욕심을 부려서 고통을 당하거나, 운동을 하지 않고 먹기만 해서 병이 생겨 고통 받기도 합니다. 어떤 사람은 갖고 싶은 것을 갖지 못해 고통스럽고, 어떤 사람은 돈을 벌지 못해서 고통스럽습니다. 이는 모두 자신이 자초한 고통입니다.

세 번째는 정신적 성숙을 위한 시련이라고 보는 것입니다. 고통은 영혼의 성장을 위한 통과의례와 같은 것입니다. 우리에게 고통은 성장을 가져옵니다. 온실 속의 화초는 겨울 칼바람을 맞는 순간 모두 얼어죽고 맙니다. 그러나 들에서 자란 화초는 칼바람 속에서도 살아남습니다. 고통은 인내하게 하고, 인내는 인간을 성숙시킵니다. 그런 의미에서 고통은 우리에게 행복을 주는 것임일 알 수 있습니다.

고통은 피하고 싶어 하지만, 피하기만 하면 안 됩니다. 심리학에서는 문제나 고통을 직면해서 해결하지 않으면 영원히 정신적인 성장과 발전은 할 수 없게 된다고 말합니다.[31] 그리고 고통을 회피하면 결국 분열증에 걸리게 된다고 합니다. 이처럼 고통은 나를 성장하게 하는 것으로 고통을 새롭게 이해할 필요가 있습니다.

이런 점에서 고통은 행복과 반대되는 것이 아니라 다른 모습을 가

---

31 스캇 펙, 앞의 책, p. 39.

진 한 쌍이자, 동전의 양면입니다. 행복은 고통이 있어야 알 수 있습니다. 고통이 없는 행복은 이미 행복이 아니라 일상일 뿐입니다. 고통만 있다면 그것 역시 고통이 아닙니다. 그러므로 행복과 고통은 한 쌍으로 이해하는 것이 바람직해 보입니다. 이러한 고통의 이해는 행복을 새로운 면에서 보게 합니다. 즉 고통은 언제나 우리에게 나쁜 것이 아니라, 고통으로 인하여 행복이 얼마나 소중한 것인가를 알게 됩니다.

행복과 공포

한여름 밤의 공포영화는 잠시나마 무더위를 잊어버리게 합니다. 그러나 우리 삶에 드리워져 있는 삶의 공포는 한 번도 우리를 떠나지 않습니다. 공포는 불확실성과 불예측성에서 나옵니다. 공포영화를 생각해 보세요. 어디에서 사람들은 공포를 느끼나요? 예측할 수 없는 곳에서입니다. 예기치 않은 장면에서 갑자기 무엇이 나타날 때 우리는 공포를 느낍니다.

현대인에게 이런 공포는 우리 사회 곳곳에 만연해 있습니다. 바우만의 말처럼 유동하는 시대이기 때문입니다. 그리고 이런 공포는 우리를 불안하게 합니다. 이는 존재론적인 불안이라기보다는 삶의 자리가 불안하고, 삶의 미래가 예측할 수 없는 데서 오는 불안입니다. 특히 현대사회는 위험합니다. 독일의 사회학자 울리히 벡(Ulrich Beck)은 현대사회를 '위험사회'[32]라고 부르고 있습니다. 현대사회는 너무 복잡하게 체

---

32   울리히 벡 지음, 홍성태 옮김, 『위험사회』(새물결, 2006).

계화되어 있으며 이 체계화된 조직이 발생시키는 다양한 효과나 결과들을 예측할 수 없기에 위험하다고 말합니다. 예를 들어 화석연료의 대량 사용이 가져온 온난화효과를 우리는 경험하고 있으며, 앞으로 어떻게 전개될지는 아무도 예측할 수 없습니다. 기술이 발달하면 할수록 예측불가능성이 너무 많기에 위험도가 증가하며, 이런 위험은 인간이 기술에 의지하면 할수록 더 커지게 됩니다. 불안은 결국 우리에게 공포로 다가옵니다.

더 큰 문제는 이런 위험을 누구나 피할 수 없게 되었다는 것입니다. 즉 위험이 글로벌화 되고 있습니다. 그래서 글로벌 리스크가 만연하게 됩니다. 울리히 벡은 글로벌 리스크의 세 가지 특성을 이렇게 말합니다.

"첫째, 위치와 장소를 규정할 수 없다. 그 원인과 결과는 어느 특정한 지리적 장소나 공간에 국한되지 않고 원칙적으로 어디에나 있을 수 있다.

둘째, 계산할 수 없다. 그 결과를 추정하는 것은 원칙적으로 불가능하다. 근본적으로 그것은 '가설적' 리스크이며, 과학이 산출한 무지와 규범적 불일치에서 기인한다.

셋째, 보상할 수 없다. 제1현대의 안전공간은 피해를(큰 규모라 하더라도) 제외하지 않으며 보상할 수 있다고 생각한다. 그 손실은(예컨대 돈으로) 되돌릴 수 있다. 기후가 되돌릴 수 없을 정도로 변화하면, 인간의 유전자가 인간의 실존에 회복할 수 없는 개입을 허용한다면, 또는 테러 집단이 이미 대량살상무기를 보유하고 있다면 때는 이미 늦다. 질적으로 완전히 새로운 '인류에 대한 위협' 때문에 보상은 유효성을 잃고 예방을 통한 대비 원칙으로 대체된다. 그 외에 우리는 그 존재조차 입증되지 않은 리스크를 예상하고 막으려 노력해야 한다."[33]

글로벌 리스크는 점점 세계로 확대되어 이제는 모든 인류가 공포를 느끼기에 충분합니다. 리스크는 이미 온 것이 아니라 오고 있기에 더 공포스럽습니다. 벡이 말한 것처럼 미래의 위험은 어디에서 올지도 모르고, 계산할 수도 없고, 되돌리기도 어렵다는 것이 문제입니다. 이러한 위험의 증가는 글로벌한 공포를 가져옵니다. 몇 해 전에 우리나라에 '신종플루'라는 병이 유행한다고 했을 때, 제일 처음 걸린 사람이 많은 사람들과의 접촉으로 인해 확산됐습니다. 그 공포로 인해 사람들이 외출과 여행을 자제하고, 서로를 의심하게 되었습니다. 마치 인류가 멸종할 것처럼 공포를 조장하였고, 오리나 닭을 요리하는 집이 문을 닫게 되고, 사람들이 모인 곳에 가지 않게 되었습니다. 올해 발생한 메르스 코로나 바이러스로 인해 많은 사람들이 두려움에 빠지게 되고, 큰 어려움을 겪게 되었습니다. 이는 다 변종 바이러스로 발행한 것이고, 앞으로 다양한 변종 바이러스가 생길 수 있습니다. 이러한 공포는 앞으로 계속 이어질 것입니다.

공포는 이어집니다. 높은 건물을 지으면 지을수록 막연한 공포는 더 커집니다. 기술적으로 안전하게 하였다고는 하나 사고가 나면 높은

---

[33]   울리히 벡 지음, 박미애·이진우 옮김, 『글로벌 위험사회』(길, 2010), p. 101.

건물은 대형 사고일 수밖에 없고, 그것이 언제라도 일어날 수 있다는 생각이 막연한 공포를 가져옵니다. 현대인의 공포를 잘 설명하고 있는 바우만은 『유동하는 공포』에서 현대의 공포의 핵심을 타이타닉 호에 비유하고 있습니다. 그는 공포는 마치 빙산과 같다고 말합니다.

"우리가 이미 알다시피, 타이타닉 이야기의 주인공은 빙산이다. 그러나 '바로 저기 너머'에 매복하고 우리를 기다리는 것은 빙산이 아니며, 공포다. 바로 이 점이 이 이야기를 다른 숱한 공포물 또는 재난물 이야기와 차별화한다. 그 공포는 '여기서' 이루어지는 온갖 폭력이다. 호화찬란한 여객선의 내부에서 현실화되는 공포, 가령 배가 침몰할 때 승객들을 대피시키고 제대로 된 구조 계획 하나 없는 상황, 또는 구명조끼와 구명보트가 절대적으로 모자라는 상황이다. '바로 저기 너머'에서 빙산이란, 칠흑같이 어두운 남극해의 물밑에 숨어, 어떤 촉매, 일종의 리트머스 시험지처럼 정해진 운명을 검증하기 위해 대비하고 있는 것일 뿐이다. '언제나 숨어서 노리고 있는' 그것이란 뼛속까지 얼어붙는 남극해의 물속에 우리가 빠지는 순간까지 꼼짝하지 않다가, 별안간 우리 앞에 고개를 쑥 내민다. 대부분의 시간 동안 (어쩌면 모든 시간 내내) 몸을 숨기고 있다가, 일단 굴에서 기어 나오기만 하면 그 희생자를 전혀 무방비한, 속수무책인 상황에서 덮치는 것만큼 무시무시한 것은 없다."[34]

---

34   지그문트 바우만, 『유동하는 공포』, 앞의 책, pp. 35~36.

우리가 사는 세상에 공포가 지배하는 것은 공포가 도처에 널려있기 때문입니다. 현대 사회는 타이타닉호와 같습니다. 타이타닉을 탄 인간은 어디에서든지 암초나 빙산을 만나서 좌초할 수 있습니다. 그것이 언제인지, 그리고 어떤 형태로 일어날지를 모르는 데 우리의 공포가 있습니다. 벡이 우리가 사는 세상을 위험사회라고 한 것이나, 바우만이 우리를 지배하고 있는 것이 공포라고 한 것은 모두 우리가 살고 있는 이 사회가 얼마나 취약한 기반 위에 있는지를 분명하게 보여주고 있습니다. 즉 우리는 더 안전하고 더 분명한 사회 속에서 살기를 원하지만, 역설적이게도 현대사회의 기술발전은 도리어 위험도를 증가시키고, 삶을 송두리째 불완전한 것으로 만들어 버렸습니다.

　우리는 학교를 졸업하고 직장을 가지고 결혼을 하고 자녀를 낳아서 행복하게 살 수 있을 것이라고 막연하게 생각합니다. 그러나 우리 인생길에는 수많은 위험과 사건과 사고가 기다리고 있습니다. 문제는 어디에 있는지, 언제 일어날지를 알 수 없습니다. 그래서 우리는 살면서 마음 깊은 곳에 불안과 공포가 자리 잡고 있음을 알고 있습니다. 이런 현대인의 공포 심리를 잘 이용하는 산업이 바로 보험 산업입니다. 모든 보험의 주동력은 미래에 대한 공포입니다. 생기지는 않았으나 혹시 생길 가능성이 있기에 우리는 미래를 대비하고자 하는 마음으로 보험에 가입합니다.

　이처럼 공포를 품고 살아가야 하는 위험사회에서 우리는 어떻게 행복을 경험할 수 있을까요? 공적인 행복의 입장에서 보면, 우리 사회가 예측 가능한 사회로 변모해야 하고, 국민들이 당할 수 있는 삶의 위기를 버텨 줄 수 있는 사회보장제도가 잘 이루어지는 것입니다. 특히 우리 사회를 소수의 사람만이 행복한 사회가 아니라 다수가 행복할 수 있는 구조로 바꾸는 것이 중요합니다. 그리고 무엇보다 공포가 어디서 부터 오는지를 아는 것이 중요합니다. 이것이 진정한 지식이요, 이것을 아는 것이 진짜 공부입니다.

행복과 죽음

인간은 유한합니다. 이 유한함 때문에 종교가 생기고, 죽음 이후의 세계가 존재하는가, 하지 않는가를 따지기도 합니다. 인생의 행복을 추구하는 데 있어서 중요한 것 가운데 하나는 죽음을 잘 이해하는 것입니다. 죽음이 무엇인가를 이해하는 것은 곧 삶(life)이 무엇인지 아는 것이요, 행복의 의미가 무엇인지 이해할 수 있습니다.

삶이 무엇인가를 이해하기 위해서, 먼저 죽음이 무엇인가를 보겠습니다. 기독교에서는 사람을 육체적 존재뿐만 아니라 영혼을 가진 존재로 봅니다. 육체는 사멸하지만, 영혼을 사멸하지 않습니다. 그래서 죽음이 끝이 아닌 새로운 시작으로 이해합니다. 우리가 죽는다고 할 때, 기독교에서는 육체의 죽음을 의미하지 영혼의 죽음을 의미하지 않습니다. 육체는 영혼의 집입니다. 따라서 육체가 죽으면 영혼은 나오게 되고, 하나님으로부터 심판을 받아서 새로운 몸으로 덧입고 천국에 가든지 지옥에 가든지 하게 됩니다. 이것이 기독교에서 말하는 죽음 이후의 모습입니다. 이러한 모습은 단테(Dante)의 『신곡』에서 지옥편, 연옥편, 천국편으로 나뉘어 잘 그려져 있습니다. 단테가 지옥문 앞에 써 있다고 쓴 글을 한번 보세요.

단테의 『신곡』

나를 거쳐 고통의 도시로 들어가고,

나를 거쳐 영원한 고통으로 들어가고,

나를 거쳐 길 잃은 무리 속에 들어가노라.

정의는 높으신 내 창조주를 움직여,

성스러운 힘과 최고의 지혜,

최초의 사랑이 나를 만드셨노라.

내 앞에 창조된 것은 영원한 것들뿐,

나는 영원히 지속되니, 여기 들어오는

너희들은 모든 희망을 버릴지어다.[35]

---

35 단테 알리기에리 지음, 김운찬 옮김, 『신곡』(열린책들, 2009), p. 24.

3 행복을 이해하기 위한 것들

단테는 이 구절에서 인간의 삶은 영원히 계속된다는 것을 말하고 있습니다. 천국과 지옥을 표현하면서 단테는 지옥을 한마디로 아무런 희망이 없는 곳으로 묘사하고 있습니다. 아무런 희망이 없는 곳이 지옥이라는 말이 의미심장합니다. 만일 이 땅에 살고 있는 우리에게 아무런 희망이 없다면, 우리의 삶은 지옥과 같다는 의미로 읽을 수 있습니다. 지금의 삶이 고통스러워도 이길 수 있는 힘은 내일은 행복할 수 있을 것이라는 희망이 있기 때문입니다. 내일도 오늘처럼 고통스러울 것이라고 한다면 희망을 버리게 되고, 희망을 버리면 그의 삶은 지옥이 되는 것입니다. 그래서 희망은 삶을 행복으로 이끄는 중요한 원동력 가운데 하나입니다.

기독교는 내세가 있으며, 우리의 삶은 영혼으로 존재하여 영원히 지속된다고 봅니다. 그 영원한 삶을 천국에서 살 것인가 지옥에서 살 것인가를 결정하는 것은 현세의 삶을 어떻게 살았는가하는 것입니다. 현세에 믿음을 지키고 하나님의 말씀대로 살아가면, 죽음 이후에 영원한 천국에 갈 수 있다는 희망을 주기 때문에 죽음을 이길 수 있게 하고, 그것으로 행복을 얻을 수 있게 합니다.

죽음에 대한 자세한 연구는 엘리자베스 퀴블러로스(Elisabeth Kübler-Ross)의 『인간의 죽음(on Death and Dying)』[36]이라는 책에 잘 나와 있습니다. 그녀의 책은 사실 죽음에 대해 이미 고전의 반열에 올라 있습니다. 그녀는 오랫동안 병원에서 호스피스로 있으면서 죽음을 앞둔 많은 사람들을 만나고 대화하면서 죽음이 무엇인지, 그리고 어떻게 죽음을 맞이

---

36   엘리자베스 퀴블러로스 지음, 성염 옮김, 『인간의 죽음』(분도출판사, 2000).

해야 하는지를 잘 서술하고 있습니다. 그녀는 이 책에서 죽음을 맞이하는 인간의 태도를 다섯 단계로 정리합니다.

제1단계는 '부정과 고립'의 단계입니다. 대부분 병원에서 죽을 병에 걸렸다고 하면, 처음의 반응은 부정입니다. 그것을 인정하지 않습니다. 그래서 다른 병원에 가서 진단을 다시 해보고, 또 다른 병원에 가게 됩니다. 그러고는 스스로를 고립시키게 되는 단계입니다.

제2단계는 '분노'의 단계입니다. 부정의 다음 단계로, 환자 스스로 '왜 나에게 이런 일이 생겼는가? 나는 누구보다 착하게 살았는데, 왜 내가 죽어야 하는가?'라는 의문과 분노에 직면하게 됩니다. 자기보다 나쁜 사람들도 다 잘 사는데, 왜 나만 죽어야 하는지에 대한 분노를 드러내게 되고, 그래서 의사뿐 아니라 가족들에게도 화를 내며 분풀이를 합니다.

제3단계는 '타협'의 단계입니다. 생명의 연장을 위해서 신에게 기도합니다. 자신의 과거를 반성하거나, 또는 다시 살면 이러이러한 일들을 하겠다는 식으로 타협하게 되고, 운명과 타협해 보려는 많은 시도를 하게 됩니다. 이런 타협은 대부분 신이라는 절대자와의 타협입니다.

제4단계는 '우울'의 단계입니다. 이제 더 이상 살 가능성이 없다고 생각하기 시작하면 나타나는 증상은 우울입니다. 이는 상실감으로부터 옵니다. 그리고는 깊은 슬픔에 빠지는데 이는 이 세상을 떠나야 하는 데서 오는 예비적 슬픔이라고 할 수 있습니다.

제5단계는 '순응'의 단계입니다. 자신의 생이 끝난다는 것을 받아들이게 됩니다. 어떤 의학적 노력이나 신앙의 힘도 자신의 죽음을 막을 수 없다는 것을 확인한 후에 그는 죽음을 비로소 받아들이게 됩니다.

이러한 단계를 거치는 이유는 심리학 용어로 '방어기제'이며, 극도로 어려운 상황에 대처해 나가는 적응기제입니다. 그런데 퀴블러로스는 이 모든 단계에서 계속 이어지는 것이 있으니 그것이 바로 '희망'이라고 말합니다. 죽음을 받아들여도 언젠가 새로운 약이 나오면 나는 나을 것이라는 희망을 버리지 않는다는 것입니다. 앞에서 단테가 노래한 대로 희망이 없는 곳이 지옥이라면, 희망이 있는 곳에서는 언제나 행복이 있을 수 있는 가능성은 있을 것 같습니다.

죽음에 대해 보다 깊게 생각해 봅시다. 죽음 이후에 아무 것도 없다는 주장과 죽음 이후에 무엇인가 있다는 주장이 팽팽합니다. 이 두 주장을 하고 있는 각각의 책을 살펴보겠습니다. 먼저 '죽음 이후에 아무것도 없다, 죽으면 끝이라고 생각하는 사람의 대표자가 있는데, 그가 셸리 케이건(Shelly Kagan)입니다. 그는 예일대학교 철학과 교수이며 윤리학이 전공이면서 동시에 죽음 이후에 무엇인가 있다는 것을 철저하게 부정합니다. 그는 『죽음이란 무엇인가(Death)』[37]라는 책에서 죽음의 본질에 대해 철학적이고 논리적으로 고찰하고 있습니다.

케이건 교수는 죽음 이후에는 아무것도 없으며, 영혼도 존재하지 않는다는 것을 논증한 후에, 그렇기 때문에 현재의 삶이 중요하고, 의미가 있으며 소중하다고 역설합니다. 그래서 현재를 잘 사는 것이 중요하다고 말합니다. 그는 죽음의 네 가지 특성을 말합니다. 첫째는 죽음의 필연성입니다. 사람은 누구나 죽습니다. 둘째는 가변성입니다. 사람은 얼마나 살지 모릅니다. 셋째는 예측불가능성입니다. 사람은 언제 죽

---

37 셸리 케이건 지음, 박세연 옮김, 『죽음이란 무엇인가』(엘도라도, 2012).

을지 모릅니다. 넷째는 편재성입니다. 사람은 어디서 어떻게 죽을지 모릅니다. 이러한 죽음의 특징을 이해할 때, 죽음을 이해하고 받아들일 수 있습니다.

여기서 행복과 관련지어서 볼 때 관심이 가는 것은 유한한 삶에서 행복의 본질은 무엇인가를 논하는 장입니다. 그는 삶의 가치는 삶 그 자체가 아니라 삶 속에 채워지는 내용물에 달려 있다고 합니다. 그래서 주장하는 것이 '그릇 이론(container theory)'입니다. 삶은 그릇과 같으며, 그 속에 무엇을 채우는가에 따라 삶의 가치를 따질 수 있다는 것입니다.

이와는 반대로 죽음 이후에 새로운 삶이 있다는 주장도 만만치 않게 있습니다. 그중에 이븐 알렉산더(Even Alexander)가 쓴 『나는 천국을 보았다(Proof of Heaven)』[38]라는 책이 흥미를 끌었습니다. 이 책이 주목받고 있는 것은 저자 때문입니다. 저자는 미국의 하버드 메디컬 센터 교수이자 저명한 뇌의학의 권위자이며 신경외과 의사였습니다. 신경외과 의사들은 대부분 유물론자이며, 영혼 같은 것은 존재하지 않는다고 믿는 사람들입니다. 그런데 저자는 어느 날 의식을 잃고 뇌사상태에 빠졌다가 7일 만에 다시 살아난 후에 자신이 겪은 임사체험을 기록한 것이 이 책입니다. 그는 죽음 이후의 세계를 보았고, 영혼은 존재하며, 천사와 같은 존재를 만났음을 증언합니다. 그리고 죽음 이후의 세계가 존재하고 있음을 말했습니다. 그는 뇌과학의 권위자답게 영혼을 믿지 않는 물질주의에 대해 논리적으로 반박하면서, 의식과 뇌의 관계를 밝

---

[38]   이븐 알렉산더 지음, 고미라 옮김, 『나는 천국을 보았다』(김영사, 2013)

히고 있습니다. 사실 많은 사람들이 죽음 이후의 세계를 보고 왔다는 임사체험을 많이 보게 되는데, 이븐의 말은 그의 전공으로 인해 더 설득력 있게 들립니다.

이 두 사람은 서로 죽음을 바라보는 눈이 상반됩니다. 두 사람이 서로 다른 것은 그만큼 죽음이라고 하는 것이 신비이기 때문입니다. 사실 죽음 이후의 삶을 증명할 수는 없습니다. 우리는 다만 인간의 삶이 '죽음 이후에 아무것도 없다고 하는 것이 더 행복할까?' 아니면 '끝이 아니라 새로운 삶이 있다는 것이 더 행복할까?'를 물을 수 있을 뿐입니다. 무엇을 선택하든지 그것은 삶을 이해하는 방식입니다. 그래서 삶과 죽음을 이해하는 것은 행복을 이해하는 것입니다. 삶과 죽음은 사실은 동전의 양면과 같은 것입니다. 삶은 죽음이 있기에 소중한 것이며 의미가 있는 것입니다. 삶이 무한하다면 삶의 의미는 사라질 것입니다. 죽음이 있기에 지금 이 순간 살아 있음이 귀한 것입니다. 죽음이 있고, 고통이 있기에 지금의 일상이 행복이 되기도 하고, 감사하게도 됩니다. 죽음은 삶이 얼마나 귀한 것인가를 알게 합니다. 그런 의미에서 죽음을 아는 것은 의미가 있으며, 죽음을 바로 이해할 때, 행복을 이해할 수 있을 것입니다.

행복과 정의

민주주의 국가에서 쉽게 듣는 단어는 자유, 평등, 권리, 정의 같은 것들입니다. 이 단어들이 우리에게 주는 감정은 우리가 지향해야 할 그 무엇이며, 이러한 것들이 이루어진 사회는 행복할 것이라는 상상을 가지게 합니다. 그중에 정의라는 단어를 생각해봅시다. 얼마 전 우리 사회에 정의의 열풍을 일으켰던 하버드대학의 정치철학자인 마이클 센달의 『정의란 무엇인가』라는 책이 떠오릅니다. 정의롭지 못한 사회에서 정의로운 사회를 바라는 마음으로 이 책을 보지만, 이해하기는 쉽지 않습니다. 이 책을 읽은 사람들은 읽다가 '역시 정의는 어렵구나.'라고 실망할지도 모르겠습니다. 그러나 실망하지 말고 정의가 무엇이고, 그 정의가 행복과 어떤 관계가 있는지 살펴봅시다.

먼저 정의란 무엇인가를 봅시다. 플라톤(Plato)의 『국가』에서 소피스트인 트라쉬마코스는 정의를 "더 강한 자의 편익(이득)"[39]이라고 하였습니다. 이에 대해 플라톤은 정의로운 인간은 정의로운 국가를 세워야만 한다고 말하면서 2장에서 그의 국가론을 펼치고 있습니다. 그는 정의로운 삶이나 행복한 삶은 그가 속한 공동체의 삶과 분리할 수 없다는 것을 보여줍니다. 플라톤은 『국가』에서 사회와 개인을 위한 정의를 발견하기 위해서는 참된 철학자가 정치권력을 획득하여 다스리는 철인정치론을 주장합니다. 정의로운 국가에서만 정의로운 인간이 존재할 수 있으며, 개인의 선한 삶은 최선의 인간인 철학자가 통치하는 공동체에서만 실현할 수 있다고 봅니다. 그는 이상 국가는 세 개의 계급이 있는데, 곧 철인통치자, 보조자, 생산자입니다. 철인통치자는 이성과 지혜로 모든 정책을 결정하고 통치를 담당합니다. 보조자는 기개와 용기로 행정, 군사, 경찰 업무를 맡아 철인통치자를 보조하는 역할을 담당합니다. 생산자는 단순한 노동 곧 농민, 제조업자, 장인 등 경제활

---

39   플라톤 지음, 박종현 옮김, 『국가 · 정체』(서광사, 1997) p. 82.

플라톤과 아리스토텔레스

동을 담당합니다. 이상 국가에서 정의란 "각 계급이 다른 계급의 일에 관여하지 않고 맡은 바 자신의 직무에 전념하는 것"입니다. 플라톤의 정의는 공동체와 따로 떼어서 설명할 수 없으며, 플라톤은 공동체의 정의 없이 개인의 선한 삶이나 행복도 어렵다고 보고 있습니다. 그런 점에서 행복과 정의는 깊은 관련이 있습니다.

아리스토텔레스(Aristoteles)는 『니코마코스 윤리학』 5권에서 정의를 다루고 있습니다. 정의는 그리스어로 'dikaiosyne'라고 쓰는데, 의미는 '행위의 올바름', '옳음'입니다. 그는 정의를 이렇게 말합니다.

> "가령 건축가는 집을 지어 봄으로써 건축가가 되며, 기타라 연주자는 기타라를 연주함으로써 기타라 연주자가 되는 것처럼 말이다. 그러니 이렇게 정의로운 일들을 행함으로써 우리는 정의로운 사람이 되며, 절제 있는 일들을 행함으로써 절제 있는 사람이 되고, 용감한 일들을 행함으로써 용감한 사람이 되는 것이다"[40]

그는 정의란 어떤 제도의 문제라기보다는 인간의 덕이나 품성에 달려 있다고 봅니다. 이를 윤리학에서는 '행위자 윤리' 또는 '덕 윤리'라고 합니다. 즉 인간의 윤리적 삶은 제도나 시스템의 문제가 아니라 도덕행위를 하는 행위자의 품성이나 좋은 습관이 중요하다는 것입니다. 아리스토텔레스는 동일한 행위들을 반복하거나 교육을 받음으로 오랜 세월 동안 습관화되어 덕을 행하는 행위를 하도록 훈련받아야 하며, 정의 역시 정의로운 행위를 할 수 있는 훈련을 받아 꾸준히 실천함으로 도달할 수 있다고 말합니다. 그래서 올바른 습관을 강조하는 것이고, 선한 사람이 도덕적으로 선한 판단을 할 수 있고, 정의로운 사람이 정의로운 행위를 할 수 있다고 보았습니다. 이것이 행위자 중심의 윤리이자 덕 윤리의 내용입니다.

---

[40] 아리스토텔레스 지음, 이창우 · 김재홍 · 강상진 옮김, 『니코마코스 윤리학』(이제이북스, 2008).

이를 행복과 연관지어보면 선하고 올바른 행위를 하도록 오랫동안 교육받고 훈련받은 사람이 덕스러운 행위와 올바른 행위를 할 수 있게 됩니다. 그래서 사람이 중요합니다. 근대에는 반대로 인간의 도덕적 판단을 사람에게 두지 않고 행위로 보았습니다. 그래서 어떤 행위가 '올바른 것인가' 아니면 '그른 것인가' 하는 판단이 중요하였습니다. 문제는 인간의 이성으로 이것을 판단하는 데 한계가 있습니다. 오늘날 사람을 바르게 행위 하도록 하는 것은 행위가 옳으냐 그르냐가 아니라, 사람의 문제라고 보는 아리스토텔레스의 견해가 넓게 받아들여지고 있습니다.

현대에 와서 정의는 중요한 주제입니다. 정의로운 사회는 부정한 사회보다는 더 많은 행복을 줄 수 있습니다. 그것은 정의는 모든 사람이 행복하게 살 수 있는 필요조건이기 때문입니다. 그러나 정의를 이루기는 쉽지 않습니다. 정의의 문제는 공동체 전체의 문제이면서 동시에 공동체에 속한 구성원들의 합의와 소통 그리고 이성적 판단과 희생 정신이 합해져야만 이루어질 수 있는 문제입니다. 이는 스웨덴이나 핀란드가 지금 가장 행복한 나라가 된 것을 생각해 보면 알 수 있습니다. 그런 나라들 역시 60년대까지는 유럽의 가난하고 작은 나라였지만, 공동체 내의 오랜 기간의 소통과 합의 그리고 이성적 판단으로 더 나은 사회 시스템을 만들어 낸 결과가 지금의 모습입니다. 그러한 국민적 합의와 자신만의 이익이 아닌 더 나은 공동체를 만들겠다는 개인들의 이성적 판단과 희생이 이루어 보다 나은 사회를 만들어 낼 수 있으며, 그런 사회는 정의가 살아 있는 사회입니다. 그런 사회 안에 사는 사람들에게 더 많은 행복을 줄 수 있는 것은 당연한 것입니다.

1 고통이 행복과 어떤 관련이 있습니까?

2 불안과 공포를 극복하기 위해서 필요한 것이 무엇이 있습니까?

3 죽음을 이해하는 것이 행복과 어떤 관련이 있을까요?

4 정의로운 사회가 되면 행복할 수 있을까요?

스캇 펙 지음, 최미양 옮김, 『아직도 가야할 길』(열음사, 2011)

이 책은 인간의 영적인 성장에 관한 책입니다. 내 자신이 어떤 존재이고, 인생이란 무엇인지를 알고 싶다면 읽어볼 가치가 충분한 책입니다. 저자 스스로 심리 치료 현장에서 환자들을 치료하면서 얻은 풍부한 임상체험을 통해 건강한 삶을 살기 위한 방법이 무엇인가를 알게 합니다.

울리히 벡 지음, 홍성태 옮김, 『위험사회』(새물결, 2006)

오늘 우리가 사는 사회가 위험을 기반으로 세워졌다는 것을 잘 보여줍니다. 과학 기술의 발달이 우리를 유토피아 세계로 인도할 것이라고 막연히 생각하지만, 실상 발전과 위험은 함께 하는 것임을 입증하고 있습니다.

아리스토텔레스 지음, 이창우 · 김재홍 · 강상진 옮김, 『니코마코스 윤리학』(길, 2011)

서양 윤리학의 고전중의 고전입니다. 이 책에서 인간이 추구하는 것이 무엇인지 그리고 어떻게 사는 것이 바른 삶인지에 대한 철학적 탐구를 보여줍니다. 진지하게 읽어보면 지적 성장을 시킬 수 있을 것입니다.

4

행복의 철학적 이해

인문학을 공부하는 이유는 인간이 무엇인지를 이해하기 위함입니다. 문학은 우리에게 다양한 사람들의 삶을 보여줍니다. 그 각각의 인생을 통해서 인간이 무엇이고, 어떻게 사는 것인가를 생각하게 합니다. 우리는 다른 사람의 생각과 자신의 생각이 다르면 누군가는 틀렸다고 생각합니다. 그런데 인문학은 특히 문학이나 철학은 틀렸다고 하지 않습니다. 다만 생각이 다를 뿐이라고 말합니다. 물론 옳고 그름의 문제에 있어서는 맞거나 틀리다고 할 수 있으나, 우리 인생이나 정치나 삶의 문제에서는 옳고 그름의 문제보다는 다름이 문제가 되는 경우가 훨씬 더 많습니다. 행복 역시 마찬가지입니다. 행복에는 한 가지 길만 있지 않습니다. 그런데 많은 사람들이 한 가지로만 생각합니다. 그 길이란 돈을 많이 벌고 높은 성취를 얻는 것이라고 생각합니다. 행복은 한 가지가 아니라 여러 다른 길이 있으며, 어디로 갈 것인가는 스스로의 선택의 문제입니다. 인문학은 바로 이런 다양한 길들을 가르쳐 줍니다.

인문학 가운데 철학은 우리에게 생각하는 것이 무엇인지와 사물이나 사건의 본질이 무엇인지를 묻게 합니다. 예를 들어 행복이라고 한다면, '행복의 정의가 무엇인가?'에서, '왜 행복하려고 하는가?' 또는 '행복의 목적이 무엇인가?' 등등의 가장 중요하면서도 근원적인 것에 대해 물음을 갖게 합니다. 철학은 쓸데없는 생각이 아니라, 본질에 대한 질문입니다. 비록 거기에 답이 없을지라도, 물음을 통해 우리는 알 수 없는 것에 대해 가까이 갈 수 있게 됩니다.

그대 그리스의 철학자인 소크라테스(Socrates)는 끊임없이 질문하는 사람이었습니다. 질문을 통해 자신이 알고 있다고 생각하는 그것이 잘못된 생각일 수도 있고, 자신이 그다지 많이 아는 사람이 아니라는 것을 깨닫게 해주었습니다. 철학은 나를 둘러싼 많은 것들에 대해 잘 모른다고 인정할 때, 비로소 우리는 철학할 준비가 된 것입니다. 그래서 공자(孔子)는 "아는 것을 안다고 하고 모르는 것을 모른다고 하는 것이 진정으로 아는 것이다"[41]라고 하였습니다. 대개의 사람들은 자신이 무엇을 아는지, 또 무엇을 모르는지 조차도 모르는 경우가 허다합니다. 이 장에서는 행복에 대해 개략적인 이해를 하려고 합니다.

그리스 철학자들의 행복

먼저 그리스인들의 행복에 대한 견해를 살펴봅시다. 그들의 행복은 먼저 신화의 이해에서 시작해야 합니다. 신화에는 인간의 소망과 한

---

[41] 『論語』爲政, "知之爲知之, 不知爲不之是知也".

계 그리고 세계에 대한 그리스인들의 해석이 있습니다. 고대 그리스의 이야기꾼인 호메로스(Homeros)의 서사시의 주인공은 인간입니다. 그리스 비극은 인간과 신이라는 구조를 통해 신이 되고자 하나 될 수 없고 인간의 한계와 운명에 대해 노래함으로, 인간의 한계를 정확히 규정하고 있습니다. 그리스 신화에 나오는 무수한 신들의 이야기는 결국 인간을 둘러싼 세계의 기원에 대한 해명인 동시에, 인간이 가지지 못한 불멸성을 간구하는 소망이 담겨있습니다. 그리스 신화에서 인간과 신의 차이는 죽느냐 죽지 않느냐의 차이이고, 이는 곧 운명을 벗어나느냐 운명을 받아들이느냐의 차이입니다. 오이디푸스는 아버지를 죽일 운명이라는 신탁을 벗어나지 못하고 맙니다. 신인(神人)이었던 아킬레우스의 어머니 테티스가 아들의 영생을 바라며 스튁스 강물에 아들을 담갔으나 아기의 발꿈치를 잡고 담그면서 그곳에만 물이 닿지 않았습니다. 그런데 아킬레우스는 하필이면 트로이 전쟁에서 발뒤꿈치에 창을 맞고 죽음을 맞이하게 됩니다. 이 역시 인간은 그 누구라도 숙명과 같은 죽음을 넘어설 수 없다는 것을 우리에게 말하고 있습니다. 운명이란 인간의 한계인 동시에 인간의 본질입니다. 인간은 운명에 저항을 해도 소용없음을 그리스 신화는 우리에게 보여줍니다.

(1) 소피스트

소피스트(Sophist)들은 삶의 목적이 행복추구에 있다고 주장했습니다. 행복에 이르기 위해서는 모든 욕망을 만족시켜야만 한다는 주장입니다. 이를 쾌락주의라고 하는데 소피스트들의 쾌락은 얻고자 하는 것을 얻는 것으로 이루어진다고 봅니다. 예를 들어 돈으로 쾌락을 얻고자 한다면 최대한 많은 돈을 벌면 됩니다. 그것이 권력이라면 마찬가지로 무슨 수를 쓰든지 얻으면 되는 것입니다. 그래서 이들은 사람들과의 관계에서는 양육강식의 원리가 제일 중요하다고 보았습니다. 이러한 논리는 오늘의 관점과 유사합니다. 오늘날 우리 사회를 지배하는 자본주의는 경쟁을 당연히 여기며 승자가 모든 것을 얻는 것을 인정하는 사회입니다. 어떤 면에서 소피스트들이 원했던 방식인지도 모릅니다. 이들은 성공하거나 자신이 원하는 것을 얻기 위해서 타인을 설득해야 했습니다. 그래서 수사학이 필요했고, 수사학은 논리적으로 상대방을 설득하는 기술입니다. 성공한 인생이 되기 위해서는 인간은 타인을 설득해야 합니다. 그들은 현란한 수사학을 통해 상대방을 설득시켜서 자신이 원하는 것을 얻는데 주력을 했고, 많은 사람들이 이 기술을 배우기 위해서 이들을 찾아왔습니다.

오늘날 이런 수사학은 커뮤니케이션으로 발전하였습니다. 즉 사람들을 잘 설득하는 기술이 커뮤니케이션 기술이며, 이를 잘 드러내는 것이 광고입니다. 광고는 별 필요도 없는 것을 마치 꼭 필요한 것인 양 포장하는 기술이라고 할 수 있습니다. 이것이 오늘날 소피스트가 아니고 무엇이겠습니까?

이러한 소피스트들은 우리의 행동을 억제하는 전통적 윤리와 양심을 버리라고 가르칩니다. 소피스트 행복론에는 민주적 요소가 배제되어 있습니다. 그들은 어떤 사회에서 단 한 사람만이 최고의 권력을 소유하고 행복을 향유하기 때문에, 이 행복론은 확실히 엘리트적이며 소수의 욕망 충족입니다. 이러한 마음은 오늘날 세계를 지배하는 사람들의 마음속에도 있습니다. 모든 욕망을 만족시켜서 행복을 얻는다면, 인간은 스스로 그것을 만족시킬 수 있는 힘, 즉 다른 사람들을 전적으로 지배할 수 있는 힘이 있어야 합니다.

플라톤의 『국가』에 '기게스의 반지(Gyges Ring)'[42]라는 예화가 있습니다. 기게스는 평범하고 겸손하며 법을 잘 지키는 양치기로 자신의 양떼를 잘 돌보며 다른 동료 양치기들과 잘 어울려 지내는 평범하면서 착한 사람이었습니다. 그러던 어느 날 길 잃은 양을 찾던 중에 동굴에 들어갔다가 손가락에 반지를 끼고 있는 해골을 발견합니다. 그 반지를 자신의 손가락에 끼었습니다. 그 후 그는 반지의 비밀을 알게 됩니다. 즉 한쪽으로 돌리면 다른 사람에게 자신이 보이지 않고, 반대쪽으로 돌리면 다시 보이게 되는 비밀을 알게 됩니다. 그는 그 반지의 비밀을 알고 난 후에 양치기를 그만두고 왕을 살해하고 왕비를 유혹하여 왕이 됩니다.

이 예화를 통해 소피스트는 그런 반지가 주어지기만 하면 인간은 누구나 기게스처럼 자신의 행복을 추구하기 위해서 반지를 사용하게 될 것이며, 결국 자신의 행복을 위해서 도덕적 인간임을 포기할 것이라고 주장합니다. 이처럼 소피스트들은 오늘날 자신의 성공과 행복만을 위해서 애쓰는 사람들과 닮아있습니다.

(2) 소크라테스와 플라톤

이러한 소피스트의 생각에 반대하였던 사람이 바로 소크라테스(Socrates)입니다. 소크라테스는 관심을 자연에서 인간으로 돌린 최초의

---

42   플라톤, 앞의 책, p. 128.

철학자로서, 그의 관심은 인간의 삶, 그중에서 '어떻게 하면 잘 살 수 있을까'를 탐구하는데 있었습니다. 그는 잘 사는 것에 대한 당시의 통념에 의문을 제기하였습니다. 그 당시 힘을 얻고 있던 소피스트들과는 반대로 인간이 행복하기 위해서는 육체의 만족이나 쾌락을 추구하는 것이 아니라 영혼의 탁월함을 얻어야 한다고 주장하였습니다.

그리스 사람들에게 주요한 삶의 과제는 탁월해지는 것이었습니다. 고대 그리스인들이 올림픽을 개최한 것은 인간이 주어진 임무에 정신과 육체의 에너지를 쏟을 때 과연 무엇을 이룰 수 있는가를 신에게 보여주는 장이었습니다. 그리스 사람들의 탁월함의 추구를 알기 위해서, 탁월함을 이루려다가 당하는 좌절을 어떻게 이해하는가를 보면 알 수 있습니다. 그리스인들에게 좌절은 가장 큰 형벌입니다. 그래서 그리스인들이 상상하는 지옥은 오늘날과 같은 지옥이 아니라, '좌절'을 겪는 형벌이 곧 지옥인 것입니다.

그리스 신화에 보면 지옥에서 고문을 당하는 이들은 티튀오스(Tityus), 시지프스(Sisyphus), 탄탈로스(Tantalus), 이 세 사람입니다. 티튀오스는 양팔을 벌리고 땅에 묶인 채 독수리에게 끊임없이 간을 쪼아 먹히는 형벌을 받습니다. 시지프스는 언덕 위로 바위를 밀어 올렸지만 꼭대기에 다다르면 다시 굴러 떨어져서 다시 처음부터 밀어 올리는 형벌을 받습니다. 탄탈로스는 감미로운 열매가 주렁주렁 매달린 나뭇가지 옆, 맑고 시원한 물웅덩이 속에 있으면서도 영원히 굶주림과 목마름을 겪어야만 합니다. 물을 마시기 위해서 몸을 굽히면 웅덩이의 수면이 내려가고, 열매를 먹기 위해 손을 뻗으면 바람이 불어 나뭇가지를 날려서 물을 마실 수도 없고 열매를 먹을 수도 없는 형벌을 받습니다.

이 세 가지 벌의 공통점은 모두 끊임없이 무엇을 하지만 이룰 수 없고 끊임없이 좌절할 수밖에 없는 상황이라는 것입니다. 고대 그리스 인들에게 지옥은 바로 이런 좌절입니다. 동시에 불행입니다. 반대로 행복은 이런 좌절이 없는 것입니다. 곧 탁월함을 이루어 내는 것이 바로 행복인 것입니다.

소크라테스의 뒤를 이은 플라톤 역시 사람이 살아갈 수 있는 가장 훌륭한 삶이 인간이 '덕(arete)'이라고 하는 상태에 이르는 것이라고 하였습니다. 여기서 덕이라고 번역한 '아레테(arete)'라는 그리스어는 '좋다'의 최상급인 '가장 좋다'를 뜻하는 '아리스토스(aristos)'에서 온 말입니다. 이 말이 후에 excellence라는 말로 뜻은 '탁월함'입니다. 이는 인간의 온갖 능력이 이상적으로 발휘되어 완성에 도달해야 한다는 것을 의미하며, 행복한 사람은 바로 이 아레테를 이루는 사람입니다. 즉 훌륭한 인간이 행복한 인간이라고 본 것입니다.

플라톤은 그의 저서 『국가』에서 이상국가의 구성을 묘사하고 있습니다. 그는 완벽한 국가가 되려면 세 가지 요소, 즉 유능한 노동자와 용감한 수호자 그리고 지혜로운 지도자가 필요하다고 보았습니다. 이러한 요소들이 잘 협력하여 조화될 때 이상국가가 됩니다. 그가 이상 국가를 주장하는 것은 바로 시민의 행복을 추구하기 때문입니다. 플라톤은 개인의 삶의 행복은 덕이 있는 삶이라고 하였습니다. 그는 탁월함을 선하고 바람직하다고 생각했으며 이는 전형적인 그리스인들의 인생관을 잘 보여주는 것임을 알 수 있습니다. 플라톤은 행복한 삶을 살기 위해서는 삶 자체가 바람직해야 하고, 그러므로 현자의 삶이 가장 행복한 삶이라고 보았습니다. 그는 잘 사는 것은 곧 미덕의 삶이고 그 미덕은 어떤 윤리적인 선한 삶이 아니라 어떤 일을 잘할 수 있는 능력을 말합니다. 즉 인간의 미덕은 어떤 선택의 기로에서 잘 선택할 수 있는 능력이며, 이를 위해서는 탁월한 지성이 있어야 하고, 좋은 품성을 가져야 한다고 생각했습니다. 그래서 인간은 스스로 노력하고 좋은 품성을 쌓아서 삶에 탁월함을 실천하는 것이 좋은 삶이요, 행복한 삶입니다. 이는 탁월함을 추구하는 그리스 문화의 반영이기도 합니다. 그리스 문화에는 탁월함에 대한 숭배 또는 찬양이 있습니다. 즉 운동을 잘하거나, 바이올린 연주를 잘하는 사람은 탁월한 사람이요, 그것이 바람직한 것이요, 아름다운 사람이라고 생각합니다. 이것이 그리스인들의 생각이고, 플라톤은 그들의 통념을 철학화한 것이라고 할 수 있습니다.

(3) 아리스토텔레스

플라톤의 제자였던 아리스토텔레스(Aristoteles)는 스승보다 더 진전된 행복론을 전개하였습니다. 그는 먼저 모든 사람의 궁극적 삶의 목적은 행복추구라고 보았습니다. 그는 저작 『니코마코스 윤리학』에서 이렇게 말합니다.

"모든 좋은 것들 중 최상의 것은 무엇인지 논의해보자. 그것을 어떤 이름으로 부르는지에 관해서는 거의 대부분의 사람들이 동의하고 있다. 대중들과 교양 있는 사람들 모두 그것을 행복(eudaimonia)이라고 말하고, '잘 사는 것'과 '잘 행위하는 것'을 '행복하다는 것'과 같은 것으로 생각하고 있기 때문이다. 그러나 행복이 무엇인지에 대해서는 논란이 있으며, 대중들과 지혜로운 사람들이 동일한 답을 내

놓는 것은 아니다. 어떤 사람들은 눈에 보이고 누구나 알 수 있는 어떤 것을, 가령 즐거움이나 부나 명예라고 말하고, 다른 사람들은 제각각 다른 것을 이야기하기 때문이다. 심지어는 같은 사람이 사정에 따라 행복이라고 말하는 것이 달라지는 경우도 종종 있다. 병들었을 때는 건강을, 가난할 때는 부를 행복이라고 하니까. 또 자신들의 무지를 의식할 때에는 그들의 이해력을 넘어서는 어떤 위대한 것을 말하는 사람들에 경탄하기도 한다."[43]

아리스토텔레스는 인간의 삶의 목적이 행복이며, 그 행복은 좋은 것들 가운데 제일 좋은 것이라고 생각하였습니다. 사실 누구든 불행하게 살기를 원하는 사람은 없습니다. 우리가 삶을 통해 얻기를 소망하는 것은 자신의 행복을 위해서입니다. 아리스토텔레스에게 행복은 수단이 아니라 목적입니다. 이상적인 이데아를 추구했던 플라톤과는 달리 아리스토텔레스는 현실주의자였습니다. 인간은 본성에 맞게 살아야 하며 그 본성에는 인간만이 가지는 특징이 있는데, 그것이 바로 이성이라고 생각했습니다. 즉 인간이 행복하려면 이성적 능력이 있어야 하며 그것은 행복을 위한 필요조건입니다. 그렇다고 해서 이성이 있다고 모두 행복한 것은 아닙니다. 왜 어떤 사람은 행복하고 어떤 사람은 불행할까요? 어떤 이는 탁월하지 못해서 불행하고, 어떤 이는 탁월해서 행복하다고 보았습니다. 아리스토텔레스는 "행복은 탁월성(arete)을 따르는 이성의 활동"이며 동시에 "행복은 탁월성에 따라 행동하는 것이다."

---

43 아리스토텔레스, 앞의 책, pp. 17~18.

라고 결론을 내립니다. 그래서 행복하려면 탁월해야 합니다. 즉 "행복은 행위를 통해 성취할 수 있는 모든 선 중 최상의 것"이라 합니다.

아리스토텔레스는 탁월성을 두 가지로 구분합니다. 하나는 지적 탁월성이고, 다른 하나는 성격적 탁월성입니다. 지적 탁월성은 주로 가르침으로 이루어지기에 경험과 시간이 필요합니다. 지적 탁월성을 위해서 건축가는 집을 지어 봄으로써 건축가가 되고, 바이올린 연주자는 바이올린을 오랫동안 교육받아야 탁월한 연주자가 됩니다. 그러므로 정의로운 일들을 행함으로 정의로운 사람이 되고, 용감한 일들을 행함으로 용감한 사람이 된다고 아리스토텔레스는 보았습니다. 반면에 성격적 탁월성은 주로 습관의 결과로 생겨납니다. 따라서 성격적 탁월성은 본성적으로 생기는 것이 아닙니다. 오랜 세월 동안 어떤 행위의 반복의 결과가 습관입니다. 따라서 좋은 습관을 갖는 사람이 행복한 삶을 살 수 있습니다. 그는 참된 행복이란 이성의 탁월함을 잘 실현할 때 이루어지는 것이며, 그것을 '덕에 따른 정신의 활동'이라고 하였습니다.

또한 아리스토텔레스는 인간의 삶을 세 가지로 구분합니다.[44]

1. 향락적 삶 / 일상의 삶에서 맛보는 소소한 쾌락들을 추구하는 삶
2. 정치적 삶 / 공직이나 선거를 통해 명예를 추구하는 삶
3. 관조적 삶 / 명상하고 깊이 생각하는 삶

---

44 같은 책, p. 20.

아리스토텔레스는 순수한 이성의 관조적 활동이야말로 정신의 모든 활동 가운데 가장 고귀하고 궁극적인 목적이라고 보았습니다. 순수한 관조 속에 있는 사람은 어떤 고통이나 고민에 사로잡히지 않습니다. 그는 모든 것을 넘어서서 조용히 바라볼 뿐입니다. 그는 이런 관조적 삶을 살아가는 철학자가 가장 행복한 사람이라고 하였습니다. 또한 사람은 실천적 삶을 통해서 자신의 본성을 탁월하게 잘 발휘해야 하며, 그것은 하루아침에 또는 순간에 이루어지는 것이 아니라 끊임없는 습관으로 이루어진다고 말했습니다.

실천적 삶에는 '활동에 따른 삶'과 '능력에 따른 삶'이 있습니다. 바이올린 연주자에게 우리가 원하는 것은 탁월한 연주일 것입니다. 그 연주를 위해서는 부단한 연습이 필요합니다. 그 결과로 좋은 기능을 잘 발휘하게 되는데, 이것이 실천적 삶이요, 행복한 삶입니다. 이처럼 자신의 기능을 잘 발휘하는 것이 바로 최고로 좋은 삶입니다. 한 인간의 행복은 한 순간이 아니라 끊임없이 좋은 품성이나 습관에 기인합니다. 아리스토텔레스는 행복의 지속성을 위해서 좋은 습관을 강조하고 있는 이유가 바로 여기에 있습니다. 그러므로 여러분들도 지금부터라도 좋은 습관을 들이면, 훌륭한 사람이 될 뿐 아니라 행복한 사람이 될 수 있습니다.

더 나아가 아리스토텔레스는 행복이란 '최고의 선' 또는 '좋은 것들 중에서 최고로 좋은 것'이라고 하였습니다. 그렇다면 좋은 것이 무엇일까요? 좋은 것은 3가지로 나뉩니다.[45]

---

45   같은 책, p. 32.

외적인 좋은 것 / 삶에서 얻을 수 있는 좋은 것(직업, 민주주의, 삶의 조
건 등)

육체와 관련된 좋은 것 / 육체를 위해서 얻는 좋은 것(먹는 것, 옷)

영혼에 관계된 좋은 것 / 영혼에 좋은 것(좋은 학문, 음악, 이성)

행복을 얻는 방법

1. 배움을 통해서 얻을 수 있다.

2. 좋은 훈련이나 습관을 통해서 얻을 수 있다.

3. 신적인 운명이나 우연에 의해서 얻을 수 있다.

사람은 누구나 배움을 통해서 그리고 훈련이나 습관을 통해서 행
복을 얻을 수 있습니다. 그러나 우연도 무시할 수는 없습니다. 사람이
노력을 해도 행운이 없으면 불행하게 됩니다. 오늘날 카지노, 경마, 도
박, 복권 같은 사행산업은 행운을 통해서 행복을 얻으려고 하는 노력
입니다. 그러나 이것은 그리 믿을 것은 못됩니다. 그래서 아리스토텔레
스는 노예로 태어나는 자는 행복할 수 없다고 말합니다. 그 이유는 외
적인 조건과 운명이 그를 불행하게 하기 때문입니다. 그는 트로이 전쟁
의 프리아모스(Priamos)의 삶을 예로 듭니다. 프리아모스는 평생 행복했
으나 말년에 트로이 전쟁으로 불행한 삶을 살게 됩니다. 그는 전쟁 중
에 아들이자 영웅인 아들 헥토르(Hector)를 아킬레우스(Achilles)에게 죽
는 것을 보게 됩니다. 그는 아들의 시신을 되찾기 위해 아킬레우스를
찾아가 눈물로 호소합니다. 이 불쌍한 노인을 긍휼히 여겨달라고 말합
니다. 가장 행복해 보였던 프리아모스도 말년에는 아들도 죽고 나라도

망하는 것을 보아야만 했습니다. 이처럼 인간의 행복은 운명이나 운을 통해서 행복할 수도 있고 불행하게 될 수도 있다는 것을 보여줍니다. 이는 인간의 노력과 배움으로 되는 것은 아닙니다. 좋은 태생, 훌륭한 자식, 준수한 용모와 같은 것은 자신의 능력이 아니라 행운입니다. 어떤 면에서 인생의 행복을 얻는 데 행운도 중요한 것이고, 아리스토텔레스도 행운이 중요하다고 보았습니다.

그럼에도 행복은 습관의 결과라고 말합니다. 그는 지행합일(知行合一)을 주장하며 아는 것과 행동하는 것이 일치할 때 행복할 수 있다고 합니다. 그러면 그는 인생에서 모자람도 없고 지나침도 없는 중용적 삶을 살아갈 수 있게 됩니다. 이 중용(中庸)이 탁월함의 특징입니다.

소심함과 무모함의 중용은 용기이고, 욕망대로 사는 것과 무감각한 삶의 중용은 절제입니다. 그래서 아리스토텔레스는 말합니다.

> "그렇게 해야 할 때, 그래야 할 대상에 대해, 그래야 할 사람들에 대해, 그래야 할 이유 때문에, 또한 마땅히 그래야 할 방법으로 두려움, 믿음, 욕망, 분노 등과 같은 감정들을 과하지 않게, 그리고 부족하지 않게 경험하는 것이 중용이자 최선이다. 이것이야말로 탁월성의 한 징표이다. 이런 감정들과 마찬가지로 행위들도 지나침과 모자람 그리고 중간이 있다(2권2장 1106b~24)."

참된 행복의 삶은 행운도 따르면서 좋은 습관을 오랫동안 쌓은 후에, 자신이 잘할 수 있는 분야에 탁월함을 성취함과 동시에 어떤 일을 행하거나 판단할 때, 지나치지도 않고 모자라지도 않게 이성적으로 판단하고 행위할 수 있을 때, 인간은 행복할 수 있다고 아리스토텔레스는 말합니다. 그러나 이러한 삶이 얼마나 힘듭니까?

여러분은 어떻습니까? 고대 그리스 철학자들의 공통점은 결국 행복은 행운도 있어야 하지만, 궁극적으로는 좋은 습관과 생각을 갖는 것이라는 것을 배웠습니다. 한번 스스로를 되돌아 보기 바랍니다. 나는 좋은 습관을 가지고 있는가를 말입니다. 위대한 철학자의 말치고는 별 것 아닌 것처럼 보이지만, 이들의 생각에는 깊은 사유의 결과가 있습니다. 그 옛날이나 지금이나 인간의 삶은 비슷하지 않겠습니까? 고대 그리스인들처럼 탁월함을 추구하며, 좋은 습관을 쌓아가는 것도 행복의 길이라고 생각됩니다. 한번 실천해 보시기를 바랍니다.

(4) 에피쿠로스

아테네 출신이었던 에피쿠로스(Epicouros)는 스토아 철학과 같이 헬레니즘 시대에 그리스와 로마에서 유행하던 철학입니다. 기원전 3세기경 에피쿠로스는 삶의 목적이 행복을 얻는 데 있다고 했습니다. 그는 욕망의 만족을 통해 생겨나는 쾌락이 행복에 도달하는 방법이라고 주장합니다. 쾌락을 얻고 축적하면 할수록 행복을 얻을 수 있다고 보았기에, 그의 철학적 주장을 쾌락주의라고 말합니다. 그는 기원전 306년 아테네에 '에피쿠로스의 정원'을 만들어서 학원을 설립하였고, 그 정원의 입구에 '방랑자여, 여기서 안정을 얻을지어다. 여기서는 쾌락이 최고선이다'라고 썼다고 합니다. 그의 철학은 한마디로 하면 은둔자의 철학입니다. 개인은 세상 일을 잊어버리고 자기 자신의 행복을 추구하라고 권면하는 점에서 그렇습니다. 그는 서로 고통을 주지 않고 받지도

않는 것을 중요하게 여겼으며, 정치의 장에서 물러나 자신의 정원에서
은둔하여 거기서 삶의 기쁨을 추구하라고 하였습니다.

그의 쾌락은 우리가 생각하는 것과 같은 쾌락이 아닙니다. 그가 말
하는 쾌락은 이성의 원리에 부합하는 삶입니다.

"이성적이며 고상하고 정의롭게 살지 않으면 쾌락이 있을 수 없다.
그리고 반대로 쾌락 속에서 살지 않으면 이성적이고 고상하고 정의
로울 수 없다."[46]

참된 쾌락은 이성적입니다. 그가 추구하는 진정한 쾌락은 고통도
불안도 없는 영혼의 절대적 평화이며 이를 '아타락시아(ataraxia)'라고 합
니다.

"우리에게 쾌락이란 신체 영역에 어떤 고통도 느끼지 않는 동시에
정신적 영역에서 어떤 불안도 느끼지 않는 것을 의미한다. 왜냐하면
넘칠 만큼의 음식이나 아름다운 남녀와의 즐김, 또는 맛있는 생선
요리와 같이 풍성하게 차려진 식탁에 있는 것들이 쾌락적인 삶을 만
들어 주는 것이 아니기 때문이다."[47]

---

46   에피쿠로스 지음, 조정옥 엮음, 『쾌락의 철학』(동천사, 1997), p. 13.
47   같은 책, p. 101.

에피쿠로스에게 쾌락은 절제와 금욕이며 이성적인 삶과 정신적 만족 속에서 참된 행복을 찾습니다. 그런 의미에서 우리가 생각하는 쾌락과는 질적으로 다릅니다. 그는 이런 쾌락을 추구할 때 참된 행복을 누릴 수 있다고 하였습니다. 그런 점에서 에피쿠로스의 철학은 은둔자의 철학인 동시에 욕망을 절제하는 행복입니다.

(5) 스토아학파

'스토아(stoa)'라는 말은 전당이라는 의미이고, 이 이름을 따서 스토아학파라고 합니다. 이 사상은 후에 거의 로마의 지식인들에게 종교가 되다시피 하였습니다. 스토아학파는 사람은 기본적으로 욕망하는 존재이지만, 그 욕망을 이룰 수 없다고 봅니다. 어떤 사람이 많은 재산을 모으려고 애를 쓰지만, 그 사업이 성공하는 것은 개인의 능력만으로 되는 것이 아니며, 특별히 운명의 신이 돕지 않는다면 이룰 수 없다고 생각했습니다. 인간의 힘은 참으로 미약하기에, 겸손할 수 밖에 없습니다. 여기서부터 행복의 문제는 풀린다고 봅니다. 슬기로운 삶의 태도란 결국 자신이 할 수 있는 일, 얻을 수 있는 것에 욕망을 제한하는 태도입니다.

스토아 철학자들은 인간의 행복한 삶은 정신의 덕에 있다고 보았습니다. 행복을 위해서 필요한 것은 물질적 만족이나 쾌락이 아니라 지혜와 절제, 정의와 용기의 덕이라고 생각했습니다. 이들에게 덕의 삶은 자연에 일치하는 삶을 의미합니다. 인간은 자연의 일부분인 동시에 이성적 삶 역시 자연의 본성에 일치하는 삶이기 때문입니다.

따라서 인간은 겸허하게 자신의 마음과 의지를 제한하는 것이 진정한 행복의 길이라고 봅니다. 자유와 행복에 이르는 길은 나의 의지를 자연에 맞추어 가면서 내게 주어지는 작은 것에 만족하며 살아가는 것이 행복의 길이라고 말합니다. 스토아학파 사람들은 대자연이란 신성과 지적 능력을 지닌 존재이므로 모든 것을 무용한 것으로 만들지 않을 것이라고 보았습니다. 모든 만물은 무언가를 위해 만들어졌고, 목적을 지니고 있으며, 궁극적으로 쓰임새가 있다고 했는데 이러한 생각은 사실 범신론적인 개념입니다. 그들은 대자연의 궁극적인 목적은 절대선으로 보았으며, 각 개인은 이 거대한 대자연의 메커니즘의 한 부속품일 뿐이라고 생각했습니다. 그러나 각 개인은 자신이 세상의 중심인 줄 착각하고 모든 것이 자신의 행복을 위해서 존재하는 줄 압니다. 이것이 사실 오늘날 포스트모더니즘이 말하는 자기중심적인 삶의 본질이기도 합니다. 이는 현대판 쾌락주의입니다. '내가 좋으면 선이고, 내가 싫으면 악이고, 진리는 존재하지 않고 상대적일 뿐이다.'라는 포스트모더니즘의 모토는, 스토아학파에서 보면, 자가당착입니다. 자신을 알지 못하는 것이라고 할 수 있습니다.

개인은 대자연의 한 부속품임을 인정하고 겸허하게 자신의 맡은 역할에 충실하면 됩니다. 마치 연극에서 한 개인은 연출자가 부여한 역할을 잘하면 되는 것과 같습니다. 그것이 주인공 아니면 지나가는 행인일지라도 자신의 역할에만 충실하면 되고, 그것으로 충분합니다.

에픽테토스와 마르쿠스 아우렐리우스(Marcus Aurelius, 121~180)가 대표적인 인물입니다. 놀랍게도 에픽테토스는 노예이고 아우렐리우스는 황제입니다. 이 두 극단의 인물이지만, 그러나 사상은 유사합니다. 마르쿠스 아우렐리우스는 역사상 가장 위대한 황제였습니다. 그는 끊임없이 야만인들과 게르만족과 싸워야만 했지만, 그에게는 철학자가 더 잘 어울리는 것 같습니다. 그는 『명상록』을 통해 스토아철학이 무엇인지 설명합니다.

"언제나 우주를 하나의 실체와 하나의 영혼을 가진 하나의 생명체로 생각하라. 어떻게 만물이 우주의 하나의 지각 속으로 전달되고, 어떻게 우주가 하나의 충동으로 모든 것을 야기하고, 어떻게 존재하는 만물이 생성되는 만물의 공동의 원인인지 그리고 그것들이 어떻게 서로 얽히고 짜이는지 생각해보라"[48]

"죽음이란 감각적 인상과, 충동에 따른 조종과, 마음의 방황과, 육신에 대한 봉사로부터의 휴식이다"[49]

"죽음을 멸시하지 말고, 죽음을 기뻐하라. 죽음도 자연이 원하는 것들 가운데 하나이기 때문이다. 젊고 늙고 성장하고 성숙하고 이가 나고 수염이 나고 머리가 세고 생식활동을 하고 임신을 하고 분만하는 행위들과 그 밖에 인생의 계절들이 가져다주는 자연의 다른 과정은 모두 해체이기에 하는 말이다. 따라서 죽음에 무관심하거나 조급하거나 거만한 태도를 취하지 않고 자연의 한 과정으로서 기다리는 것이 이성을 지닌 인간에게 맞는 태도이다. 너는 지금 네 아내의 자

---

48 마르쿠스 아우렐리우스 지음, 천병희 옮김, 『명상록』(숲, 2012), p. 63.
49 같은 책, p. 94.

궁에서 태어날 순간을 기다리듯, 네 영혼이 이 거죽에서 떨어져나갈 시간을 가다리라."[50]

아우렐리우스는 범신론적인 시각으로 세상을 관조하면서 삶과 죽음조차도 경계가 없으며 결국 모든 것이 운명임을 받아들이라고 권면합니다. 인간의 삶은 거대한 자연 앞에서 보면 보잘 것 없는 것입니다. 그는 인간의 숙명을 가장 잘 알 수 있는 것이 죽음이라고 보아서, 죽음에 대해 새로운 이해를 제공하고 있습니다. 죽음을 거부하거나 피하려고 하는 모든 노력 역시 부질없는 일입니다. 차라리 죽음을 끝이라고 받아들이는 것이 아니라, 숙명이며, 끝이 아니라 휴식이며, 자연의 자연스러운 과정으로 받아들이라고 권합니다.

스토아학파의 깊은 영향을 받은 세네카(Seneca)는 『행복론』이라는 책을 썼습니다. 세네카는 플라톤과 에피쿠로스 학파와 스토아학파의 영향을 받았으며, 그 역시 스토아학파의 철학을 바탕으로 행복론을 전개하였습니다. 그는 덕스러운 삶이 행복한 삶이라고 말합니다. 그는 인간의 삶은 노예의 상태라고 말합니다.

"인류 전체가 저마다 매여 사는 행복한 노예다. 다만 그 사슬이 어떤 사람에게는 황금으로 되어 있고, 어떤 사람에게는 빳빳한 밧줄로 되어 있는 차이가 있을 뿐이다. 또한 우리의 마음을 결박하고 있는 것도 노예다. 어떤 사람은 명예의 노예이고 어떤 사람은 무지의 노예

---

50   같은 책, p. 146.

이며 어떤 사람은 교만의 노예다. 어떤 사람은 상관에게 매여 있고 어떤 사람은 자기에게 매여 있는 등 어쨌든 무엇인가에 매여 있는 점에서 인생은 곧 노예라고 할 수 있다. 그러므로 우리는 그중에서 가장 훌륭한 것의 노예가 되어 우리의 운명을 철학으로써 시정해야 할 것이다. 철학은 어려운 처지도 완화할 수 있고 무거운 짐도 가볍게 할 수 있다."[51]

세네카는 인간이란 누구나 무엇인가에 매여 사는 존재임을 전제하고 들어갑니다. 인간의 삶을 관찰해보면 누구나 무엇인가를 추구하거나 목표로 살아가는 것을 그는 매여 있는 것으로 보고 있습니다. 그런 점에서 우리 모두는 무엇인가에 매여 사는 노예입니다. 오늘날 제일 많은 노예가 '돈의 노예'가 아닐까요? 자본주의에 사는 모든 사람은 정도의 차이는 있을지언정 돈의 노예라고 할 수 있습니다. 노예로 살 바에는 제대로 된 주인을 섬기며 살라는 것입니다. 그래서 세네카는 노예가 되려면 철학의 노예가 되라고 합니다. 물론 여기서 철학은 스토아철학을 말합니다. 그는 행복이란 예지와 덕성에 기초를 두고 있으며, 그러한 덕성과 예지는 삶의 바른 이해와 철학으로 이루어진다고 봅니다. 인간이 사회에서 살면서 갖게 되는 욕망 가운데 소유욕이 가장 강하다고 볼 수 있습니다. 오늘 우리는 수많은 상품들에 둘러싸여 살아가는 우리에게 소유하고자 하는 욕망은 제어하기가 어렵습니다. 이에 대해 세네카는 이렇게 말합니다.

---

51   마르쿠스 아우렐리우스 · 세네카, 『명상록 · 행복론』(범우사, 1994), p. 215.

"우리가 흔히 소유한다고 생각하는 물건은 당분간 맡아가지고 있는 데 지나지 않는다. 이를테면 빌려온 것이다. 그나마 그냥 빌려온 것이므로 돌려줄 때에는 불평할 이유가 없다. 운명의 여신이 이 시간에 빌려준 것을 다음 시간에 벌써 반환을 요구할지도 모른다."[52]

내가 소유한 모든 것은 빌려온 것이라는 생각은 소유에 대한 새로운 시각을 제공합니다. 나의 것이라고 할 때, 그것이 정말 나의 것일까요? 나는 죽으면 그것을 가지고 갈 수는 없습니다. 결국 나의 것이라고 하는 모든 것은 소유하는 것이 아니라 인생이 지속될 때에만 빌려 쓰는 것입니다. 세네카는 지금 우리가 내 것이라고 하는 소유의식에 대해 의문을 제기하고 있습니다. 우리는 소유한다고 착각하지만, 실상은 그저 사는 날 동안 빌려 쓰는 것뿐이라는 것입니다. 그래서 세네카는 말합니다.

"참으로 행복해지려면, 재산을 모으려고 하지 말고 오히려 욕망을 제한해야 한다."[53]

세네카 역시 스토아 철학자들처럼 자연의 순리에 따르면 자신의 욕망대로 사는 것이 아니라 예지와 덕성에 따라 자신의 욕망을 제한하며 살아가는 것이 참된 행복의 길임을 말하고 있습니다. 이는 다른 사

---

52   같은 책, p. 256.
53   같은 책, p. 271.

람과 자신을 비교하지 말고, 자신의 삶은 자연이 준 운명임을 받아들이고 살아가는 것이 중요하다는 점을 보여주고 있습니다. 프롬의 말을 빌리면 소유의 삶이 아닌 존재의 삶이 행복의 길임을 말하고 있는 것이죠. 이처럼 현대 사상가들이 말하는 것은 이미 고대에 다 말해 놓은 것이 많습니다. 그래서 고전이 중요합니다.

스토아철학의 단점은 사물의 변화와 개선을 위한 일체의 싸움이나 기술 발전의 도모 등을 배제하는데 있습니다. 즉 스토아철학은 자포자기의 태도라는 비판을 피할 수 없습니다. 모든 것을 있는 그대로 받아들이라는 운명론적인 주장은 결국 체념이나 포기로 받아들이기 쉽습니다.

아우구스티누스의 행복

서양의 중세는 기독교적인 전통 아래 있었습니다. 곧 기독교를 이해하지 않고서는 중세를 알 수 없습니다. 여기서는 중세 교부철학자인 아우구스티누스(Augustinus)의 행복론에 대해 대략적으로 설명하고자 합니다.

기독교에서 행복에 대한 탐구는 아우구스티누스에서 시작할 수 있습니다. 그는 젊은 시절에 방황했으나 후에 기독교에 귀의하여 기독교의 기초를 놓은 위대한 학자가 되었습니다. 그 역시 인간의 삶의 목적은 행복이라는 아리스토텔레스의 견해를 인정합니다. 인간은 육체와 영혼으로 구성되어 있으며, 육체의 만족을 추구하는 것은 일시적 기쁨이지만 영혼의 만족을 구하는 것은 참된 행복이라고 생각하였습니다.

제1부 행복을 찾아서

이러한 견해는 그의 삶을 스스로 고백한 『고백록(Confessions)』에 잘 나와 있습니다. 그가 젊은 날에는 관능적인 쾌락을 추구하다가 예수를 만난 후에 변하여 후에 북아프리카 히포(Hipo)의 주교가 됩니다. 그는 진정한 행복이란 이 땅에서 무엇을 소유하는 것이 아니라 하나님을 보는 것이라고 하였습니다. 이러한 생각은 『고백록』 1장에 잘 나와 있습니다.

"당신은 우리를 당신을 향해서 살도록 창조하셨으므로 우리 마음이 당신 안에서 쉴 때까지는 편안하지 않습니다."[54]

아우구스티누스의 이 고백은 그의 신학과 윤리학의 시작이자 결론입니다. 인간은 근본적으로 하나님을 향해 살도록 되어 있으며, 누구나 하나님을 떠나서는 행복할 수 없다는 것을 말하고 있습니다. 그는 이렇게 강조합니다.

"참다운 행복이란 당신 안에서, 당신을 향하여, 그리고 당신 때문에 기뻐하는 것이옵니다. 참 행복이란 이것뿐 그 외에는 없습니다. 혹시 다른 종류의 행복이 있다고 생각하는 사람들은 다른 종류의 기쁨을 추구할 것입니다. 그러나 그것은 참다운 기쁨이 아닙니다."[55]

---

54 아우구스티누스 지음, 선한용 옮김, 『고백록』(대한기독교서회, 1992), p. 19.
55 같은 책, p. 340.

아우구스티누스가 추구하는 행복은 오직 하나님께 있음을, 그리고 인간의 행복과 안식은 오직 하나님을 믿을 때에만 가능한 일임을 전제함과 동시에 결론을 내고 있습니다. 그의 행복론은 인간 스스로의 행복이 아니라 하나님 안에서의 행복입니다. 인간의 삶은 이 땅에서 잠깐이기 때문입니다. 아우구스티누스에게 이 땅에서의 행복은 진짜가 아닙니다. 그에게 행복의 조건은 영원성과 불변성입니다. 문시영 교수는 이렇게 말합니다.

"아우구스티누스는 신플라톤주의를 수용하고 고전적 행복론과 '영원한 행복'이라는 기독교적 축복의 개념을 종합하였다. 즉 자연적인 행복과 초자연적 행복의 구분이 아우구스티누스의 행복론의 기저에 깔려 있다. 여기에서 초자연적인 행복이란 내용적으로 신에 대한 직관이라는 초월적 성격을 지니고 있다. 그는 신약 성서가 제시하는 종말론적인 강조점을 수용하여 완전한 행복은 현세에 성취되는 것이 아니라 영원의 세계에서 이룩된다는 개념으로 발전시켰다. 우리는 이러한 초월적인 행복의 개념을 중세의 윤리적 사유를 지배하는 일종의 이상으로 간주하였다. 예를 들어 토마스 아퀴나스(Thomas Aqinas)에게 나타나는 지복직관(至福直觀)의 개념은 중세적 행복론의 발전과 그 주제의 일관성을 엿볼 수 있게 한다."[56]

---

56   문시영 지음, 『아우구스티누스의 윤리학』(서광사, 1996) pp. 155~6.

그는 이 땅에서의 행복이 아니라 영원한 하나님나라에서의 행복이 진정한 행복임을 역설하고 있으며, 이 세상은 가변적인고 임시적입니다. 영원한 것은 하나님뿐입니다. 이것이 중세를 관통하는 일관된 생각입니다. 따라서 하나님을 아는 자가 행복한 자입니다. 왜냐하면 하나님만이 행복의 근원이며 원천인 동시에 최고의 선이기 때문입니다. 그는 인간은 관능적 쾌락이나 욕구 충족으로 행복을 얻을 수 있는 것이 아니라고 봅니다. 근원적으로 인간은 죽을 수밖에 없는 존재이며, 죄 가운데 사는 존재이이기에, 그런 불완전한 존재가 참된 행복을 스스로 얻을 수 없습니다. 그래서 인간은 하나님을 떠나서는 참된 행복을 얻을 수 없다는 결론입니다.

공리주의

공리주의는 "어떤 행위나 사회제도가 사람들에게 쾌락이나 만족을 주어서 행복이 많아지게 한다면 그것은 도덕적으로 옳은 것이다." 라고 주장합니다. 즉 많은 사람들에게 공리(utility)를 많이 주면 그것은 선한 일입니다. 그러므로 공리를 증진시키고 최대화하는 것이 바람직한 일이면서 동시에 선한 일이 되는 것이죠. 이를 "최대 다수의 최대 행복"이라고 합니다. 공리주의는 과정이 중요한 것이 아니라 결과주의입니다. 즉 결과적으로 많은 사람들의 공리를 증진시키거나 행복을 준다면 그것은 선이라는 주장입니다.

문제는 이런 주장을 어떻게 하게 되었는가 하는 점입니다. 18세기에 유럽은 중세의 신본주의를 벗고 근대적 세계로 옮겨가고 있었습니다. 즉 중세의 기독교적인 삶을 벗어나는 중이었죠. 앞에서 본 바와 같이 기독교는 내세를 중시하며, 천국을 소망하며 삽니다. 그러나 근대에 이르러 인본주의가 등세하면서 인간 스스로 어떻게 하면 행복할 수 있을까를 생각하게 됩니다. 이제 삶의 목적은 행복이며, 윤리도 행복에 의해 좌우됩니다. 아리스토텔레스의 목적론적 윤리설도 아니고 칸트 (I. Kant)의 의무론적 윤리도 아닌, 철저하게 다수결에 의해 선이 이루어집니다. 이런 점에서 공리주의는 민주주의 발전과 함께 합니다. 민주주의야말로 다수결의 원칙이기에, 공리주의 역시 "다수가 행복하다면 그것을 하는 것이 선이다."라고 주장하게 됩니다. 이런 주장을 하게 되는 원인은 윤리의 기준을 잡을 수 없기 때문입니다. 중세에는 신의 명령이 있었으나, 신을 버리고 인간들이 할 수 있는 윤리적 기준은 이성 외에는 없기 때문입니다. 그런데 문제는 이성은 각 개인이 가지고 있으며, 가기 생각이 다르게 됩니다. 결국 할 수 있는 것은 다수결일 수밖에 없게 된 것입니다.

공리주의의 대표자는 제레미 벤담(Jeremy Bentham)과 존 스튜어트 밀 (John Stuart Mill)입니다. 흔히 벤담을 공리주의 창시자이자 양적 공리주의자라고 봅니다. 그는 쾌락의 질은 상관없이 양에만 집중함으로 '돼지의 철학'이라는 비판을 받게 됩니다.

> "자연은 인류를 두 군주, 즉 쾌락과 고통의 지배 하에 두었다. 우리가 앞으로 무엇을 하게 될 것인가 뿐만이 아니라 무엇을 해야 하는가를 결정하는 것은 오직 이 두 요소이다. 한편으로는 옳고 그름의 기준이, 다른 한편으로는 원인과 결과의 연쇄가 오직 이들의 지배에

달려 있다. 그들은 우리가 행하거나 말하고 사고하는 것 모두를 지배한다."[57]

　벤담은 도덕적 판단이나 결정을 하는 데 중요한 것은 쾌락을 주는가 아니면 고통을 주는가에 달려 있다고 보았습니다. 인간은 기본적으로 고통은 피하고 쾌락은 추구하게 되어 있으며, 그러한 방향으로 가는 것이 인간 본성에도 일치합니다. 이전의 윤리적 관점은 쾌락이나 고통의 차원에서 이해하지는 않았습니다. 칸트만 해도 그는 인간이라면 선한 삶을 사는 것이 의무이지, 벤담처럼 쾌락은 추구하고, 고통은 피하는 것으로 도덕을 삼지는 않았습니다. 사람은 누구나 고통은 싫어하지만, 고통이 있어도 해야만 하는 일이 있습니다. 예를 들어 학생이 공부를 하는 것이 반드시 즐겁고 쾌락을 주는 것은 아닙니다. 수학을 잘하는 학생은 어렵게 고민해서 직접 풀었을 때 쾌감을 느낄 수 있지만, 어떤 학생은 하기 싫어도 참고 하는 경우가 있습니다. 이처럼 인간의 복잡한 삶에서 해야 할 것을 단순히 쾌락과 고통으로 구분하는 것은 문제가 있습니다.

　그는 정부가 해야 할 일은 다수의 국민들을 행복하게 하는 것이다라고 했습니다. 그래서 '최대다수의 최대행복'이라는 말이 바로 여기에서 나오게 됩니다. 그리고 그 기준을 "유용성의 원리"로 삼았습니다.

57　제레미 벤담의 『도덕과 입법의 원리서설』의 인용을 로버트 애링턴이 지은 『서양윤리학사』에서 재인용 p. 492.

"유용성의 원리가 의미하는 바는 곧 그것이 모든 행위를, 어떤 행위든지 간에, 그 행위가 그것과 자신의 이익이 관련되는 사람들의 행복을 증가시키는 경향성을 지니는 듯이 보이는가 아니면 감소시키는 경향성을 지니는 듯이 보이는가에 따라서 그 행위를 시인하거나 부인한다는 점이다. 바꾸어 말하면 어떤 행위가 행복을 증진시키는가, 그렇지 않은가에 따라 그 행위를 판단한다는 점이다."[58]

유용성의 원리는 결국 "모든 윤리적 결정은 다수의 행복을 증진시키는 쪽으로 가는 것이 옳은 것이다."라고 말합니다. 이는 옳고 그름을 판단하는 데 더 이상 목적론적으로나 의무론적으로 해석하지 않고, 다수의 행복이 곧 옳다는 결론을 내립니다. 이러한 주장에 더해서 벤담은 인간이 얻고자 하는 쾌락에는 질적인 차이가 중요하지 않다고 했습니다. 예를 들어 만화영화를 보면서 얻는 쾌락과 좋은 음악이나 책을 읽으면서 얻는 쾌락에는 차이가 없다는 것입니다. 중요한 것은 쾌락을 많은 사람이 많이 얻으면 좋다는 것입니다.

이러한 양적 공리주의에 대해 많은 비판이 제기되자 밀은 질적 공리주의를 주장합니다. 그는 『공리주의』라는 책을 통해서 공리주의가 무엇인가를 설명합니다.

"효용과 최대 행복 원리를 도덕의 기초로 삼고 있는 이 이론은, 어떤 행동이든 행복을 증진시킬수록 옳은 것이 되고, 행복과 반대되는 것

---

58   같은 책, p. 493.

을 낳을수록 옳지 못한 것이 된다는 주장을 편다. 여기서 '행복'이란 쾌락, 그리고 고통이 없는 것을 뜻한다. 따라서 쾌락의 결핍과 고통은 '행복에 반대되는 것'을 의미한다."[59]

밀이 이해하는 공리주의는 벤담을 계승하고 있습니다. 그러나 밀은 양적 공리주의에서 벗어나 쾌락의 질적 차이를 주장했습니다. 그래서 만족한 돼지가 되기보다는 불만족스러운 소크라테스가 낫다는 말을 하게 됩니다. 이는 많은 저열한 쾌락보다는 적은 고급의 쾌락이 더 좋다는 것입니다. 즉 지적인 활동이 감각적인 쾌락보다는 더 낫다고 본 것입니다. 공리주의의 핵심은 결국 행복이란 무엇인가를 묻고 있으며, 그 대답으로 최대다수의 최대행복을 주장합니다. 쾌락을 증가시키는 일이 곧 행복을 증진시키는 일이며, 그 행복은 개인의 행복이 아닌 사회 전체의 행복으로 이해하고 있다는 점에서 의미가 있습니다. 즉 개인의 행복에서 공동체의 행복으로 전환되는 계기가 되었다는 것이 중요합니다.

최대다수의 최대행복을 말한 벤담은 두 원칙을 말했습니다. 첫째는 인간은 그 본성으로 보아 자신의 행복을 증진하려는 존재라는 심리학적 원칙이고, 둘째는 행복은 도덕적인 인간이 추구해야 할 목표로서 가치 있는 것이라는 윤리적 원칙입니다. 심리학적 원칙은 정치경제학의 기초가 되었고 윤리적 원칙은 근대의 자유주의적이며 민주주의적

---

59   존 스튜어트 밀 지음, 서병훈 옮김, 『공리주의』(책세상, 2011), p. 24.

인 정치 철학의 기초가 되었습니다.[60] 행복의 관점에서 보았을 때 공리주의는 민주주의를 확장시켰으며, 개인에서 공동체로 관심을 돌렸다는 데 의미가 있습니다. 그러나 공리주의의 가장 큰 약점은 소수의 행복은 무시된다는 점이고, 또 하나는 행복이라는 것을 단순히 다수결로 결정할 수 있느냐라는 의문이 남습니다.

---

60   이종은 지음, 『정치와 윤리』(책세상, 2011), p. 123.

1 그리스인들이 말하는 탁월함의 추구가 행복을 줄까요?

2 아리스토텔레스의 덕윤리가 의미있는 이유가 무엇입니까?

3 신을 통해 얻는 영적인 행복이 우리에게 필요할까요?

4 공리주의는 다수결의 원칙을 말합니다. 그럼 다수결이 과연 옳은 것일까요? 윤리적 판단을 다수결로 하는 것이 맞는 것입니까?

플라톤 지음, 박종현 옮김, 『국가 · 정체』(서광사, 1997)

이 고전은 우리에게 정치란 무엇이고, 이상 국가는 어떻게 이룰 수 있는지에 대한 고대 철학자의 음성을 들을 수 있습니다. 더 나아가 정치철학, 정의론, 윤리학, 인식론 등 다양한 주제를 철학이 어떻게 다루고 있는지 보여주는 필독서입니다.

마르쿠스 아우렐리우스 지음, 천병희 옮김, 『명상록』(숲, 2012)

이 책은 아우렐리우스 황제가 그의 마지막 생애 10년 동안 인생에 대한 여러 가지 사색의 결과입니다. 마치 성경의 잠언서와 같이, 자신이 삶에서 깨닫고 깊은 사색에서 길어 올린 삶의 편린들을 기록한 책입니다. 이 책은 어떻게 살아야 할 것인가를 고민하는 청춘들에게 지혜를 주고, 깨달음을 줍니다.

존 밀턴 지음, 조신권 옮김, 『실낙원 1, 2, 3』(문학동네, 2012)

구약성서의 낙원상실을 모티브로 한 대서사시입니다. 기독교에 대한 바른 이해 없이 서양문화를 이해할 수 없는데, 이 책은 성서의 내용을 아름다운 시로 에덴의 회복을 노래하는 고전입니다. 기독교를 이해하기 위해 꼭 읽어볼 만한 책입니다.

심리학자들의 행복

(1) 프로이트

프로이트(Sigmund Freud, 1856~1939)는 인간의 마음의 비밀을 연 최초의 사람입니다. 그는 인간을 지배하는 것은 의식이 아니라 무의식이라는 것을 밝혀내었습니다. 인간은 이성적이고 의식을 가지고 사는 것처럼 보이지만 실제로는 의식 밑에 있는 무의식의 지배를 받고 있다는 것을 밝혔습니다. 그는 오스트리아에서 태어나 자라서 빈(Vien)대학에서 의학을 공부합니다. 그는 히스테리 환자를 치료하는 방법을 찾다가 무의식의 세계를 발견하고 연구하여 마침내 정신분석학을 만들어 내었습니다.

프로이트의 심리학이 무엇일까요? 프로이트에 의하면 인간의 정신세계는 의식(Bewusstsein)과 전의식(Vorbewusstsein) 및 무의식(Unbewusstsein)의 삼차원적 구조를 이루고 있습니다. 첫째, 의식이란 인간이 정상적인 상태에서 인지하고 인식할 수 있는 정신적 상태를 의미합니다. 의식은 인간의 합리적이고 계획적인 사고와 행위를 가능하게 해줍니다. 둘째, 전의식이란 의식의 전단계로써 의식과 무의식을 연결시켜 줍니다. 전의식은 일종의 문지기 역할을 하는 정신 영역에 해당합니다. 셋째, 무의식이란 인간이 의식할 수 없는 영역에 존재하는 정신세계입니다. 무의식은 인간 정신의 심층에 잠재해 있으면서 인간의 의식적 사고와 행동을 통제하고 결정합니다.[61]

프로이트의 이러한 발견은 그 당시 인간의 무의식에 대해 이해가

---

61 김덕영 지음, 『프로이트, 영혼의 해방을 위하여』(인물과 사상사, 2009), p. 154.

없었던 사람들에게는 충격적인 이야기이며, 이는 신대륙을 발견한 것
보다 더 놀라운 뉴스였습니다. 수천 년 동안 인간의 내면 깊숙이 숨겨
있던 마치 바다 위에 떠있는 빙산의 밑부분이 드러난 사건이기도 하였
습니다. 프로이트를 통해서 인간을 지배하는 것은 의식이 아니라 무의
식임을 알게 되었습니다. 그러므로 인간의 인격이라는 것 역시 다층적
임을 프로이트는 말합니다.

프로이트는 인간의 성격은 이드(Id), 자아(ego), 초자아(superego)로 이
루어진다고 하였습니다. 정신적으로 건강한 사람은 이 세 가지 체계가
잘 통합되어 조화를 이룹니다. 이드는 인간의 내적 자극이나 외적 자극
에 의해 발생한 흥분을 즉각적으로 방출합니다. 이드는 쾌락 원칙에 충
실하며 쾌락 원칙은 고통은 피하고 쾌락을 찾습니다. 초자아는 부모로
부터 도덕적 기준을 배우면서 형성됩니다. 대개 부모가 자녀에게 처벌
과 보상을 줌으로 형성합니다. 그로부터 도덕이나 양심이 자라게 합니
다. 또한 자아의 완전을 추구하게 되어 이드를 조절함으로 이상적이고
고결한 인간이 되게 합니다. 자아는 의식을 가진 자신이며, 자아가 이
드의 본능과 초자아의 이상화하려는 것을 잘 조화롭게 합니다. 그래서
초자아를 통해 이드의 본능을 잘 조절할 수 있는 사람이 성숙한 사람
이 됩니다. 이것이 프로이트의 인간에 대한 생각입니다.[62]

인간을 기본적으로 움직이는 두 가지 욕동이 있습니다. 그것은 삶
의 욕동인 리비도(Libido, 성에너지)와 죽음의 욕동인 타나토스(Thanatos, 공

---

62 캘빈 S. 홀 지음, 안귀여루 옮김, 『프로이트 심리학 입문』(범우사, 1998), pp. 31~46.
    성격의 구조를 요약한 것임.

격적 에너지)입니다. 리비도적 인간은 성욕 덩어리이며, 인간을 움직이는 것은 성적 욕망이라는 것입니다. 타나토스 역시 인간의 공격적 성향이 인간을 움직이는 중요한 동력입니다. 이러한 본능은 이드 속에 자리 잡고 있습니다. 그러나 이것이 표현될 때는 자아와 초자아의 안내를 받게 됩니다. 자아는 삶의 본능의 가장 중요한 대리인입니다.[63]

프로이트의 이러한 분석을 통해 인간의 무의식을 이해해야만 인간을 이해할 수 있으며, 인간의 참된 행복은 과거에서 벗어나는 길입니다. 대개 마음의 병은 과거의 경험에서 비롯됩니다. 과거에 갇히거나 발목 잡힌 사람은 현재에서 행복하지 못합니다. 프로이트의 심리학은 그런 과거에서 벗어나 현재를 잘 살아갈 수 있게 합니다.

프로이트의 행복은 욕망의 이룸 또는 욕망의 성취입니다. 인간은 자신의 성적인 본능을 만족하면 기쁨을 얻게 되고, 그러한 기쁨의 만족이 인간을 행복하게 하며, 과거의 상처를 치유하고 현실에서 자유 하는 자만이 행복을 얻을 수 있습니다. 만일 한 사람이 어떤 행위를 했다면 그것은 우연히 하는 것이 아니라 이미 무의식에서 결정되는 원인이 있다는 것입니다. 우리는 그것을 의식하지 못할 뿐입니다. 사람은 본능이 위험하다고 느낄 때에는 자아에게 알리는데 이를 불안이라고 합니다. 이런 불안을 자아와 초자아가 해소합니다. 즉 불안은 줄이고 고통은 피하는 것이 인간의 마음입니다. 프로이트에게 행복한 인간은 내적이나 외적으로 불안이 없고, 이드의 본능이 만족될 때입니다.

---

63   같은 책, p. 78.

(2) 칼 융

프로이트와 더불어 심리학의 세계를 새롭게 개척한 칼 융(Karl Jüng, 1875~1961)은 스위스에서 목사의 아들로 태어나 바젤대학에서 의학을 전공하였습니다. 그는 처음에는 프로이트의 제자로 입문하였으나 후에 이론을 달리하게 되어 독립하고 자신의 심리학을 분석심리학이라고 불렀습니다. 융의 심리학의 특징은 인간의 마음은 진화에 의해 미리 형성되어 왔으며, 인간은 과거와 떼어 낼 수 없는 존재라고 보는데 있습니다. 그의 심리학 이론의 대표적인 것을 네 가지로 요약해보겠습니다.[64]

첫째는 인격이론이다. 개인의 인격을 정신이라고 부르는데, 정신은 의식적 및 무의식적인 사고, 감정, 행동을 포함하고 있다. 정신은 개인을 규정하고 그가 속한 사회적 · 물리적 환경에 적응하게 하는 지침 역할을 한다. 이는 인간은 전체적으로 보아야 하며, 이 전체성이 인간의 완성이다.

둘째로 의식이다. 정신 속에서 개인이 직접 알고 있는 것은 의식이다. 의식은 유아가 태어나서 사고, 감정, 감각, 직관이라고 하는 네 가지 심적 기능의 적용을 통해서 성장한다. 이 네 가지 기능 중 어느 것을 우선적으로 사용했는가에 따라 어린이의 기본적인 성격이 달라진다. 그리고 의식의 방향을 결정하는 두 가지 태도가 더 있는데,

---

64 캘빈 S. 홀 지음, 『융 심리학 입문』(범우사, 1998), pp. 41~73. 융의 기본적인 심리학 이론을 요약 정리한 것임.

그것은 '외향성'과 '내향성'이다. 외향적인 태도는 의식을 외적이고 객관적 세계를 향하게 하고, 내향적인 태도는 의식을 내적이고 주관적 세계로 향하게 한다. 이런 의식과 태도를 가지고 융은 인간의 심리학적 타입을 만들어 내고, 그것이 오늘날에도 많이 사용되고 있는 성격 유형의 파악이다. 융에게 인간의 완성은 개성화에 있는데, 개성화는 인간이 자기 자신을 아는 것 즉 자기 의식이다. 의식의 증가는 인간이 자기 자신과 주위 세계에 대한 자각의 증가이며, 의식의 개성화 과정에서 '자아'가 생기게 된다. 이 자아는 의식적인 지각·기억·사고·감정으로 이루어지며, 인격의 동일성과 연속성을 보장한다. 이 자아가 잘 형성되고 발달하면 인격이 좋아지지만 자아가 발달하지 않으면 많은 심리적인 문제를 야기한다.

셋째는 개인 무의식이다. 자아에 의해 인정되지 않는 경험은 '개인 무의식'이라고 부르는 곳에 저장된다. 이 저장소는 의식적인 개성화나 기능과 조화 되지 않는 모든 정신적 활동과 내용을 받아들이는 곳이다. 괴로운 생각, 해결되지 않는 문제, 갈등, 도덕덕인 문제 등과 같은 일단의 의식적 경험이었으나 여러 가지 이유로 억압되고 방치된 것도 있다. 한번 생각해보자. 평상시에 전혀 기억이 나지 않던 동창들도 앞에서 만나고 계속 생각해보면 이름이 떠오른다. 이는 개인 무의식 속에 있던 것을 의식이 끄집어낸 것이다. 개인 무의식은 일군의 내용이 모여 하나의 집단을 형성하기도 하는데, 융은 이것을 '콤플렉스(Complex)'라고 불렀다. 이 용어를 오늘 우리는 자연스럽게 사용하지만, 이 당시에는 독특한 것이었다. 어떤 사람이 콤플렉스를 가지고 있다고 할 때, 그것은 그가 무엇인가에 크게 마음을 빼

앗기고 있어 다른 것은 거의 생각할 수 없다는 의미이다. 즉 '무엇인가 골몰하고 있다.'라는 말이다. 이 콤플렉스는 부정적으로는 인간의 자아완성에 방해가 되기도 하지만, 긍정적으로는 놀라운 영감과 열정의 원천이 되기도 한다. 이 콤플렉스는 아동기에 외상성 체험에 있다고 한다. 예컨대 어린이가 갑자기 어머니를 잃은 보상으로써 어머니 콤플렉스가 생길 수도 있다.

넷째는 집단 무의식이다. 이 발견은 심리학의 획기적인 사건이다. 집단 무의식은 조상 대대로 물려받은 종족적 이미지가 유전된다고 보고, 개인이 세계에 반응하는 잠재적 가능성으로 보며, 집단 무의식은 잠재적 이미지의 창고 같은 것이다. 인간은 뱀이나 어둠을 보면 공포심을 느낀다. 이는 우리가 뱀이나 어둠을 두려워하는 소질을 유전적으로 이어받고 있기 때문이다. 이런 먼 조상으로부터 무수한 세대를 거치면서 공포를 경험했으며, 그것이 집단 무의식에 저장되었다가 만나게 되면 드러나게 되는 것이다. 이러한 집단 무의식의 여러 가지 내용은 '태고유형(archetype)'이라고 불린다. 이는 유전적이며 모든 사람은 기본적인 태고유형을 부모로부터 물려받는다. 이들 가운데 인격과 행동을 이루는 요소들이 있다. 개성(persona), 남성 속의 여성적 요소인 아니마(anima), 여성 속의 남성적 요소인 아니무스(animus), 그림자(shadow), 그리고 자기(self)가 그것이다. 개성은 개인이 공개적으로 보여 주는 가면 또는 외관이며, 사회의 인정을 받을 수 있도록 좋은 인상을 주려고 한다. 우리가 회사에서나 학교에서 다른 사람에게 보여주는 나의 모습이다. 혹시 어떤 사람들은 하나 이상의 가면을 쓰고 있을 수 있는데, 이러한 가면들을 합친 것이 개성이다. 다른 곳에서 다른 모습을 보이는 것이다. 융은 정신의 내면에 대하여 남자의 경우는 아니마, 여자의 경우에는 아니무스라고 불렀다. 아니마의 태고유형은 남성 정신의 여성적 측면이고, 아니무스의 태고유형은 여성 정신의 남성적 측면이다. 세대로 이어지면서 남녀가 서로 영향을 주고 받으면서 이성을 이해하는 데 유용한 이성의 여러 특징들을 얻었다. 인격이 잘 조화되고 균형을 이루면 남자 인격의 여성적 측면과 여자 인격의 남성적 측면은 의식과 행동에서 나타난다. 남자다운 남자가 내면으로는 약하고 고분고분할 수 있다. 반대로 연약하고 지나치게 여자다운 여자가 내면은 거친 성질을 가질 수 있다. 남자는 마음속에 여성성이 있어서 어떤 여성에게 자기도 모르게 끌리는 현상은 이미 무의식 속에 새겨진 여성상이 무의식적으로 드러나는 것이다. 그러므로 자신이 좋아하는 이성상은 결국 자신 안에 있는 반대의 이성상인 것이다. 그림자는 인간이 사회생활을 하기 위해서 동물적 본능을 길들이기 위해서 억압하여 버려둔 것이다. 이것이 어떤 면에서 콤플렉스로 발전하게 되는데, 자신의 부정적인 면을 감추고 살지만, 그것이 다른 사람에게 드러나거나 지적될 때 드러나기도 한다. 자기는 융의 중심적 개념이다. 자기는 질서, 조직, 통일의 태고유형이다. 그래서 모든 인격의 궁극적 목표는 자기임과 자기실현의 달성이며 이것이 인간의 완성이다.

융의 이론을 대략 살펴보았는데, 융은 기본적으로 인간의 전체성을 보며, 인간의 무의식과 의식의 통합을 인격완성으로 보고 있습니다. 우리가 행복하지 못하다면 융의 입장에서는 인간의 자기가 올바로 성장하지 못한 결과라고 합니다. 즉 콤플렉스나 그림자와 같은 부정적인 면이 부각되거나 지배되는 인간은 행복할 수 없습니다. 심리학에서의 행복은 기본적으로 자기 자신에게 달려 있습니다. 아무리 환경이 좋아도 불행하게 사는 사람들이 얼마나 많습니까? 그 이유는 치유되지 못한 심리적 문제들로 인한 것이라고 볼 수 있습니다. 융은 행복이란 인격이 성숙해져서 자기실현을 이루는 것이라고 보았습니다. 그는 이를 '개성화'라고 합니다. 그에게 있어 자기통합을 이룰 수 있다면 그 사람은 가장 행복한 사람이 될 것입니다. 그럼에도 불구하고 많은 사람들이 심리적으로 자기실현을 이루지 못하는 이유는 인간 내면에 있는 그림자 때문입니다. 그림자는 무의식의 이미지입니다. 만일 누군가가 무심코 나에게 어떤 것에 대해 말을 했는데 버럭 화를 내거나 심한 분노가 끓어 올라온다면 그것은 무의식에 있는 그림자를 일부 발견한 것입니다. 이를 한국의 유명한 분석심리학자인 이부영은 이렇게 말합니다.

"어떤 사람이 '나도 모르게', '공연히', '알 수 없는' 거북한 느낌, 불편한 감정, 혐오감, 경멸하는 마음이 일어난다면 분명 그곳에는 무의식의 투사가 일어나고 있고 대개 그 내용은 '자아'의 그림자에 해당된다."[65]

이런 그림자로 인해 사람들은 자신이나 타인에 대해서 바른 관계를 갖는 데 실패하게 됩니다. 그림자는 열등한 인격인데, 이런 그림자

---

65   같은 책, p. 92.

들은 인간을 이중인격처럼 보이게 합니다. 마치 지킬 박사와 하이드처럼 낮과 밤이 다른 인간이 되어 살아가게 됩니다. 물론 사람은 사회생활을 하면서 가면, 즉 페르소나(persona)를 하고 살아갑니다. 예를 들어 한 남자는 가정에서는 아빠이자 남편으로 직장에서는 과장으로 살아갑니다. 문제는 자기 자신을 모른 채 그림자에 붙들려 살아가는 사람들입니다. 자신의 자아가 통합되지 않은 상태에서 거짓된 가면을 쓰고 살아가면 불행한 일입니다. 직장에서도 다정다감하고, 배려도 잘하는 사람이 집에서는 폭력적인 남편이 되는 경우가 그런 경우입니다. 이런 열등한 그림자가 집단화되면 중세의 마녀사냥이나 히틀러가 유대인을 증오하여 죽인 것과 같은 일이 일어나기도 합니다. 사회의 그림자를 한 개인이나 집단에 투사하여 죽이거나 비난함으로 해소하려고 하기 때문입니다. 이는 역사에서 얼마든지 볼 수 있는 현상이기도 합니다.

프로이트나 융에게 진정한 행복은 결국 자신의 무의식을 바로 이해하고 그것을 의식화시켜서 자아 통합을 이루는 것입니다. 이런 심리학들은 오늘날 우리에게 많은 영향을 주고 있으며, 결국 행복은 마음먹기에 달렸다거나 행복은 심리적인 것이라거나 또는 긍정의 마인드가 중요하다는 생각으로 발전하게 되었습니다.

(3) 의미치료

프로이트나 칼 융과 달리 의미치료(Logotherapie)는 2차 세계대전 중에 죽음의 나치 강제수용소에서 기적적으로 살아난 심리학자인 빅터 프랭클(Viktor Frankl)이 만든 치료요법입니다. 로고테라피는 키에르케고르의 '의미를 찾고자 하는 의지'에 중점을 둔 실존론적 분석을 기반으로 합니다. 동시에 프랭클 자신이 죽음의 수용소에서 겪은 경험을 토대로 인간이란 무엇인가를 진지하게 탐구한 결과물이기도 합니다. 그는 죽음과 삶의 경계선에 있는 수용소의 사람들을 관찰한 후에 인간은 의미를 지향할 때 살아갈 힘을 얻는다는 것을 발견했습니다. 즉 미래에 대한 믿음이나 의미 부여가 삶의 원동력임을 보여준다는 것입니다. 그는 이런 예를 들고 있습니다.

F. 우리 구역의 고참 관리인인 그는 그 전에는 꽤 유명한 작곡가이자 작사가였다. 그가 어느 날 나에게 고백했다.

"의사 선생, 선생님께 드릴 말씀이 있습니다. 이상한 꿈을 꾸었어요. 꿈에서 어떤 목소리가 소원을 말하라는 거예요. 내가 알고 싶은 것을 말하래요. 그러면 질문에 모두 대답을 해줄 거라고 하더군요. 그래서 제가 무얼 물어보았는지 아십니까? 나를 위해서 이 전쟁이 언제 끝날 것이냐고 물어보았지요. 무슨 말인지 아시겠소. 의사 양반? 나를 위해서 말이요. 저는 언제 우리가, 이 수용소에서 해방될 것인지, 우리의 고통이 언제 끝날 것인지 알고 싶었어요."

"언제 그런 꿈을 꾸었소?"

내가 물었다.

"1945년 2월에요."

그가 대답했다. 그때는 3월이 막 시작되었을 때였다.

"그래, 꿈속의 목소리가 뭐라고 대답합디까?"

그가 내 귀에다 나직하게 속사였다.

"3월 30일이래요."

F는 희망에 차 있었고 꿈속의 목소리가 하는 말이 맞다고 확신하고 있었다. 하지만 약속의 날이 임박했을 때 우리 수용소로 들어온 전쟁 뉴스를 들어 보면 그 약속의 날에 우리가 자유의 몸이 될 가능성이 거의 없어 보였다. 3월 29일, F는 갑자가 아프기 시작했고 열이 아주 높게 올랐다. 3월 30일, 그의 예언자가 그에게 말해 주었던 것처럼 그에게서 전쟁과 고통이 떠나갔다. 헛소리를 하다가 그만 의식을 잃은 것이다. 3월 31일에 그는 죽었다. 사망의 직접적 원인은 발진티푸스였다.[66]

이 사례는 의미치료가 무엇인지 우리에게 잘 보여줍니다. 인간은 미래에 대한 희망과 용기를 가질 때에 삶의 의지가 생겨나고, 어떤 것도 이길 수 있는 힘을 가지게 됩니다. 그 죽음의 수용소에서 제대로 먹지도 못하고, 입지도 못하면서 감기에 걸리지 않고 버티게 하는 힘은 바로 미래에 대한 소망입니다. 인간이 미래의 소망을 가지면 면역력도 증가함을 죽음의 수용소에서 보여주고 있음을 프랭클은 말합니다. F가 발진티푸스에 걸린 것은 면역력이 약해진 것이며, 그 원인은 꿈에 만났던 예언자의 약속의 말, 곧 3월 30일에는 자유가 된다는 그것을 믿었음에도 불구하고 이루어지지 않았기 때문입니다. 즉 미래의 희망과 꿈을 놓았을 때 인간은 죽음에 이르게 되는 것입니다. 키에르케고르가 절망이 죽음의 병에 이르는 길이라고 설파한 것과 같습니다.

---

66 빅터 프랭클 지음, 이시형 옮김, 『죽음의 수용소에서』(청아출판사, 2012) pp. 134~135.

프랭클은 수용소에서 나온 후에 자신의 경험을 로고테라피로 발전시킵니다. 로고는 'logos'이며, '의미'를 뜻합니다. 그는 행복은 얻는 것이 아니라 행복의 근거를 가지는 것이 더 중요하다고 강조합니다. 행복은 그런 면에서 미래에 이루어질 것임을 믿어 의심하지 않으면서, 현재에 행복의 근거를 가질 때 비로소 인간은 행복할 수 있다는 주장입니다. 그래서 이 로고테라피는 인간에게 의미를 갖게 하며, 인간은 의미를 추구하는 존재임을 확인시켜줍니다.

로고테라피가 행복에서 중요한 것은 삶의 의미를 추구하는 것이 중요하다는 것을 가르쳐 줄 뿐 아니라 자신을 넘어서 타인으로 의미가 확장될 수 있다는 점입니다. 그런 의미에서 공적 행복으로의 확장이 가능하고, 공적 행복으로의 길로 인도합니다.

(4) 긍정심리학

서점에서 행복이나 성공이라는 항목을 점검해보면 가장 쉽게 볼 수 있는 책들이 대부분 긍정심리학(Positive Psychology)을 주장하는 책들입니다. 긍정심리학은 행복한 삶 또는 성공적인 삶을 살고자 한다면, 스스로 자신에게 긍정적인 감정을 가져야 한다는 것입니다. 이는 미국의 심리학자인 마틴 셀리그만(Martin Seligman)이 처음으로 주장하였습니다. 우리 안에 있는 부정적인 감정들인 불안, 우울, 스트레스와 같은 것들보다 긍정적인 감정들인 사랑, 감사, 용서, 행복 같은 것들을 가질 수 있도록 하는 것에 초점을 맞추고 있습니다. 그래서 긍정심리학은 행복이란 사랑하는 사람과의 결혼, 가족의 유대감, 우정, 만족한 삶, 감사와 같은 감정들과 관련이 있으며, 이런 감정들을 가질 수 있도록 잘 훈련하는 것이 중요하다고 믿습니다.

셀리그만에 의하면 긍정심리학을 떠받치고 있는 기둥은 세 가지입니다. 첫째는 긍정적 정서에 대한 연구이며, 둘째는 긍정적인 특성에 대한 연구로서, 여기에는 긍정심리학의 핵심인 강점과 미덕은 물론 지능과 운동성 같은 개인의 능력까지 포함됩니다. 셋째는 긍정적인 제도에 대한 연구입니다.[67] 긍정심리학은 훈련이나 습관을 통해서 마음의 감정을 긍정적인 면으로 바꾸어서 행복한 삶을 살아갈 수 있도록 할 수 있다고 합니다. 즉 육체적 건강을 위해서 체력을 기르고 근육을 키우는 것처럼 정신 건강을 지키고 긍정적인 감정을 유지하기 위해서는 구체적인 훈련과 노력과 좋은 습관을 들여야 한다는 것입니다. 이들의 모토는 '연습할수록 느는 것, 행복은 삶의 습관'입니다.

이런 긍정심리학의 관점에서 영국 BBC방송에서 'How to be Happy'라는 다큐멘터리를 제시하여 많은 반향을 일으켰습니다. 영국의 슬라우라는 도시를 택해서 2005년 5월부터 3개월에 걸쳐 실험을 하였습니다. 이 실험은 긍정심리학에서 행복하기 위해서 해야 할 일들을 해보았습니다. 예를 들어 TV시청을 반으로 줄이고, 하루에 한 번씩 크게 웃도록 만들고, 매일 좋았던 일들을 떠올리는 것 등입니다. 그 결과 행복도가 더 높아졌다고 합니다. 이러한 과정과 이론을 책으로 엮었는데, 그 책이 『영국BBC 다큐멘터리 행복』입니다. 우리는 보통 쾌락과 행복을 구분하지 않고 쓰는데, 둘은 분명 다릅니다. 쾌락은 주로 자연적으로 도취된 기분을 말합니다. 즉 쾌락은 순간적으로 왔다가 사라지

67　마틴 셀리그만 지음, 곽명단 옮김, 『완전한 행복』(물푸레, 2004), p. 14.

는 일시적인 좋은 기분입니다. 그런데 쾌락은 또 다른 자극이나 더 큰 자극이 필요하게 됩니다. 반면에 행복은 장기간에 걸친 내적인 감정이며, 잘 살고 있다는 느낌입니다. 즉 일시적이지 않고 지속적인 기분 좋은 감정을 추구하게 됩니다.[68] 그래서 이 책에서는 행복에 이르는 길은 좋은 감정을 가지고, 일을 하면서 감사하고, 행복한 성생활을 하며, 가정을 즐겁게 하고, 자녀들을 잘 키우고 긍정적인 마음을 가지며, 적절한 운동과 친구들과의 좋은 관계를 가지면서 늘 웃으며 사는 것이라고 말합니다.

이 책에서 말하는 행복헌장 10계명[69]을 보겠습니다.

1. 운동을 하라. 일주일에 3회, 30분씩이면 충분하다.
2. 좋았던 일을 떠올려보라. 하루를 마무리할 때마다 당신이 감사해야 할 일 다섯 가지를 생각하라.
3. 대화를 나누라. 매주 온전히 한 시간은 배우자나 가장 친한 친구들과 대화를 나누라.
4. 식물을 가꾸라. 아주 작은 화분도 좋다. 죽이지만 말라!
5. TV시청 시간을 반으로 줄이라.
6. 미소를 지으라. 적어도 하루에 한 번은 낯선 사람에게 미소를 짓거나 인사를 하라.
7. 친구에게 전화하라. 오랫동안 소원했던 친구나 지인들에게 연락

---

68 리즈 호가드 지음, 이경아 옮김, 『영국BBC 다큐멘터리 행복』(예담, 2005) p. 34.
69 같은 책, p. 21.

해서 만날 약속을 하라.

8. 하루에 한 번 유쾌하게 웃으라.

9. 매일 자신에게 작은 선물을 하라. 그리고 그 선물을 즐기는 시간을 가지라.

10. 매일 누군가에게 친절을 베풀라.

이것이 긍정심리학이 추구하는 행복입니다. 여기에서 출발한 긍정심리학은 우리에게 '하면 된다'에서부터, '당신이 마음먹은 대로 될 수 있다'라는 생각으로 발전하게 만듭니다. 우리 사회는 경쟁으로 인해 지친 사람들이 많습니다. 특히 청년들은 이미 많이 지쳐있고, 미래에 대한 확실한 비전도 세우기가 어렵습니다. 자기가 좋은 것을 하라고 말하지만, 현실적으로 앞에 닥친 문제는 '과연 나는 취직할 수 있는가'하는 점입니다. 어떤 대통령은 눈높이를 낮춰서 취업하라고 했지만, 현실은 전혀 그 반대입니다. 한번 눈을 낮춰서 비정규직으로 간다면, 여간해서 정규직이 될 수 없다는 것을 누구보다 청년들이 더 잘 압니다. 왜 그들이 아름답고 젊은 날에 모든 행복과 기쁨을 유예하면서 그 어려운 스펙을 쌓으려고 동분서주하는지 아십니까? 정규직을 갖기 위해서입니다. 매년 56만 명 정도가 대학을 졸업하는데 현실적으로 좋은 일자리는 10%도 채 되지 않습니다. 그런 상황에 놓여있는 청년들에게 눈높이를 낮추라고 하는 것은 환상일 뿐입니다.

청년들이 쉽게 긍정심리학에 빠지게 되는 이유는 사회에서 실패하는 것은 개인의 문제라고 생각하는 경우가 많기 때문입니다. 취직이 안 되는 것은 자신이 열심히 노력하지 않아서 그렇다고 생각하는 청년들이 상당히 많습니다. 개인의 노력을 강조하는 긍정심리학은 그들에게 잡고 싶은 희망을 주는 길이기도 합니다.

긍정심리학은 '자신의 감정과 정서를 잘 조절해야 행복해진다'[70]고 말합니다. 행복할 것인가, 불행할 것인가가 모두 자신의 마음속에 달려 있기에, 자신의 감정과 정서를 잘 조절할 수만 있다면 누구나 행복을 얻을 수 있다고 합니다. 이런 긍정심리학의 책들은 대부분 자신의 내면에 있는 부정적인 감정이 어디서 기인하는지를 살펴보고, 긍정적인 생각을 가질 수 있는 방법을 소개하는 것으로 진행됩니다. 이러한 책들이 도움이 되기는 하지만, 오늘 우리 사회에서 많은 사람들이 부정적인 감정을 가지고 있다면, 그 근본원인이 개인에게 있지 아니하고 사회적인 것에 있지 않을까 의심해 볼 만합니다.

이러한 긍정주의의 기원은 원래 청교도적 칼뱅주의에 반발하는 새로운 운동으로 시작되었습니다. 즉 경건과 절제를 생활화하는 청교도적 칼뱅주의는 근본적으로 인간은 죄인이며, 그 죄를 통제하지 않으면 타락할 수 있기에 경건한 삶과 절제를 생활화해야 한다고 보았습니다. 이는 인간에 대한 부정적인 생각을 전제로 하고 있으며, 이러한 생각에 반대하여 인간을 긍정하는 운동으로 시작하게 된 것입니다. 이런 긍정주의는 미국에서 꽃피우게 됩니다. 자본주의가 번성하게 된 오늘에는 더욱 더 긍정주의가 발전하게 되었습니다. 미국에서 발전한 긍정주의가 어떠한 문제를 가지고 있는지는 미국의 여성 사회학자인 바버라 에

---

70 로버트 D. 아이셋 지음, 이문영 옮김, 『내 인생이 행복해지는 긍정의 심리학』(소울메이트, 2012), p. 6.

런라이크의 저서 『긍정의 배신』에 잘 나옵니다.

"초기 자본주의가 긍정적 사고에 우호적이지 않았던 반면에 후기 자본주의, 곧 소비자 자본주의는 긍정적 사고와 훨씬 죽이 잘 맞았다. 소비자 자본주의는 '더 많은 것'을 원하는 개인의 욕구와 '성장'이라는 기업의 지상 과제에 의존하고 있기 때문이다. 소비자 문화는 더 많은 것(자동차, 더 넓은 집, 텔레비전, 휴대전화, 갖가지 종류의 신제품)을 원하도록 부추기고, 긍정적 사고는 소비자들에게 '당신은 더 많은 것을 가질 자격이 있으며, 정말로 그것을 원하고 손에 넣게 위해 노력한다면 실제로 가질 수 있다'라고 이야기한다. 한편 경쟁 속에서 상품을 생산하고 직원들에게 급여를 지급해야 하는 기업들로서는 성장 외에 다른 대안이 없다. 시장점유율과 이익을 지속적으로 키워나가지 못하는 기업은 퇴출되거나 덩치가 더 큰 기업의 먹이가 된다. 한 기업이든 경제 전체든 영원한 성장이라는 것은 있을 수 없다. 그러나 긍정적 사고는 영원한 성장이 숙명인 것처럼 꾸미거나 그것이 실제로 가능하다고 주장한다.

여기에 더해 긍정적 사고는 시장경제의 잔인함을 변호한다. 낙천성이 물질적 성공의 열쇠이고 긍정적 사고 훈련을 통해 누구나 갖출 수 있는 덕목이라면, 실패한 사람에게는 변명의 여지가 없다. 개인의 책임을 가혹하게 강요하는 것이 긍정의 이면이다. 당신이 경영한 기업이 도산하거나 당신이 일자리를 잃게 된 것은 당신이 최선을 다하지 않았기 때문이며, 성공 필연성을 굳게 믿지 않았기 때문이다."[71]

　미국 사회에 만연한 긍정주의 또는 긍정심리학이 어떤 문제를 가지고 있는지 잘 지적하고 있습니다. 그녀는 긍정심리학이 현대 자본주의의 문제들을 개인의 탓으로 돌릴 수 있는 좋은 수단이 되고 있다는 점을 말합니다. 이것이 긍정주의의 가장 큰 문제이기도 합니다. 우리나라에서도 이런 긍정심리학의 책들이 많이 읽히고 있습니다. 이런 책들은 사람들에게 위로를 주고, 다시한번 도전하게 합니다. 특히 『아프니까 청춘이다』와 같은 책은 많은 위로를 주었습니다. 분명 피곤하고 힘든 이 시대 청춘들에게 위로가 필요합니다. 그러나 위로는 일시적일 뿐입니다. 약으로 말하면 진통제입니다. 근원적인 치료를 하지 않고 단지 진통제로만 치유되지 않습니다. 김난도 교수의 책을 읽으면서 한편으로 불편한 이유는 사회의 구조에 대한 이야기는 전혀 하지 않기 때문입니다. 비정규직이 왜 이렇게 많은지, 우리 사회가 왜 그들에게 좋은 일자리를 만들어 주는데 실패하고 있는지, 열심히 노력해도 일자리조차 갖기가 왜 이렇게 어려운지에 대해서는 침묵합니다. 보이는 현상에 대한 분석은 있지만, 구조에 대한 분석이 없습니다.

　긍정심리학은 분명 장점이 있습니다. 삶에서 부정적인 생각을 가지고 사는 것보다야 긍정의 마음으로 사는 것이 중요합니다. 긍정심리학의 가장 큰 문제는 자신의 삶에서 행복을 얻지 못할 때, 그 모든 책임을 개인 자신에게 돌린다는 점입니다. 노력하지 못해서 그렇다거나, 또

71　바버라 에런라이크 지음, 전미영 옮김, 『긍정의 배신』(부키, 2011), p. 28.

는 능력이 부족하기 때문이라는 결론을 내리게 되어, 개인의 문제로 환원시킨다는 점에서 위험하고, 한계가 분명합니다. 이것으로 행복을 얻을 수는 없습니다.

러셀의 행복론

영국의 철학자 러셀(Bertrand Russel)은 1930년에 일반 대중을 위해 행복에 관한 책을 하나 저술하였는데, 그 책의 제목이 『행복의 정복(The Conquest of Happiness)』입니다. 러셀의 행복에 대한 생각은 책 제목에 잘 나타나 있습니다. 그는 행복은 인간의 노력으로 충분히 정복할 수 있다고 생각합니다. 그는 서문에서 이렇게 쓰고 있습니다.

> 나는 불행으로 고통당하고 있는 수많은 사람들이 바람직한 방향으로 노력하기만 하면 충분히 행복해질 수 있다는 믿음에서 이 책을 썼다.[72]

러셀의 이러한 생각이 이 책을 쓰게 하였고, 이 책은 그것을 전제로 시작합니다. 그는 인간의 불행은 일부분은 제도에, 그리고 일부분은 개인적 심리에 그 원인이 있다고 보았습니다. 그는 여러 가지 심리적 원인으로 사람들이 불행하지도 않은데 불행하다고 느낀다고 합니다. 그래서 이 책에서는 심리적인 원인을 다루고 있습니다. 그 당시 프로이

---

72 버트란트 러셀 지음, 이순희 옮김, 『행복의 정복』(사회평론, 2011), p. 9.

트의 정신분석학이 유럽에 많은 영향을 미치고 있었던 점을 고려하면 러셀은 적절하게 그 당시의 심리학을 이용하고 있음을 알 수 있습니다. 그는 1부에서는 행복이 떠난 이유를, 그리고 2부에서는 행복으로 가는 길을 나누어서 서술합니다.

톨스토이가 『안나 카레니나』에서 "행복한 가정은 모두 모습이 비슷하고, 불행한 가정은 모두 제각각의 불행을 안고 산다"는 말로 시작합니다. 그렇습니다. 불행한 사람들은 저마다의 사정이 있습니다. 러셀도 불행한 이유를 여러 가지로 살펴면서 심리적인 문제이든지 아니면 경쟁으로 지쳤든지 심지어 이유 없이 불행한 사람들까지의 예를 들고 있습니다. 그는 불행한 사람들이 왜 불행한지를 설명하고 있는데, 기본적으로 러셀의 입장은 인간의 불행은 심리적인 원인이 크다고 합니다. 이것이 1부의 내용입니다.

2부에서는 결과적으로 그 심리적인 문제들에 대해 알고, 그것을 의식적으로 고쳐가면서 행복을 향해 갈 수 있다는 것을 말합니다. 러셀은 행복하기 위해서 필요한 것이 사랑, 열정, 일, 폭넓은 관심 같은 것들이라고 합니다. 그의 행복관이 잘 드러난 것은 이런 말입니다.

"아주 드문 경우를 제외하고는, 행복은 마치 무르익은 과실처럼 운좋게 저절로 입 안으로 굴러들어오는 것이 아니다. 그래서 나는 이 책에 '행복의 정복'이라는 제목을 붙였다. 이 세상은 피할 수 있는 불행, 병, 정신적 갈등, 투쟁, 가난 그리고 악의로 가득 차 있다. 이런 세상에서 행복하게 살기를 원하는 사람은 개개인을 둘러싸고 있는 엄청나게 많은 불행의 원인들을 다룰 수 있는 방법을 찾아내야

제1부 행복을 찾아서

한다." [73]

　러셀은 2부에서 그 방법들을 다루고 있는데, 사실 내용은 평이하고 누구나 공감할 수 있는, 요즘 말로 보면 자기계발서의 모습을 보여주고 있습니다. 다만 차이점은 러셀의 글은 단순히 자신을 계발하라는 메시지를 전달하기보다는 논리적이고 이성적으로 설득하고 있다는 점입니다.

　러셀의 글을 따라가다 보면 상당히 오래된 책임에도 불구하고 오늘날 읽어도 전혀 어색하지 않은 부분들이 많습니다. 특별히 경쟁에 오염된 세상에서 살아가는 사람들이 경쟁이라는 것은 옳은 것이고, 그 경쟁에서 이기는 길만이 행복한 삶이라고 생각하는 시대에 살고 있다고 말하는데, 그 말은 오늘날에도 여전히 변하지 않았음을 알 수 있습니다. 그는 이런 경쟁적 삶이 "감성과 지성을 포기하고 의지만을 지나치게 키운 결과를 가져온다"라고 합니다. 오늘을 보면 경쟁적 삶이 생각하는 삶과 다른 사람과의 감정의 교감과 같은 부분의 퇴보를 가져왔고, 그로 인해 우리 사회가 삭막해지는 모습을 보게 되었다는 점을 지적한 것입니다. 오직 이겨야 한다는 의지만이 강해지고, 그 의지가 실패했을 때 인간은 불행하게 된다는 것을 알 수 있습니다.

　러셀은 행복이 선이라고 하는 쾌락주의적 관점에서 이 책을 쓰고 있습니다. 그는 모든 불행한 사람은 의식이 분열되거나 통합을 이루지 못한 데서 불행이 생기고, 행복한 사람은 자아의 내적인 통합을 이룬

73　같은 책, p. 245.

사람이라고 봅니다. 이러한 관점은 프로이트나 융의 심리학에서 인간의 완성을 말합니다. 그런 의미에서 러셀은 심리학의 영향을 많이 받았던 것처럼 보입니다. 러셀은 선한 삶 또는 좋은 습관을 가진 삶이 행복할 수 있는 여지가 많으며, 계속 자신의 행복을 위해서 노력하면 행복해질 수 있으며 행복은 자신의 처지에서 불행을 가져오는 것들과 맞서 싸워 이길 것을 주장합니다. 그래서 행복은 정복할 수 있는 것이며, 세상에 대한 열정과 관심과 따뜻한 사랑을 견지하면 충분히 이룰 수 있는 것이 행복이라고 말합니다. 이것이 러셀이 우리에게 말하는 조언이자 충고입니다.

1 인간의 심리를 아는 것과 행복해지는 것과 어떤 관계가 있을까요?

2 삶에서 의미를 갖는 것이 행복을 얻는데 중요할까요?

3 우리사회에서 긍정심리학이 유행하는 호소력을 갖는 이유가 무엇일까요?

4 러셀의 행복론이 가지는 장점과 단점이 무엇입니까?

빅터 프랭클 지음, 이시형 옮김,『죽음의 수용소에서』(청아출판사, 2012)

아우슈비츠의 비극을 온 몸으로 겪은 저자가 수용소 생활을 통해서 새롭게 얻은 인간에 대한 통찰을 잘 보여주고 있습니다. 이 책을 읽노라면 인간의 악함도 보고, 죽음보다 더한 고통을 이겨내는 인간의 강함도 볼 수 있습니다. 인간의 본질을 이해할 수 있는 책입니다.

바버라 에런라이크 지음, 전미영 옮김,『긍정의 배신』(부키, 2011)

미국의 사회학자인 바버라는 배신 시리즈로 유명합니다. 이 책외에도 노동의 배신, 희망의 배신이 있습니다. 이 책은 미국의 자본주의가 말하는 것들이 어떻게 거짓말인지를 배신 시리즈로 잘 보여주고 있습니다.

버트란트 러셀 지음, 이순희 옮김,『행복의 정복』(사회평론, 2011)

러셀이 보통 사람들에게 행복을 설명하기 위해서 쓴 개설서입니다. 오래된 책이지만, 지금 읽어도 공감을 줍니다. 행복을 찾는다면 읽어보세요.

제2부

공적 행복의
재발견

1

공적 영역에서의 행복

1부에서 우리는 행복이 무엇인지 그리고 행복과 관련된 것들이 무엇인지 살펴보았습니다. 그러나 우리 삶의 행복과 불행을 좌우하는 것은 개인적 영역보다는 공적 영역이 훨씬 큽니다. 우리 사회가 부정의하고, 독재자가 다스리며, 소수의 권력자와 다수의 국민으로 부가 양분된다면, 이 사회에서 행복할 수 있는 사람은 소수에 불과할 것입니다. 다수가 행복을 얻으려면 개인적인 행복뿐만 아니라 공동체의 행복도가 높아야 합니다. 그러므로 우리 공동체의 행복을 추구하는 영역을 공적 영역이라고 하고, 이런 공적 영역에서 행복도를 높이는 노력이 중요하다고 보는 것입니다.

2014년 우리나라 1인당 국민소득이 2만 6천 달러였습니다. 가난했던 시절을 생각하면 이는 놀라운 경제발전입니다. 그렇다면 우리의 행복도 비례해서 그만큼 증가하고 있을까요? 아닌 것 같습니다. 우리 사회 여기저기에서 힘들다는 사람은 늘어나고 있고, 행복하지 못한 사람들도 많습니다. 청년들은 직업을 구하지 못해 힘들고, 직장인들은 언제 회사에서 나가라고 할지 두려워하거나 저임금과 임시직으로 겨우 살아가는 사람들이 많습니다. 자영업자는 너무 많아서 장사가 안 된다고 합니다. 이렇게 된 원인은 무엇일까요? 이는 공동체의 문제입니다.

2부에서는 공적 행복이 무엇이고, 우리 사회가 앞으로 어떤 사회가 되어야 공동원의 구성원이 행복해질 것인지 함께 생각해보고자 합니다.

공적 행복과 정치

인간은 폴리스적 존재입니다. 함께 살아야 하고, 사회를 이루며 살아갑니다. 이 사회는 곧 국가가 되고, 국가를 이끌어 가기 위해서는 정치가 필요합니다. 정치는 인간만이 가지는 고유한 행위입니다. 김선욱 교수는 정치를 다음과 같이 말합니다.

"정치가 인간적 현상이라는 말은, 인간이 복수로 존재한다는 사실과 인간이 언어를 사용한다는 사실에서 나온다는 것을 알 수 있다. 동물에게도 갈등은 존재하지만 힘의 충돌을 통하지 않고서 이를 해결해가는 방법은 없으며, 전능한 신들에게는 서로 이미 조화가 이루어져 있으므로 의견 충돌이 없을 것이다. 따라서 서로 간에 말도 필요하지 않을 것이다."[74]

---

74 김선욱 지음, 『정치와 진리』(책세상, 2001), pp. 22~23. 아렌트의 입장에서 정치가

정치는 인간의 고유한 영역이며, 이성을 가진 인간이 대화로써 서로 좋은 방향을 찾을 수 있다는 것을 보여줍니다. 여기서 중요한 것은 인간은 말하는 존재라는 것입니다. '쏘온 로곤 에콘(zoon logon ekhon)'이라는 그리스 말은 '언어를 사용할 줄 아는 동물'이라는 뜻으로 아리스토텔레스가 사용한 말입니다.[75] 이 말은 인간은 끊임없이 말로 자신과 의견이 다른 사람과 대화하고 설득하고 합의하는 존재임을 보여줍니다.

정치의 원형은 고대 그리스의 도시국가에서 볼 수 있습니다. 그리스의 도시국가 시민들은 사적인 영역과 공적인 영역을 구분하고, 공적인 영역인 직접정치를 행하였습니다. 이러한 고대 그리스 사회의 분석을 통해 정치의 중요성을 논한 철학자는 앞에서도 소개한 한나 아렌트(Hanna Arendt)입니다. 그녀는 인간만이 서로 다른 의견을 가지고 언어를 통하여 서로 조정하고 타협할 수 있는 존재라고 했습니다. 이를 '인간의 복수성(human plurality)'[76]이라고 불렀습니다. 즉 인간의 생각이나 의견이 모두 다를 수 있음을 인정하는 것입니다. 여기에서 정치는 시작합니다.

또한 정치는 진리의 영역이 아니라고 주장합니다. 정치는 진리를 추구하는 것이 아니라 합의를 추구합니다. 정치적 신념은 그것이 옳기 때문이 아니라, 그것이 많은 사람들에게 행복을 주기 때문입니다. 고대 그리스 아테네에서 시행된 직접민주주의는 시민이 아고라 광장에 모여서 정치 현안에 대해 토론하고, 투표하여 결정하는 것입니다. 여기

무엇인지를 잘 서술하고 있다.

75   같은 책, p. 31.
76   같은 책, p. 23.

한나 아렌트

서 시민은 정치에 참여하여 토론할 뿐 아니라, 자신들이 돌아가면서 행정직을 수행하기도 하고, 정치가가 되기도 합니다. 이러한 직접민주주의가 아테네를 풍요롭게 했을 뿐 아니라 자유롭게 하였습니다. 문제는 오늘날 우리는 직접민주주의를 할 수 없기에 대의민주주의로 국민의 대표를 뽑고, 그들로 하여금 나라 일을 보게 함으로, 시민들이 정치를 할 수 있는 기회를 잃어버렸다는 것입니다. 이 상실이 정치와 시민 사이에 간극을 만들고, 정치와 시민의 생각이 다르게 됩니다.

아테네에서 직접민주주의가 가능했던 이유는 무엇일까요? 그것을 아렌트의 말을 빌려서 설명해 봅시다. 아렌트는 『인간의 조건』[77]에

---

[77] 한나 아렌트 지음, 이진우 · 태정호 옮김, 『인간의 조건』(한길사, 2001). 이 책에서 주장하는 삶의 세 가지 조건을 대략적으로 제시하려고 한다. 아렌트는 우리 인간의 삶을 세 가지로 구분하여, 인류가 어떻게 발전해왔으며, 어디로 가야하는지를 잘 보여준다.

제2부 공적 행복의 재발견

서 인간의 삶의 양태를 세 가지로 구분합니다. 그것은 노동(labor), 작업(work), 행위(action)입니다.

노동은 인간의 삶의 기본적인 것을 얻기 위한 것입니다. 이 노동의 특징은 반복성입니다. 매일 해야만 하는 일입니다. 예를 들어 밥을 하고, 농사를 짓고, 청소를 하고, 빨래는 하는 것은 매일 해야 하고, 살아 있는 동안 피할 수 없는 일입니다. 이러한 노동을 사람들이 피하기 위해서 고대에서는 노예를 둡니다. 고대 그리스의 도시국가에서 시민들의 직접민주주의가 가능한 이유는 일상의 노동을 노예가 대신 해주기 때문이었습니다. 고대에서는 노예가, 중세에는 농노가, 근대에서는 노동자가 그 역할을 담당하게 되었습니다.

노동이란 삶이 지속되는 한 반복적으로 이루어지는 일이며, 사람이 반드시 해야만 하는 운명과 같은 것입니다. 그래서 노동은 삶의 필수적 부분이며 삶을 초월할 수 없습니다. 이런 노동을 사람들은 노예에게 맡겼고, 오늘날은 임금을 주고 노동자를 사용해서 자신의 노동을 대신 시키기도 합니다. 즉 오늘날 생계유지를 위해서 하는 일이 바로 노동입니다.

작업은 노동과 달리 재료를 가지고 인공세계를 만드는 것입니다. 목재로 집을 짓는다고 하면, 거기에는 짓는 사람의 생각에 따라 각기 다른 집을 지을 수 있습니다. 작업은 인간의 창조성이 들어가서 새로운 인공물을 만들어내는 일입니다. 이를 장인 또는 제작인이라고 할 수 있습니다. 예를 들어 주택, 가구, 기계, 자동차같이 일회적으로 소비되고 마는 것이 아니라 보다 긴 시간에 걸쳐 사용될 수 있는 것입니다. 이는 인간의 활동 가운데 창의적인 일입니다.

행위는 인간이 가진 언어 능력과 생각의 복수성으로 인해 생기는 인간의 활동입니다. 말과 행위는 인간 스스로 자신을 드러내는 양식이며, 이는 정치로 나타나게 됩니다. 특히 정치라는 행위는 인간의 말과 관련이 깊습니다. 우리는 상대방의 생각과 의견을 알기 위해서는 대화를 해야 합니다. 말로 그 사람의 생각을 이해할 수 있고, 나 역시 말로 자신의 의견을 말합니다. 이런 과정을 통해서 갈등이 생길 수도 있지만, 그 갈등을 잘 해소할 수도 있습니다. 사실 정치는 서로 다른 생각들을 하나로 모으는 과정입니다. 그래서 비폭력으로 서로의 생각을 교환하고 합의에 이르는 과정이 정치이며, 인간의 행위입니다.

지금까지 아렌트의 인간의 삶의 양태 세 가지를 보았는데, 이를 토대로 행복에 대한 이야기를 해봅시다. 오늘날 사람들은 노동을 싫어합니다. 노동은 아렌트의 말처럼 반복되고, 항구적이기 때문입니다. 창의성이 없습니다. 우리는 보다 창의적이고 인공물을 내놓을 수 있는 작업의 삶을 살기를 원합니다. 좋은 대학에 가서 좋은 직장에 취직하려는 것은 단순히 돈 때문만은 아닙니다. 우리가 하기 싫어하는 밥하기, 청소하기 같은 단순직 노동은 우리를 지치게 하고, 노동의 가치를 얻지 못하게 합니다. 좀 더 행복해지기를 원한다면 우리는 작업을 하면서 살아야 합니다. 작업의 삶은 창의적이고, 동시에 자신이 하고 싶은 것들을 가능하게 하기 때문입니다.

이제 문제는 행위입니다. 행위는 정치인데, 현대사회에서 정치는 정치가에게 맡겨놓았습니다. 사실 정치는 너무나 중요해서 정치가에게만 맡길 수는 없습니다. 오늘 우리는 공적 영역에서 행복을 얻기 위해서라도 정치에 참여해야 합니다. 시민들이 연대를 하거나 또는 삶 속에서 적극적으로 정치에 관심을 가져야 합니다. 예를 들어 협동조합의 일을 하든지, 시민사회단체에 들어가서 활동을 하든지, 아니면 정기적으로 후원을 하는 것도 정치의 참여의 한 부분입니다.[78] 정치는 나와 상관없다고 생각하면 할수록 정치는 더 엉망이 되어 갑니다. 정치의 발전 없이는 공동체의 행복도 없습니다. 정치적 어려움에 휩싸여 망한 나라들을 역사에서 볼 때, 그 당시 살았던 사람들은 과연 행복할 수 있었을까를 생각해 보세요. 결코 아닙니다. 정치에 깊은 관심을 가지고 기꺼이 참여할 때, 우리 사회는 새롭게 변하게 됩니다. 다만 그 전에 먼저 스스로 세상에 대한 바른 공부가 선행되어야 합니다.

우리나라 정치의 모습은 어떻습니까? 왜 이렇게 왜곡되어 마치 당파싸움만 하는 것처럼 보일까요? 우리 정치의 왜곡은 정치적 자유의 왜곡 때문입니다. 해방 후를 지나 6·25 전쟁을 거치면서 한국 사회에는 진보적인 정당이 들어설 틈이 없게 되었습니다. 그래서 우리나라의 정당은 보수적인 정당들입니다. 거기에다 독재 아래 있으면서 정당의 발전이 저해되었습니다. 정치학자인 최장집 교수는 우리 한국 정치의 문제를 이렇게 말합니다.

"나는 한국 민주주의의 가장 큰 문제는 매우 협애한 이념적 대표체제, 사실상 보수와 극우만을 대표하는 정치적 대표체제에 있다고 본다. 내용적으로 보수독점의 정치구조는 민주화 이후에 변화되기보다 오히려 더욱 강화되었다. 한 사회가 이념적으로 자유롭지 못할

---

78 정치에 참여하는 것에 대해서는 김선욱 지음, 『행복의 철학』(길, 2011)을 참조하라.

때, 냉전 반공주의가 여전히 지배적인 정치 언어로 기능하고 있을 때, 민주주의는 그 사회가 직면한 여러 문제들을 해결하는 합의 형성의 기제가 되기는커녕 '민주주의의 이름으로' 그 사회의 기득구조와 특권체제를 정당화하는 정치적 기제에 머무르게 된다. 민주화 이후 한국 사회가 내용적으로나 질적으로 더욱 퇴보하게 된 원인을 들라면 나는 민주화 이후 15년이 흘렀음에도 불구하고, 여전히 냉전 반공주의가 지배적인 이념으로 지속되고 매우 협애한 이념적 대표 체제에서 보수독점의 정치구조가 지속되고 있기 때문이라고 말하고자 한다."[79]

한국 정치의 후진성은 국민의 뜻을 대표할 다양한 진영의 목소리를 담을 수 없는 정치 지형 때문이라는 것입니다. 즉 반공 이데올로기로 인한, 진보 정치의 실종이 우리 사회를 점점 퇴행적으로 만들고 있습니다. 국민들은 정치인들을 쉽게 욕하지만, 그 정치가 얼마나 우리 삶에 많은 영향을 미치고 있는지를 망각하고 있습니다. 국민들이 정치에 염증을 느껴서 정치에 관심이 없을수록 정치는 더 엉망이 됩니다.

이제 청년들이 정치에 관심을 가져야 합니다. 정치는 우리 사회가 어디로 갈 것인지를 결정합니다. 국회는 입법을 합니다. 입법이 곧 우리의 미래를 좌우합니다. 바른 시민의식으로 보다 행복한 사회를 이루겠다는 마음으로 정치에 참여하는 시민이 세상을 행복하게 만들 수 있습니다.

---

79 최장집 지음, 『민주화 이후의 민주주의』(후마니타스, 2002), p. 20.

공적 행복과 경제

작년에 많은 사람들에게 감동을 주었던 드라마 '미생'이 화제였습니다. 그 드라마가 화제가 된 것은 사실적인 전개도 한몫했지만, 중요한 것은 공감이었습니다. 많은 직장인들이 공감한 이유는 그 드라마의 주인공처럼 임시직이거나 계약직이고 정규직이라고 할지라도 조금만 방심하면 언제든지 그 속에서 밀려날지 모르는 삶을 살아가는 자들의 삶을 잘 표현했기 때문입니다. 하루하루 힘겹게 살아가는 사람들에게 행복은 사치인지도 모릅니다. 그런데 좀 이상하지 않습니까? 가난한 시절에는 경제가 성장하면 우리는 행복해질 줄 알았는데, 경제는 성장해서 선진국 끄트머리에 들어섰다고 하는데, 왜 우리는 행복하지 않을까요? 현실은 더 힘들어지고 피곤해지는 이유가 무엇일까요?

올해 한 신문[80]에서 우리나라 국민이 얼마나 행복한가를 조사한 기사가 실렸습니다. 전국 19세 이상 남녀 1천 명을 대상으로 설문조사한 결과, 행복하다고 생각하는 사람은 37.7%, 행복하지도 불행하지도 않다는 사람이 48.4%, 행복하지 않다는 사람이 13.3%로 나왔습니다. 나이가 많을수록 행복은 감소했고, 소득 수준이 낮으면 행복도가 뚝 떨어졌습니다. 행복하다고 느끼는 비율은 나이가 들수록 감소하였습니다. 그런데 중요한 것은 미래에 대한 전망입니다. '자녀가 자신보다 더 행복한 사회에서 살게 될 것이라고 생각하는가'라는 질문에 절반 이상(53%)이 '그렇지 않다'를 답했습니다. '그렇다'는 응답이 42.9%였습니다. 한국 사회가 행복한 사회로 나아가기 위해 가장 시급하게 개선

---

80   〈세계일보〉, 2015년 1월 29일자.

해야 할 점으로는 '돈이면 다 된다는 물질만능주의'가 23%였습니다.

우리 사회에 행복하지 않은 사람들이 많아지고, 미래에 더 나아질 것이라는 확신이 없어지는 가장 큰 이유는 경제문제 때문입니다. 경제만 좋아지면 행복할 것이라는 환상을 우리는 가지고 있기 때문입니다. 오늘 우리 사회의 모든 분야는 경제가 지배하고 있습니다. 이 경제가 왜 우리의 행복에 문제인가를 풀지 않으면 우리는 행복에 다가설 수 없습니다. 그럼 왜 경제가 행복에 문제일까요?

(1) 왜 경제가 문제인가?

현대 사회의 모든 문제를 경제가 다 덮고 있습니다. 즉 사회, 정치, 문화, 국민들의 삶의 질, 모두가 경제와 관련이 있고, 경제가 제일 중요하다는 생각이 우리 사회를 지배하고 있습니다. 이는 전세계적인 현상이기도 합니다. 신자유주의가 더욱 공고화되면서, 전 세계는 점점 산업 자본주의에서 금융자본주의로 넘어갔으며, 금융자본주의는 어떤 나라의 작은 사건도 전 세계에 영향을 미치게 됩니다. 그런 면에서 우리가 행복을 논하는데 경제문제를 도외시할 수 없습니다. 경제적인 발전이 어느 정도는 뒷받침되어야만 행복할 수 있다고 생각합니다. 배고파서 의식주가 해결이 안 되는데 행복을 논한다는 것은 언어도단입니다. 그런데 우리는 어느 정도까지 경제 발전을 해야 만족할 수 있을까요?

오늘 우리 사회는 대부분은 배고픔 때문에 불행하지는 않습니다. 문제는 다른 사람과의 비교의 문제이거나, 또는 더 큰 욕망을 어떻게 충족할 것인가에 대한 것들입니다. 자본주의의 가장 큰 문제는 욕망의 제어를 어렵게 한다는 점이죠. 오늘 우리는 알게 모르게 욕망의 덩어리

제2부 공적 행복의 재발견

인가를 잘 모릅니다. 그러나 강신주 박사의 글을 한번 읽어보면, 욕망이 어떻게 우리를 지배하는지를 발견하게 됩니다.

"자본주의적 삶의 폐단은 모두 냉장고에 응축돼 있다. 자, 지금 바로 냉장고를 열어보자. 보통 위가 냉동실이고 아래가 냉장실로 이루어져 있을 것이다. 냉동실을 열어보자. 검은 비닐 봉투가 정체 모를 고기와 함께 붙어 얼어 있는 덩어리를 몇 개 찾을 수 있을 것이다. 소고기인지, 돼지고기인지 아니면 닭고기인지 헷갈리기만 하다. 심각한 것은 도대체 어느 시절 고기인지 아리송하다. 아니 어쩌면 매머드 고기인지도 모를 일이다. 아니면 냉동실에는 냉동만두가 더 냉동되어 방치돼 있을지도 모른다. 이게 만두인지 돌인지 구별이 안 될 정도이다. 보통 이런 돌만두는 새로운 냉동만두를 넣으려다가 발견하기 쉬울 것이다.

다음으로 냉장실을 열어보라. 공장에서 오래 보관해서 먹으라고 플라스틱에 담아 포장한 식품들로 가득할 것이다. 플라스틱에 담긴 생수병과 음료수, 병에 담긴 여러 저장식품들. 냉장실에 잘 보관하면 유통기한 정도는 하루 이틀 정도는 거뜬히 버틸 수도 있을 것 같다. 모든 유통기한은 실온을 기준으로 하니까 말이다. 심지어 호박마저도 진공포장으로 채소 칸에 들어 있다. 그렇지만 자세히 살펴보면 냉동실과 별다른 차이가 없을 것이다. 최근에 대형마트에서 사온 제품들 뒤편에 정체 모를 플라스틱 통과 비닐 봉투들이 즐비하기 때문이다.(⋯)

행복한 공동체를 원하는가? 재래시장을 살리고 싶은가? 생태문제를 해결하고 싶은가? 가족들의 몸을 건강하게 만들 수 있는 안전하고 싱싱한 식품을 원하는가? 그럼 냉장고를 없애라! 당장 냉장고가 없다고 해보자. 우리 삶은 급격하게 변할 수밖에 없다. 직접 재래시장에 들러서 싱싱한 식품을 사야 한다. 첨가제도 없고, 진공포장 용기에 담겨 있지 않다. 식품을 사가지고 오자마자, 우리는 가급적 빨리 요리를 해야 한다. 싱싱하다는 것은 금방 부패할 수도 있다는 것을 의미하니까 말이다. 또 우리는 먹을 수 있을 만큼만 살 것이다. 혹여 어쩔 수 없이 많이 살 수밖에 없었다면, 바로 우리는 그것을 이웃과 나눌 수밖에 없다. '고등어자반을 샀는데요. 조금 드셔보시겠어요?'"[81]

이 글에서 냉장고로 상징되는 우리의 삶의 문화는 이미 가지고 있는 것으로 만족하지 못하고, 집에 쌓아놓고 제대로 먹지도 않는 우리의 삶의 현주소를 잘 보여주고 있습니다. 대부분의 집에 냉장고는 이미 한 대 이상씩 있습니다. 가족 구성원의 수는 줄어가는데, 냉장고는 더 많아지는 기현상을 어떻게 이해할 수 있을까요? 일단 사놓고 냉장고에 저장하는 습관이 우리의 삶을 바꾸어 놓았음을 이 칼럼은 잘 지적하고 있습니다.

이렇게 자본주의는 우리를 소비하지 않으면 존재의 가치가 없어지는 존재로 만들어 가고 있습니다. 우리가 마트나 백화점에 가면 우리 내면의 욕망을 끊임없이 자극받습니다. 사고 싶다는 욕망과 빈 지갑의

---

81 〈경향신문〉, 2013년 7월 22일자. 강신주, "인간다운 삶을 가로막는 괴물, 냉장고".

현실 사이에 고민하게 되는데, 그 갈등을 줄이게 하는 것이 바로 신용카드입니다. 신용카드는 소비자로 하여금 일단 쓰게 만들고, 욕망을 충족할 수 있게 합니다. 돈이 없어도 말입니다. 그러나 다음 달에 돈이 청구될 때 우리는 후회하게 됩니다. 이런 빚진 인생이 되어서 결국 빚을 갚지 못할 때, 소비자에서 쓰레기[82]로 전락하게 됩니다.

오늘 대부분의 선진국들마다 실업률이 높은 이유가 무엇입니까? 특히 청년 실업자가 늘어나는 이유가 무엇입니까? 경제발전을 못해서 그럴까요? 아닙니다. 점점 사람이 생산하던 것을 기계가 하고, 좀 더 싼 임금을 찾아서 가난한 아시아나 아프리카로 공장이 이전하고 있기 때문입니다. 따라서 여기저기 잉여인간이 많아지고, 소비하지 못하는 사람은 오늘날 '쓰레기'와 다를 바가 없는 존재가 되어버리는 것입니다. 그래서 사람들은 돈을 벌려고 애를 씁니다. 심지어 사람을 해치고 속여서라도 많은 돈을 벌고자 하는 사람들이 있습니다. 많은 사람들이 그렇게 돈을 벌려고 애쓰는 것은 사회의 쓰레기가 되고 싶지 않다는 절박함이 도사리고 있습니다. 현대기술문명의 기본적인 전제는 '사회가 발전하고 진보할 것이다.'라는 사회진화론적인 관점을 가진다는 것입니다. 그러나 인류는 성장하지 않을 수도 있습니다. 아니 성장을 멈추

---

82 이 용어는 지그문트 바우만의 말이다. 그의 『쓰레기가 되는 삶들』(새물결, 2008)을 보면 바우만은 현대사회를 '쓰레기'라는 개념으로 진단한다. 기술진보와 경제 성장이 만든 전지구적 자본주의가 승리함에 따라 소비자는 더 빨리 상품을 소비하고, 끊임없이 새로운 것으로 교체하기를 요구받는다. 그런데 문제는 갈수록 많은 사람들이 생산과 소비의 양 영역에서 아무런 역할을 하지 못한 채, 잉여인간이 되거나 초과 인구가 되어버린다. 이들은 말 그대로 아무 쓸모없는 '쓰레기' 같은 인간들이 되는 것이다. 바우만은 이러한 현대사회의 모순을 지적하고 있다.

어야 한다고 생각하는 사람들도 많습니다.

어떤 점에서 사회진화론적인 관점은 문제가 있습니다. 진화론은 다른 말로 하면 발전론입니다. 사회는 발전해야 하고, 경제 역시 발전해야 한다고 생각합니다. 그럼 우리는 어디까지 경제가 성장해야 만족할까요? 우리는 너무 성장의 포로가 되어 있는지도 모릅니다. 성장의 포로가 된 자본주의를 멈추어야 한다는 경제학자들도 많습니다. 대표적으로는 슈마허의 『작은 것이 아름답다』에서 보이는 불교경제학이 있고, 또 1972년 『성장의 한계』로 지구적으로 더 성장할 수 없다는 것을 보여준 로마클럽이 있습니다. 오늘날에는 헬레나 노르베리 호지가 쓴 『행복의 경제학』에서 경쟁과 양극화를 넘어 더불어 사는 사회를 만드는 경제체제가 무엇인지 보여주고 있습니다. 그 이외에 많은 학자들이 자본주의를 넘어선 새로운 대안들을 제시하고 있습니다.

그 가운데 여기서 소개하고 싶은 학자는 바로 에렌스트 슈마허(Ernst .F. Schmacher)입니다. 그의 저서 『작은 것이 아름답다』[83]에서 그는 서구 경제의 문제를 고찰한 후에 지금과 같은 경제 시스템은 물질적인 풍요를 약속한다고 해도, 환경 파괴와 인간성 파괴는 막을 수 없다고 보고, 새로운 경제 시스템을 제안하고 있습니다. 슈마허가 보는 자본주의는 인간을 서로 다투게 하는 탐욕과 질투심을 의식적으로 조장함으로 성립하는 경제체제입니다. 대량생산과 대량소비는 결국 자원의 낭

---

83 Ernst. F. Schmacher 지음, 김진욱 옮김, 『작은 것이 아름답다』(범우사, 1999) 참조. 욕망을 채우려는 자본주의를 버리고, 욕망을 비우고 작게 하여 지구 환경과 다른 생물과 인간이 함께 공존할 수 있는 경제 시스템을 제안하는데, 부제가 불교경제학이다. 즉 인간의 욕망을 줄이는 것에서 경제문제의 해결을 제시하고 있다.

비와 부족 사태를 야기할 뿐이며, 따라서 적은 것에 만족하는 경제 체제를 만들고, 재생 가능한 삶의 방식으로 전환해야 한다고 역설하였습니다.

이런 책들이 말하는 소리에 귀를 기울여야 합니다. 경제발전만이 우리를 행복하게 하는 것이 아님을 알았다면, 이제 대안을 찾아야 합니다.

(2) 새로운 대안을 찾아서

그럼 오늘날 우리 사회를 바꿀 수 있는 대안을 제시하는 책들을 봅시다. 먼저 로마클럽이 써서 세상에 경종을 울린 『성장의 한계』[84]를 살펴봅니다.

이 책은 '세계는 성장할 것이다'라는 성장지상주의적 사고를 가지고, 경제정책을 펼치던 모든 세계에 경제는 더 이상 성장하지 않을 것임을 많은 도표와 수치와 과학적 방식으로 보여주었다는 점에서 높은 점수를 받습니다. 성장의 한계에 직면할 수밖에 없는 가장 큰 이유는 생태계가 그것을 감당할 수 없다는 것입니다. 환경파괴가 가속화되어, 농지는 점점 사라지고, 지하수와 지하자원은 점점 고갈되고, 삼림은 사라지면서 더 이상 지구가 균형을 맞출 수 없게 됩니다. 이제 지구의 위기는 현실이 되었는데, 아직도 경제는 발전이고, 성장에 목을 매고 있습니다. 그래서 신문이나 방송에서 늘 경제성장률이 얼마 올랐다고 말

---

84   도넬라 H. 메도즈 · 데니스 L. 메도즈 · 요르겐 랜더스 지음, 김병순 옮김, 『성장의 한계』(갈라파고스, 2012).

합니다. 심지어 성장을 못하면 마이너스(-) 성장이라고 말합니다. 마이너스 성장은 성장이 아닌데도 성장이라는 말을 사용함으로 성장 지상주의를 우리에게 은연중 강조합니다. 그래서 우리는 자연스럽게 성장하지 않는 것은 퇴보하는 것으로 이해합니다. 성장을 멈추면 우리는 망한다고 생각합니다. 강박적으로 성장이라는 단어를 포기하지 않습니다. 참으로 지독한 성장 병입니다.

여기 윤리적인 문제 하나를 생각해 보겠습니다. 우리가 오늘 성장하고 잘 살기 위해서 우리 땅의 모든 자원을 다 사용하는 것에 대해 도덕적으로 후손에게 미안해해야 하지 않을까요? 우리만 살고 말 땅이 아니라 우리의 후손들도 살아야 할 이 땅을 마구 파헤치고, 길을 내고, 자연을 파괴하는 것이 정당화될 수 있습니까? 우리가 후손들에게 물려줄 것이 무엇입니까? 전국 어디에나 볼 수 있는 아파트의 숲, 날로 악화되는 대기오염, 환경오염과 같은 것 외에 우리가 물려 줄 수 있는 것이 무엇이 있습니까? 제가가 어릴 때만 해도 뒷산에 나비 잡으러 다니고 밤에는 반딧불과 놀았으며, 아무 물이나 마셔도 좋았던 시대가 있었습니다. 물론 그 당시 우리는 경제 발전이 되지 못한 가난한 나라였습니다. 경제 발전이 된 지금 우리는 아직도 더 발전해야 한다고 하면서 건설 경기를 살리기 위해서 건물을 짓고, 산을 허물어 길을 내고 있습니다. 그러나 미래의 세대에게 우리가 줄 것이 무엇이 있습니까? 차를 타고 가다보면 1, 2년만 지나도 길이 달라지고, 없던 길이 생기고 해서 낯설었던 적이 한 두 번이 아닙니다.

유럽의 선진국들은 길을 막 내거나 하지 않습니다. 오랜 만에 가도 익숙한 모습을 느낄 수 있습니다. 그들은 할 줄 몰라서 개발하지 않는 것이 아닙니다. 후손들에게도 자신들과 같이 자원을 쓸 권리를 인정해줍니다. 후손에게 제일 좋은 것은 모든 산을 뚫고, 길을 내고, 공장을 짓는 것이 아니라, 아름다운 자연 그대로를 물려주는 것입니다. 그래서 가급적 받은 대로 최소한만 손을 대고 나머지는 후손들에게 물려주어서 그들이 자원을 누릴 수 있도록 배려합니다. 우리는 지금 당장 필요하다고, 자연의 파괴를 너무 쉽게 합니다. 4대강 치수 개발은 자연스럽게 흐르던 강을 인위적으로 보를 만들어서 가두어두는 것입니다. 건설 경기를 살리기 위해서 하는 것은 단견입니다. 우리 대에만 있을 강이 아닙니다. 후손들이 살아야 할 강입니다. 마구 손을 대는 것보다는 문제점들을 보완하는 선에서 자연을 가급적 그대로 보전해서 물려주는 것이 옳은 것이 아닐까요? 우리는 후손에 대해 도덕적 책임을 지지 않고 있는 것 같습니다.

지금은 대통령 선거에서 져서 야인으로 돌아간 니콜라 사르코지(Nicolas Sarkozy) 프랑스 전 대통령이 2008년에 추진해서 만든 위원회가 하나 있습니다. '경제 실적과 사회 진보의 계측을 위한 위원회'라는 긴 이름을 가진 위원회인데, 위원장은 노벨 경제학상을 받은 미국 컬럼비아대의 조지프 스티글리츠 교수가 맡았고, 인도 출신 경제학자로서 노벨 경제학상을 받은 미국 하버드대학의 아마르티아 센 교수가 위원장 자문을, 파리정치대학 교수이자 프랑스 경제연구소 소장인 장 폴 피투시가 사무총장을 맡았습니다. 그 외 다양한 국적의 전문가들이 조사위원이 되어서 조사를 했습니다. 이들에게 맡긴 일은 현재의 경제성과 측정 방식이 지니는 문제점, 특히 GDP와 관련된 수치들의 문제점, 사회복지의 측정수단으로 이 수치들을 사용함으로써 야기되는 광범위한 문제점, 그리고 경제·환경·사회적 지속가능성의 측정과 관련된 문제점 등에 대한 해결책을 마련하는 것이었습니다.[85] 후에 이들이 보고서를 하나 냈는데, 그 책이 『GDP는 틀렸다』입니다. 사르코지 전 대통령이 위원회를 만든 이유는 간단히 말하면 '왜 GDP는 상승하는데 국민들의 생활은 더 어려워지는가?'였습니다. 지금까지 세계적으로 GDP 성장이 곧 행복의 성장이라고 생각했으나, 현재 GDP는 올라도 그렇지 못하다는 것이 점점 드러나고 있음을 보고, 그 이유를 찾기 위해서 위원회를 구성하였습니다.

그래서 이 보고서를 통해 많은 학자들은 지금의 경제성장을 재는 GDP 방식을 버리고 새로운 방식을 내놓았습니다. 그동안 간과한 삶의 질을 측정하는 방법을 찾고, 또 지속가능한 개발을 위해서 무엇을 해야 할 것인가에 대한 답을 찾는 노력을 했습니다. 그 결과 이 보고서는 GDP 성장이 곧 경제성장이요, 국민이 행복하게 살게 될 것이라는 환상을 버리라고 말합니다. 실제로 러시아에서는 1인당 GDP가 증가했음에도 기대 수명은 점점 짧아지고 있습니다. 미국에서도 1999~2008년까지 1인당 GDP가 꾸준하게 증가했지만 물가를 감안한 실질소득은 계속 줄어들었습니다. 이런 사례는 GDP 증가가 국민 개인의 삶의 질 개선으로 나타나지 않는다는 것을 보여줍니다.

우리나라를 보아도 GDP의 문제점을 쉽게 알 수 있습니다. 2011년 우리나라 국민소득이 2만 불이 넘었다고 했습니다. 그런데 국민들

---

85 조지프 스티글리츠·아마르티아 센·장 폴 피투시 공저, 박형준 옮김, 『GDP는 틀렸다』(동녘, 2012) p. 21.

의 삶의 질이 나아졌습니까? 행복해진 사람이 많습니까? 그렇다고 일을 덜 합니까? 아닙니다. 오히려 우리의 삶의 질은 더 나빠지고 있습니다. 그래서 〈파이낸셜 뉴스〉는 2011년 4월 1일자 신문에 '국민소득 2만 불 어쩌라구?'라는 기사를 실었습니다. 여기에 그 전문을 소개합니다.

1인당 국민총소득(GNI)이 3년 만에 다시 2만 달러를 넘어섰다. 인구 2,000만 명 이상의 국가 중에서 우리가 10대 부국 대열에 끼었다니 감개가 무량하다. 당연 환호가 터져야 할 것 같은데 웬걸, 하나같이 시큰둥한 표정이다. "그래서 어쩌라고?"

2만 달러는 환율의 작품이다. 국내총생산(GDP) 덩치가 좀 커진 것도 있지만 그보다는 원 환율이 강세를 보인 덕이 더 크다. 사실 환율이 마술을 부리면 국민소득이 마의 3만 달러 벽을 돌파하는 것도 시간문제다.

플라자합의(1985년) 이후 일본이 그랬다. 달러당 200엔을 넘던 엔이 100엔 아래로 떨어지자 달러 기준 국민소득은 단숨에 두 배가 됐다. 지금 달러당 1,100원을 오르내리는 환율은 노무현 정부 때 900엔 대였다. 그 시절로만 돌아가도 국민소득은 껑충 뛴다. 거꾸로 환율이 다시 급등하면 국민소득은 2만 달러 밑으로 고꾸라질 것이다.

환율이 오르면(원 약세) 수출이 잘 돼 기업과 나라가 부자가 된다. 전통적인 사고방식에 따르면 그 혜택은 근로자층에 골고루 미친다. 수출지상주의자들은 이런 이유로 환율 상승을 옹호한다. 이명박 정부도 그 범주 안에 든다.

거꾸로 환율이 내리면(원 강세) 수출경쟁력은 좀 떨어지겠지만 국민
은 부자가 된다. 수입품 가격도 싸지고 해외에 나가서 돈 쓸 때도 갑
자기 부자가 된 느낌이다. 노무현 정부는 이 범주 안에 들 것이다.
그런데 근래 들어 수출이 잘돼 봤자 대기업만 혜택을 본다는 불만이
나온다. 고용 없는 성장이 대기업의 잘못은 아니지만 돈을 잔뜩 쌓
아놓고 있으니 미움을 받는 건 어쩔 수 없다. 정부가 환율을 올려 수
출 지원사격을 한 만큼 대기업들이 성의 표시를 해야 할 것 아니냐
는 불만도 들린다. 동반성장을 둘러싼 잦은 논란도 같은 맥락이다.
정부는 '공정' 화두를 사사건건 물고 늘어지는 재계에 적잖이 실망
한 눈치다. 요 며칠 환율은 달러당 1,100원 아래로 떨어졌다. 정부
가 이걸 보고도 모른 척한다면 단단히 삐쳤다는 해석이 가능하다.
물가관리 차원에서도 환율 하락이 최상이니 핑계도 좋다. 과거 달러
당 900원대 환율에서 맷집을 키운 기업들은 제 살 길을 찾을 것이
다. 이러다 국민소득이 쑥쑥 오르면 어쩌나. 어쩌긴, 그땐 맘껏 환호
성을 질러도 좋을 것이다.

이 글에서 국민소득 2만 불의 환상은 환율조작 덕분이라는 것입니
다. 즉 원화의 약세를 유지함으로 수출하는 기업들에게 가격경쟁력을
보태주어서 수출을 많이 한 결과라고 합니다. 원화의 약세는 수출에는
도움이 되지만, 수입물의 가격을 상승시킨다는 것은 상식입니다. 결국
수출은 잘되어서 대기업은 좋았지만, 그 결과 국민들이 비싼 물가를 감
당해야 했다는 것입니다. 그래서 국민들에게 전혀 혜택이 돌아오지 않
았다는 비판입니다. 이 기사는 GDP의 성장이나 수출의 증가가 국민들

의 부로 돌아오지 않는다는 것을 잘 보여주는 예입니다. 경제 발전이 곧 나의 행복인 것은 아닙니다. 신자유주의가 지배하는 오늘 우리 사회에서는 더욱 더 그러합니다. 경제가 중요하지만, 경제만으로 인간은 행복해지지 않습니다.

우리는 사회의 현상에 대해, 그 이면에 있는 진실을 볼 수 있는 눈이 있어야 합니다. 보이는 것만 진실로 믿는다면, 이는 어리석은 사람입니다. 앞에서 소포클레스(Sophokles)의 비극 작품인『오이디푸스』를 말했습니다. 그 작품에서 오이디푸스가 자신의 아버지를 죽이고 어머니와 결혼했다는 사실을 알게 된 후에, 자신의 눈을 찔러서 스스로 장님이 되었습니다. 그 이유가 무엇인지 아십니까? 눈을 뜨고 보았던 것들이 가짜였다는 사실입니다. 자신이 눈으로 본 것이 거짓일 수 있다는 것을 깨달았기 때문입니다. 눈을 뜨고 있으나 진실은 알지 못했다는 자책감이기도 합니다. 우리가 보는 것만이 진실은 아닙니다. 보다 냉철하게 보이는 현상의 본질을 탐구하는 노력이 절실하고, 행복을 찾는 길에서 아주 중요한 요소임을 잊지 마시기 바랍니다.

1 공적 행복의 중요성에 대해 어떻게 생각하십니까?

2 정치가 세상을 바꾸고 우리를 행복하게 할 수 있습니까?

3 경제발전만이 행복을 주지 않는다는 말에 동의하십니까?

4 기업의 발전이 개인의 행복과 어떤 관계를 가질까요?

김선욱 지음, 『정치와 진리』(책세상, 2001)

이 책은 아렌트를 전공한 저자가 쉽게 아렌트의 사상을 소개하고 있습니다. 쉬우면서도 명료하고, 정치가 왜 우리에게 필요한 지를 잘 보여줍니다. 또한 이 책은 아렌트의 사상을 이해하는 길잡이로 손색이 없습니다. 아렌트를 읽기 전에 먼저 이 책을 읽으시기 바랍니다.

도넬라 H. 메도즈 · 데니스 L. 메도즈 · 요르겐 랜더스 지음, 김병순 옮김,
『성장의 한계』(갈라파고스, 2012)

브레이크 없는 경제 성장은 결국 지구의 환경을 위태롭게 하며, 성장만이 살 길이라고 하는 사람들의 신화를 깨뜨려준 역작입니다.

지그문트 바우만 지음, 정일준 옮김, 『쓰레기가 되는 삶들』(새물결, 2008)

현대 자본주의 사회가 인간을 어떻게 쓰레기로 전락시키는지 잘 보여주는 책입니다. 경제발전과 지구화는 필연적으로 잉여인간을 양산하게 되는 과정을 잘 보여줍니다.

2

행복한 공동체를 위하여

진짜 행복을 찾아서 우리는 어디로 가야 할까요? 우리가 사는 공동체가 지금보다 행복한 공동체가 될 수 있는 길은 무엇일까요? 이번 장에서는 우리 공동체의 행복도를 높일 수 있는 길이 무엇인지 살펴보겠습니다.

유토피아 혹은 디스토피아 그리고 나우토피아

유토피아(Utopia)라는 말은 영국의 사상가인 토마스 모어(Thomas Moore)가 1516년에 쓴 『유토피아』에서 유래했습니다. 그리스어로 ou(없다)+topos(장소)라는 말로 '어디에도 없는 장소'라는 의미입니다. 유토피아는 현실에서는 존재하지 않는 이상적인 사회를 말합니다. 어디에도 존재하지는 않으나 이런 세상에서 살아보고 싶다는 인간의 갈망이 유토피아를 만들어 냈습니다. 모어가 말하는 유토피아는 한 섬에 사람들이 사는데, 30가구가 모여서 한 집단이 되고 이들 가운데 '스타이워드'라고 부르는 관리를 뽑고, 다시 이 지역 담당관 10명이 모여 '벤치이터'라고 부르는 선임지역담당관을 뽑습니다. 각 도시에는 200명의 스타이워드가 있고 이들이 시장을 선출하고, 이들이 다시 모여 평의회를 이루고 왕을 뽑는 구조입니다. 이곳에는 화폐가 없고, 집에는 자물쇠가 없습니다. 누구나 일을 해야 하는데 노동 시간을 6시간으로 합니다. 먼저 3시간은 일을 하고 점심식사를 한 다음에 다시 3시간을 일하는 식입니다. 이러한 유토피아의 삶은 모어가 보기에 이상적인 사회이면서 가장 행복한 사회입니다. 지역 담당관인 스타이워드의 주요 임무는 자신이 담당하고 있는 사람들 중 누구도 무위도식하지 않고 맡은 일을 열심히 해나가도록 감독하는 것입니다. 이를 보면 이곳은 결코 놀고먹는 곳이 아님을 잘 보여줍니다. 한 발 더 나아가 유토피아인들은 수도사들처럼 금욕적인 삶을 살아야만 합니다.

"유토피아 인들은 금욕 생활에 있어서는 두 가지 분파로 나누어집니다. 첫 번째 분파는 금욕주의를 믿는 사람들입니다. 그들은 철저한 금욕주의자들입니다. 성적인 접촉은 물론이고 육류 섭취에 있어서도 그렇습니다. 그들은 인생의 모든 쾌락들을 포기합니다. 이런 쾌락들을 죄악에 물든 행동이라고 생각하기 때문입니다. 그러면서 그들은 오직 다가올 내세에서의 삶만을 갈망합니다.(…)

두 번째 분파 사람들은 첫 번째 분파 사람들과 마찬가지로 고된 노동 생활에 열정을 기울이는 사람들이긴 하지만 결혼을 인정합니다. (…) 그들은 일에 방해만 되지 않는다면 쾌락을 반대하지 않습니다."[86]

이처럼 유토피아는 자기 마음대로 사는 세상이 아니라 욕망을 절제하고 적당한 노동으로 이루어지는 평등주의적인 세상임을 알 수 있습니다. 토마스 모어도 먹고 노는 것이 유토피아가 아님을 말하고 있습니다. 모어가 그리는 유토피아의 세계는 우리가 상상하는 그런 행복한 곳은 아닌 것처럼 보입니다.

유토피아의 반대의 세계를 디스토피아(Dystopia)라고 하는데 가상사회를 말합니다. 이 말은 존 스튜어트 밀(John Stuwart Mill)이 의회 연설에서 처음으로 사용하였다고 합니다. 그리스어로 dys(나쁜)+topos(장소)라는 말로 나쁜 장소이면서 사람을 불행하게 하는 사회를 말합니다. 이 사회를 대표적으로 잘 묘사한 소설이 있는데, 그것이 조지 오웰(George Orwell)의 『1984』입니다. 이 책에 나오는 디스토피아는 전체주의[87]입니다. 개인의 자유는 금지되고, 오직 통치자인 빅 브라더의 명령만을 따르는 곳이며, 개인생활을 감시당하고, 사상 통제를 위해서 언어를 통제하며, 명령에 따르지 않을 때는 제재를 가하는 세계입니다. 이러한 세계가 왜 디스토피아입니까? 인간의 자유를 박탈하고 언어마저도 통제하여 인간을 단일한 하나의 생각과 사상만을 강요하여, 인간을 비극적인 삶으로 인도하기 때문입니다.

유토피아나 디스토피아의 세계 이 둘은 양 끝에 놓여 있습니다. 그

---

86 토마스 모어 지음, 류경희 옮김, 『유토피아』(펭귄클래식코리아, 2011), p. 213.

87 전체주의(全體主義, totalitarianism)는 개인은 전체 속에서 비로소 존재가치를 갖는 다는 주장을 근거로 강력한 국가 권력이 국민 생활을 간섭·통제하는 사상이다.

리고 극단은 통한다고, 이 둘 모두 인간에게 행복을 주지 못합니다. 이 둘 다는 인간의 자유를 억압하고, 어떤 목적을 위해 인간의 자유를 박탈하기 때문입니다. 우리 사회가 지향해야 할 것은 이 둘이 아니라, 그 중간 어디쯤이라고 생각해 볼 수 있습니다. 앞에서 말했듯이 매일의 삶이 다 행복 그 자체라면 그것은 이미 행복이 아니고 일상일 뿐입니다. 그런 점에서 인간에게 행복은 어떤 체제나 사회는 아닙니다.

유토피아와 디스토피아의 중간 어딘가에 존재하는 우리에게 새로운 사회를 건설하자고 하면서 존 조던(John Jodan)과 이자벨 프레모(Isabelle Fremeaux)는 『나우-토피아(nowtopia)』라는 책을 썼습니다. 이 책에서 저저들은 나우토피아를 이렇게 말합니다.

"이자벨과 나에게 유토피아란 불가능한 미래를 추구하면서 완벽을 찾아 가는 것이 아니다. 그런 것과는 오히려 거리가 멀다. 완벽한 사회가 곧 나타날 거라는 생각, 그런 영광스러운 미래를 위해 현재를 희생해야만 한다는 생각이 바로 유토피아를 속임수로 여기게 만드는 허황된 약속이다. 우리에게 유토피아란 바로 여기, 그리고 바로 지금의 삶의 방식이며, 자본주의사회의 소비 천국이라는 배경에도 불구하고 근본적으로 다른 현재를 창조해가며 또 그렇게 살아가는 방식을 말한다."[88]

---

88 존 조던, 이자벨 프레모 지음, 이민주 옮김, 나우토피아(nowtopia)』(아름다운사람들, 2013), p.14.

과거의 행복이나 미래의 유토피아의 행복을 기다리지 말고, 지금 여기서 행복해야 한다는 것입니다. 저자들은 이것을 위해 자본주의의 대안적 삶을 모색하고 있으며, 그런 삶을 시행하는 곳들을 소개하고 있습니다. 도처에 새로운 대안들을 찾아 지금 여기서 행복해지는 것이 나우토피아입니다.

나우토피아를 이루는 길은 먼저 우리 공동체가 어떤 사회가 되어야 하며, 우리 사회가 어디로 가야 하는지를 진지하게 생각하는 것입니다. 공동체의 행복은 대통령 한 명이 잘한다고 쉽게 이루어지는 것이 아닙니다. 우리 모두가 공동체에 관심을 가지고, 그 공동체의 비전이 어디인가를 고민하지 않으면 우리의 미래는 디스토피아로 향하게 될 확률이 높습니다. 따라서 우리는 공동체의 행복을 위해서 무엇을 해야 하는지를 생각하고, 정치에 관심을 가지고, 다른 사람들과 함께 소통하고, 연대하면서 우리 사회가 어떻게 하면 행복하고 정의로운 사회가 될 수 있을 가를 고민해야 합니다. 그것이 공동체 행복의 길입니다. 우리가 함께 노력하고 참여하여 보다 좋은 사회제도를 갖추도록 하는 것이 나우토피아를 건설하는 길입니다.

행복지수를 높이자

우리는 한 나라의 경제 발전과 성장을 말할 때 GNP(Gross National Product), GDP(Gross Domestic Product)를 따지는 경우가 많습니다. 요즘은 국내총생산(GDP)을 더 따집니다. 그러나 반드시 이런 지수가 높다고 행복지수가 높아지는 것은 아닙니다. 이미 앞에서 단순한 경제 성장은 국민들을 행복하게 하지 못한다는 것을 보았습니다.

그래서 나온 것이 행복지수 곧 GNH(Gross National Happiness)입니다. 행복지수가 제일 높은 나라는 부탄(Butan)입니다. 부탄은 히말라야산맥 동부에 위치하고, 중국과 인도의 사이에 길쳐있는, 우리나라보다 작은 나라이고, 이들의 일인당 국민소득은 2천 불을 조금 넘는 수준입니다. 그런데 이들의 행복지수는 세계 1위를 달리고 있습니다. 이들이 행복한 이유가 무엇일까요? 그 이유를 찾는 책이 있습니다.

사이토 도시야와 오하라 미치요가 쓴 『행복한 나라 부탄의 지혜』[89]라는 제목을 가진 책입니다. 이 책을 잘 읽어 보면, 행복의 길이 무엇일까에 대한 어렴풋한 답을 찾을 수 있습니다. 부탄은 경제적으로는 전혀 부강하지 않습니다. 그들은 경제 성장이 행복이라고 생각하지 않습니다. 그들은 정신적 풍요가 더 중요하다고 생각합니다. 부탄은 첫눈이 오면 공휴일입니다. 너무 많은 관광객이 올 수 없도록 관광객 수를 제한하기 위해 하루에 200불씩의 체류비를 받습니다. 동시에 부탄은 경제발전을 이루기 위해서 노력하는 것이 아니라 국민이 행복해지기 위해서 정부는 국정의 최고 목표를 행복에 두고 있습니다. 그들에게 GNP보다 GNH가 더 중요합니다. 결코 부자가 되기를 원하지 않습니다. 그래서 거대한 댐을 만들지 않고, 삼림 비율을 국토의 60% 이상으로 유지하며, 관광객 수를 제한합니다. 그 이유가 외화를 가져오는 사람들보다 밭에서 일하는 사람이 더 소중하다고 믿기 때문입니다. 그들은 불편해도 전통을 고수하고, 노숙인 · 고아 · 외톨이가 무엇인

---

89 사이토 도시야 · 오하라 미치요, 『행복한 나라 부탄의 지혜』(공명, 2012).

지 모르는 나라입니다. 그래서 국민의 97%가 행복하다고 말하는 나라입니다.

자! 여러분 우리는 과연 부탄보다 잘살고 있지만, 우리는 과연 그들보다 행복할까요? 아니 이들의 삶의 태도를 우리가 이해할 수 있을까요? 아마 쉽지 않을 것입니다. 차이는 여기에 있습니다. 우리는 자본주의 사회에 살고, 그들은 그런 사회를 거부했기 때문입니다. 가장 큰 이유는 부탄이 전 세계에서 유일하게 불교를 국교로 하는 나라이기 때문이기도 합니다. 즉 삶의 가치를 욕망의 절제 내지는 제거에 두고 있기 때문입니다.

이에 반해 우리는 치열한 경쟁과 물질을 획득하기 위해서 더 많은 돈을 벌고, 더 많은 돈을 벌기 위해서 공부해야 하고, 합격을 위해서 또다시 행복을 유예하며 땀과 눈물을 흘립니다. 또한 우리는 늘 무엇인가를 소비해야만 하는 욕망하는 존재로 살아가고 있습니다. 삶의 여유는 사라지고 치열한 경쟁에서 이겨야 한다는 조급한 마음으로 살아갑니다. 우리는 친구와 노는 것도, 다른 사람의 삶 이야기를 들어주는 것도, 다른 사람과 더불어 살아야 하는 것도 잃어버린 채, 우리는 그렇게 목표를 향해 달려가고 있습니다. 그렇게 가난을 벗어나 지금 일인당 국민 소득이 2만 불이 넘는 시대가 되었습니다. 우리 스스로 물어봅시다. 우리는 과연 행복한가요? 행복한 사람도 있겠지만, 많은 사람들이 미래에 대한 불안과 두려움으로 행복을 유예한 채 살아가고 있습니다. 이는 우리의 행복 지수가 얼마나 낮은가를 보면 알 수 있습니다. 2012년 조사에 의하면 경제협력개발기구(OECD) 회원국 36개국 가운데 27

위를 기록하였습니다.[90] 이는 경제 발전만이 우리를 행복한 길로 인도하는 것이 아니라는 것을 잘 보여줍니다.

이제 우리는 경제발전이 아니라 행복발전이라는 개념을 도입하고, 부탄처럼 모든 국민이 행복할 수 있는 길을 찾아야 하지 않을까 생각합니다. 결국 행복지수를 높이기 위해서 우리는 경제 문제로만 행복의 척도를 삼는다는 사고의 전환이 필요합니다.

가난의 원인을 알자

오늘날 전지구적으로 가속화되는 신자유주의가 발생시킨 대표적인 문제는 양극화입니다. 소수의 부자와 중산층 그리고 하층민으로 구성되었던 계층이 중산층은 사라지고 점점 양극화 현상이 심화되고 있습니다. 몇 년 전 한 신문에 실린 기사[91]에서 국제통화기금(IMF) 총재인 크리스틴 라가르드(Christine Lagarde)는 미국에서 열린 브레턴우즈위원회 연례회의에서 부의 집중문제를 언급하면서 세계 상위 0.5%의 인구가 부의 35%를 점유하고 있으며, 이 같은 부의 편중현상이 심화되고

90　매년 OECD는 회원국 36개국의 주거와 소득, 고용 등 11개 생활 영역의 지표를 토대로 행복지수를 산정해 발표한다. 우리나라는 안전(9.1), 시민참여(7.5), 교육(7.9) 영역에서는 높은 수준을 보였지만, 환경(5.3), 일과 생활의 균형(5.0), 건강(4.9), 삶의 만족도(4.2) 등 근로시간과 생활 환경 분야에서 하위권에 머물며 27위를 기록하였다. 한국의 연평균 노동시간은 2,090시간으로 OECD 회원국의 평균 1,776시간에 비해 15%가량 더 많다. 참고로 1위는 호주, 2위는 스웨덴, 3위는 캐나다였다. 이들 나라의 공통점은 모두 노동 시간이 짧고, 삶의 만족도가 높았다는 것이다. 2013년 5월 28일자 〈한국경제신문〉 참조.

91　2013년 5월 16일자 〈헤럴드경제〉에 실린 기사.

있는 데 대해 우려를 나타냈다고 보도했습니다. 그녀는 "소득불균형의 증가에 대한 전세계 정책결정자들의 우려가 커지고 있다."며 IMF 역시 세계 경제에 영향을 미치는 빈곤 문제를 예의주시하고 있다고 강조하였습니다.

이렇게 된 가장 큰 이유는 이미 나라마다 형성된 계층, 즉 선진국·중진국·후진국과 같은 계층을 올라가기가 어렵기 때문입니다. 장하준 교수가 『사다리 걷어차기』[92]에서 말한 바와 같이 선진국들이 자신들이 선진국에 올라갈 때까지는 철저하게 보호무역을 시행합니다. 그 결과 자국의 기업들이 성장하고, 국가가 선진국이 되면 그 다음부터는 자유무역을 주장합니다. 이러한 자유무역은 이제 성장하는 과정에 있는 중진국이나 신흥국들에게 타격을 주고, 기업을 성장할 수 없게 만들어 선진국의 하청기업으로 만들어 버리게 됩니다. 이를 장하준 교수는 사다리 걷어차기라는 비유로 설명합니다. 선진국들은 산업의 기반이 없는 국가들에게 자유무역을 하라고 합니다. 그러나 이 나라들은 이미 덩치가 커지고 기술이 발전해있는 선진국들과의 경쟁에서 이길 수가 없습니다. 그 결과 후진국의 기업들은 성장하지 못하고 망하게 됩니다. 다시 일어설 수 없게 됩니다. 나라 경제 역시 회생하기가 어렵습니다. 자유무역은 경제적 여건과 수준이 비슷해야 가능한 것입니다. 신자유주의는 결국 선진국들과 글로벌화된 기업들만이 승리하는 시스템입니다.

---

92 장하준 지음, 형성백 옮김, 『사다리 걷어차기』(부키, 2004). 이 책은 신흥공업국이나 후진국이 왜 선진국으로 발전하지 못하는지를 설명하고 있다. 세계의 빈곤문제가 근본적으로 어디에서 기인하는지 잘 보여준다.

흔히 게을러서 가난하고, 부패해서 가난하다는 것은 신화일 뿐입니다. 특히 부자들이 주로 북반구에 있고 가난한 나라들은 주로 남반부에 있는 관계로 북반구를 위해서 남반구 사람들은 죽도록 일을 합니다. 나이키의 제품은 가난한 나라인 네팔, 인도에서 만들어지고 있습니다. 그것도 아주 싼값에 어린이부터 노인에 이르기까지 노동의 현장에서 일하고 있습니다. 그들의 삶은 더 나아지지 않고, 그저 먹고 살기도 힘든 처지에서 허덕이고 있습니다.

기아문제와 가난의 문제에 관심을 가지고 있는 장 지글러(Jean Ziegler)는 세계가 가난한 이유는 부채 때문이라고 합니다.

> "2006년 북반구 선진 산업 국가들이 제3세계 122개국의 개발을 위해 지원한 돈은 580억 달러였다. 같은 해 제3세계 122개국은 부채에 대한 이자와 원금 상환 명목으로 북반구 은행에 포진한 세계화 지상주의자들에게 5,010억 달러를 지급했다. 오늘날의 세계 질서 속에서 부채는 그 자체로 구조적 폭력의 전형적인 예라고 할 수 있다. 한 나라의 국민들을 노예 상태로 만들어 복종시키기 위해서 기관총이나 네이팜탄, 탱크 따위는 필요 없다. 부채가 그 모든 역할을 완벽하게 수행하기 때문이다."[93]

선진국들은 개도국 이하 후진국에게 약간의 돈을 빌려주고 높은 이자를 받았습니다. 그뿐 아니라 후진국에 있는 몇 개 되지도 않는 국

93　장 지글러 지음, 양영란 옮김, 『탐욕의 시대』(갈라파고스, 2005), pp. 79~80.

영기업들을 민영화하거나 외국 자본에 팔 것을 종용하기도 합니다. 그렇게 하여 남미의 브라질이나 아르헨티나 같은 나라는 많은 자원에도 불구하고 선진국에 진입하는 것에 실패하게 되었습니다. 그리고 아프리카나 아시아의 가난한 나라들은 선진국으로 올라갈 사다리마저 끊긴 상태입니다.

국가가 가난해지는 것과 개인이 가난해지는 것이 상당히 유사합니다. 우리나라처럼 복지 망이 미미한 나라에서는 실직이나 큰 병을 얻으면 빈곤층으로 추락할 수밖에 없는 구조입니다. 또한 가난에 빠진 사람이 다시 일어서기가 힘든 이유가 부채 때문입니다. 일을 해서 얻는 소득이 적으니 무슨 일이 생기면 빚을 질 수밖에 없고, 한번 이런 빚의 덫에 빠지면 헤어나기가 어렵습니다.

앞에서 언급한 『긍정의 배신』을 쓴 바버라 에런라이크는 자신이 직접 3년 동안 식당 웨이트리스, 호텔 객실 청소부, 가정집 청소부, 요양원 보조원, 월마트 매장 직원 등을 거치면서 최저임금 수준의 급여로 사는 것이 얼마나 힘든 일인가를 생생하게 보여주는 『노동의 배신』[94]이라는 책을 통해 가난한 자가 더 많은 빚을 질 수밖에 없으며, 어떻게 가난에서 벗어나지 못하는가를 르포 형식으로 보여주고 있습니다. 이 책에서 가난한 자들은 아무리 열심히 일해도 저임금에서 벗어나지 못하게 되어 가난한 삶을 살 수밖에 없습니다. 이러한 신자유주의를 받아들인 우리나라 역시 열심히 일해도 점점 가난해져서 노동에 배신당

---

94 바버라 에런라이크 지음, 최희봉 옮김, 『노동의 배신』(부키, 2012). 이 책은 르포 형식의 책으로 삶의 경험을 통해 미국 사회가 점점 망가져가고, 중산층이 어떻게 무너지고 있는지를 적나라하게 보여준다.

하는 워킹 푸어들이 많아지고 있습니다. 너무 싼 임금과 비정규직, 임시직과 같은 일들만이 많아지고 있으며, 이런 일을 하게 되면 저임금의 굴레에 들어가게 됩니다.

이런 현실을 잘 알고 있는 청년들은 대학에 들어가면 바로 취직을 준비합니다. 4년도 짧습니다. 영어연수도 해야 하고, 많은 경험도 쌓아야 하고, 동아리 활동도 하고, 그 와중에 봉사점수도 쌓아야 합니다. 수업도 잘 듣고 점수관리도 해야 하고, 틈틈이 밤에는 아르바이트도 해야 합니다. 오늘 대학생들 스스로 이런 삶에 자신을 던지는 이유는, 졸업해서 좋은 직장에 취직하지 못하면 평생 좋은 직장에 갈 수 없다는 것을 누구보다 더 잘 알기 때문입니다. 그리고 취직에 실패는 곧 비정규직의 삶, 가난의 삶을 살게 된다는 말과 동의어임을 그들은 알고 있습니다.

우리 사회의 청년들이 가난을 두려워하지 않고, 자신이 하고 싶은 일을 할 수 있는 것이 왜 어렵습니까? 9급 공무원을 시험 본 청년들이 20만 명이라는 뉴스를 접하고, 암담해졌습니다. 9급 공무원이 하는 일은 단순한 일이고, 필자가 젊었을 때는 고등학교를 졸업한 청년들이 시험을 보았습니다. 동사무소에서 하는 업무는 그리 복잡하지도 않은 일입니다.(저는 공무원들을 비하하기 위해서 말하는 것은 아닙니다. 다만 4년의 대학을 나와서 해야 할 만큼 전문적인 일은 아니라는 뜻입니다) 그런 일에 20만 명의 청년이 지원했다는 것은 청년들이 자신의 적성이나 하고 싶은 일 같은 것은 상관없이 오로지 안정된 일자리가 최고라는 생각을 잘 보여주는 것입니다. 가난한 사람은 잠시 행복할 수는 있으나 지속적으로 행복하기는 어렵습니다. 청년들은 그것을 잘 알기에 오늘도 청춘을 도서관과 학원에서 보내고 있는 것입니다.

호모 데비토르

〈화차〉라는 영화가 있습니다. 이선균과 김민희라는 배우가 주연한 영화인데, 원래는 일본의 미야베 미유키의 소설이 원작입니다. 주인공인 여자가 파산한 가정 때문에 자신도 파산하고 다른 사람의 이름으로 살아가면서 살인까지 하여 결국 파멸의 길로 갈 수밖에 없는 비극적인 삶을 보여줍니다. 원작은 1990년대 일본의 버블경제가 무너진 이후 닥친 장기 불황을 겪으면서 많은 사람들이 신용불량자가 되고 자살자가 늘고, 경제가 무너지는 그 시대를 배경으로 합니다. 거품이 꺼지고 난 후에 많은 사람들이 신용카드와 대부업체의 빚이라고 하는 덫에 빠져서 허덕이며 삶을 송두리째 빼앗겼는데, 이 소설은 그 과정을 사실적으로 보여줍니다. 여기서 이 책과 영화의 제목인 화차(火車)가 무슨 뜻이냐 하는 것이 중요합니다. 화차는 일본 신화에서 지옥에 가는 사람들이 타는 차인데, '생전에 악행을 저지른 망자를 태워 지옥으로 실어 나르는 불 수레'가 화차입니다. 그런데 이 차는 한번 타면 절대로 내릴 수 없다는 것이 특징입니다. 그러므로 화차는 빚이라는 차를 한번 타면 절대로 내릴 수 없어서 결국 파멸이라는 것을 상징한다고 합니다.

빚을 지면 안 된다고 생각하기보다는 '빚을 권하는 사회'가 우리 사회입니다. 케이블 방송에서는 하루 종일 대부업체와 캐피탈사의 대출 광고가 하루 종일 들립니다. 일반 방송에서는 카드를 쓰라는 광고가 끊이지를 않습니다. 성인들은 대부분 2, 3장 정도의 카드가 다 있습니다. 급할 때 쓰고 천천히 갚으라고 합니다. 그래서 사람들은 빚을 지고도 별 걱정을 하지 않고, 끊임없이 소비합니다. 오늘 신자유주의 아래 사는 우리에게 절제는 더 이상 미덕이 아니라 저주입니다. 오직 소비하고 또 소비하는 것이 우리의 미덕입니다. 우리는 끊임없이 새로 나온 자동차를 새로운 할부시스템으로 사라는 유혹을 받고, 쇼핑방송에서는 마지막 찬스를 놓치지 말라는 말과 함께 24개월 무이자 할부로 모신다는 말에 우리는 갈등하다가 사게 됩니다. 어차피 카드는 쓰라고 있는 것 아닌가 하면서 쓰게 되고, 그것은 고스란히 빚으로 남습니다. 그것도 이자까지 첨부해서 말입니다. 이러한 소비의 행태가 어린이들이나 청소년들에게도 그대로 투영되어, 빚을 지더라도 소비하는 데에는 주저하지 않습니다. 미야베 미유키는 『화차』에서 이렇게 말합니다.

"특히 젊은 사람들이 이런 속임수에 걸려들기 쉽습니다. 소비자신용은 젊은 층 이용자 개척에 힘을 쏟고 있으니까요. 어느 업계나 마찬가지겠지만, 기업은 고객에게 달콤한 말밖에 안 합니다. 이쪽이 현명해지는 수밖에 없어요. 그런데 현 상태에서는 그 부분이 뻥 뚫려 있는 겁니다. 대형 도시 은행에서 학생용 신용카드를 발행한 지 올해로 딱 이십 년째인데, 그 이십 년 동안 어느 대학교가, 고등학교가, 중학교가 이 신용 사회에서의 올바른 카드 사용법을 지도했습니까? 그것이야말로 지금 당장 시작해야 하는 일인데도 말이죠. 도립 고등학교에서는 졸업을 앞둔 여학생들을 모아 메이크업 강습을 하는 모양인데, 그렇게 멋을 부릴 여유가 있으면 신용사회로 나가는 데 필요한 기초 지식을 가르치는 강습도 같이 해야 옳은 것 아닙니까?"[95]

신용사회에서 카드빚이나 사채가 얼마나 무서운 것인지, 자신의 삶을 파멸로 이끌 수 있는 것임을 가르쳐 주지도 않은 채, 우리는 사회에 나와서 무심코 카드를 사용하고, 대출을 받습니다. 그러다 소비의 유혹에 빠져 결국 빚의 덫으로 화차를 타고 만 불행한 사람들을 우리는 어렵지 않게 보게 됩니다. 오늘날 우리는 쉽게 카드를 만들 수 있고, 전화를 받으면 싼 이자로 돈을 빌려준다는 말을 쉽게 들을 수 있습니다. 이처럼 돈 빌려가라는 말을 너무 쉽게 듣게 되는 것은 우리 경제가 소비하지 않으면 돌아가지 않는 구조이기 때문입니다. 어쩌면 우리 사회 전체가 화차인지도 모릅니다.

우리 사회는 대학생들에게 빚의 올가미를 씌웁니다. 등록금을 내기 위해서 학자금 대출을 받아야 하고, 빚을 얻어야 합니다. 졸업할 때는 1천만 원 이상 심지어 3천만 원 이상까지 빚을 진 상태에서 사회에 나갑니다. 만일 직장을 구하지 못하거나 정규직을 얻지 못하면 청년은 신용불량자가 되고, 불행하게도 내릴 수 없는 화차를 타게 됩니다. 이런 상태에서는 미래를 꿈꿀 수 없습니다. 그런데 좋은 직장은 많지 않고 경쟁이 치열합니다. 경쟁에서 탈락한 많은 청년들이 직장을 구하지 못하여 결국 아르바이트를 하거나 비정규직에 내몰리게 됩니다. 그러나 빚은 남아 있습니다.

빚진 인간을 '호모 데비토르(Homo Debitor)'라고 합니다. 만일 다행으

---

95 미야베 미유키 지음, 이영미 옮김, 『화차』(문학동네, 2012), p. 160.

로 졸업해서 취직을 하면 빚을 다 갚게 될까요? 아닙니다. 또 다른 빚을 져야 합니다. 곧 결혼을 하려면 집이 있어야 합니다. 집값은 고사하고 전세 값이라도 구하려면 빚을 져야 합니다. 이 빚은 학자금보다 큽니다. 거기서 끝나는 것이 아닙니다. 결혼을 하면 아이를 낳게 되고, 아이를 낳으면 그때부터는 엄청난 교육비가 들어갑니다. 자녀들의 학원비를 대느라 빚을 집니다. 이렇게 우리 인생에서 빚은 사라지지 않고 평생 빚진 인생 호모 데비토르가 되어 가는 것이 우리의 인생이라면 너무나 슬프지 않습니까? 은행은 신용카드를 쓰라고 하고, 대부업체는 언제든지 쉽고 빠르게 빌려 쓰라고 합니다. 정부는 빚을 얻어 집을 사라고 합니다. 이처럼 우리는 빚 권하는 사회에서 호모 데비토르로 살아가고 있습니다. 이 안에서 우리는 과연 행복을 찾을 수 있을까요? 부모를 잘 만난 소수의 사람과 봉급을 많이 주는 직장이나 안정된 직장을 가진 소수를 제외하고, 이 굴레에서 벗어나기는 쉽지 않습니다.

이런 사회가 정상적인 사회일까요? 미래 세대에게 빚을 지우고, 결혼과 자녀교육에 엄청난 돈이 드는 것을 스스로 알아서 하라고 내버려 두는 우리 사회에서 누가 행복을 말할 수 있습니까?

1 행복과 유토피아와의 상관관계는 무엇일까요?

2 가난해도 행복할 수 있을까요? 아니면 가난하면 행복하기가 어려울까요?

3 가난의 원인에 대해서 토론해 봅시다.

4 빚 권하는 사회에 대해 어떻게 생각하십니까? 빚을 벗어나는 길이 무엇입니까?

토마스 모어 지음, 류경희 옮김, 『유토피아』(펭귄클래식코리아, 2011)

존재하지 않은 이상향을 그려서 어떻게 하면 보다 더 좋은 국가를 만들 것인가를 고민한 책입니다. 모어가 이런 고민을 하게 된 것은 그의 시대가 왕정으로 국민들을 억압하는 시대인 동시에 빈부의 격차가 극심한 시대였기 때문입니다. 그는 이 책을 통해 그 당시의 현실을 비판하고 있습니다.

장 지글러 지음, 양영란 옮김, 『탐욕의 시대』(갈라파고스, 2005)

저자는 오랜 동안 유엔 인권위한회에서 활동한 분으로, 이 책은 세계의 빈곤의 원인이 무엇이며, 가난한 나라들이 왜 점점 더 가난해지는가를 분석한 책입니다. 빈곤의 원인이 무엇인지 궁금하다면 꼭 읽어보시기 바랍니다.

바버라 에런라이크 지음, 치희봉 옮김, 『노동의 배신』(부키, 2012)

이 책은 저자가 직접 임시직과 아르바이트를 하면서 최저임금으로는 도저히 사람답게 살 수 없음을 실증적으로 보여주고 있습니다. 빈곤 문제의 고전을 다루는 중요한 책입니다.

3

진짜 행복을 찾아서

이 장에서는 우리가 어떻게 하면 행복을 찾을 수 있을까를 고민해 보고자 합니다. 그래서 이런 사회가 되면 우리 사회가 보다 더 행복할 수 있지 않을까하는 점들을 강의하고자 합니다. 거시적으로는 우리 공동체가 어디로 갈 것인가를 고민하고 토론해보아야 하지만, 먼저는 우리가 할 수 있는 일들을 하여, 행복을 찾았으면 합니다.

소비를 잘하자

신자유주의 사회는 소비가 곧 행복이라는 공식을 가지고 있습니다. 우리는 어느 정도 돈이 있어야 행복할 수 있다고 말합니다. 그 말은 곧 어느 정도 소비하면서 살아갈 수 있어야만 한다는 것입니다. 사람들은 누구나 물질적 풍요를 원합니다. 그래서 소비는 중요합니다. 소비를 잘못하면 '호모 데비토르'가 되기 때문입니다.

"근대 경제학 이론에 따르면 효용은 행복이고 노동은 고통이다. 본래 근대사회는 소비사회로 출발했기 때문에 소비하기 위해 생산하는 것이 기본적인 원칙이다. 인간의 욕망이 사라지지 않는 한 그 원칙은 영원히 지속될 것이다. 행복을 줄 거라고 기대되는 상품을 갖지 못하면 행복해지지 않기 때문에 사람들은 소비하고자 하는 욕망에서 벗어나지 못한다. 지그문트 바우만의 주장에 따르면 근대사회에서의 빈곤이란 '계속 구매할 수 없게 된 상태'라고 한다. 행복을 줄 거라고 기대되는 상품을 구매할 수 없게 되는 것이 곧 빈곤이자 불행이라는 얘기다. 사람이 배고픔과 추위로부터 벗어나도 빈곤함을 느끼는 것은 이 때문이다."[96]

경제학은 수요가 있어야 공급이 있다고 말합니다. 많이 팔아야 많이 만들어서 돈을 벌 수 있습니다. 따라서 소비는 반드시 해야만 합니다. 그래서 경제학에서 인간은 소비자입니다. 소비하지 못하는 인간은 아무 쓸데없는 사람입니다. 앞에서 설명한 바우만을 기억하시기 바랍니다. 그는 현대 사회에서 만들어지는 생산품을 '쓰레기'라고 표현하였습니다. 그런데 물건만 그런 것이 아니라, 사람도 생산에서도 필요없고, 소비도 하지 못하는 사람은 잉여인간이 되고, 이들은 곧 '쓰레기'라고 했음을 이미 우리는 알고 있습니다. 우리가 이런 쓰레기 같은 삶이 되지 않으려면 끊임없이 소비해야만 합니다. 그래야 왕의 대접을

---

96   야마다 마스히로 · 소데카와 요시유키 지음, 홍성민 옮김, 『더 많이 소비하면 우리는 행복할까』(뜨인돌, 2011), p. 22.

받습니다.

문제는 돈이 없다는 것인데, 그 돈은 빌리면 됩니다. 이 문제에 대해서는 앞 장에서 다 설명했습니다. 바우만은 빈곤이란 소비할 수 없는 상태라고 정의했습니다. 한번 생각해 보세요. 우리가 하루에 얼마나 많은 광고의 유혹 속에서 살아가고 있습니까? 물 없이 하루를 살 수는 있어도, 돈 없으면 한 순간도 살아갈 수 없는 사회에서 '소비는 곧 행복'이라는 도식이 맞는 것처럼 보입니다. 그러나 이것은 신기루에 가깝습니다. 소비를 하는 것으로 우리는 행복을 찾을 수 없고, 찾아서도 안됩니다.

그런데 사람들은 오늘도 소비를 합니다. 그것도 과도하게 소비합니다. 기업들은 상품을 팔기 위해서 광고를 통해 우리의 욕망을 끝없이 자극합니다. 이를 이정전 교수는 '욕망부채질이론'으로 정리하고 있습니다.

"이웃이 새 옷을 사면 나도 덩달아 사 입고, 자동차를 사면 나도 덩달아 사고, 큰 집을 사면 나도 사는 식의 소비심리가 우리의 욕망을 부추긴다. 오늘날의 광고는 개인의 허영심, 자존심, 심지어 도덕심에 호소하는 데 고도로 전략화 되어 있다. 그래서 광고된 상품을 사지 않으면 속이 상하고 자존심이 상하거나 도덕적으로 부끄러움을 느끼게 만든다. 인위적으로 조장하기 쉬운 것은 대체로 향락성, 퇴폐성 욕망들이다. 우리의 경제는 그런 욕망을 충족시켜 주기 위해서 막대한 자원을 소모한다."[97]

---

97 이정전 지음, 『우리는 행복한가』(한길사, 2009), p. 101.

제2부 공적 행복의 재발견

소비가 곧 행복이라는 등식을 버릴 때, 우리는 행복의 첫걸음을 걸을 수 있습니다. 남이 보는 것에 관심을 두는 한국적 정서에서 벗어나 자신의 내실을 다지고, 광고에 현혹되지 않고 바른 소비와 분수에 맞는 소비를 함으로 돈의 노예가 되지 말아야 합니다. 타인의 시선에서 자유로와야 합니다. 같아지려고 하지 말고, 개성있게 사는 것이 더 아름다운 삶임을 기억하기 바랍니다. 또한 우리 사회의 구조가 왜 소비를 조장하는지를 잘 이해하는 것이 중요합니다. 즉 사회를 공부한다는 것이 바로 이런 소비의 본질을 이해하는 것입니다. 알게 되면 바른 소비를 할 수 있는 최소한의 준비는 된 것입니다. 바른 소비는 곧 빚 권하는 사회에서 빚을 지지 않을 수 있게 됩니다. 내가 꼭 필요한 것만 사는 현명한 소비자가 될 수 있습니다. 여기서부터 우리의 행복은 시작됩니다.

패자부활전이 있는 사회

야구나 축구에 보면 흔히 토너먼트 형식으로 게임을 운영합니다. 그런데 이런 토너먼트의 약점은 한 번의 패배로 바로 탈락하게 된다는 점입니다. 그래서 이 약점을 보완하기 위해서 패배한 팀들만 모아서 패자부활전을 합니다. 패자들에게 다시 한번 기회가 주어지고, 거기에서 승리하면 다시 정상에 도전할 수 있도록 해주는 제도입니다.

오늘 우리 사회에 절실하게 필요한 것이 바로 패자부활전입니다. 인생의 성패를 10대 후반에 치르는 한 번의 입시로 결정하는 지금의 대입제도는 패자부활전을 인정하지 않습니다. 한 번의 시험으로 대학을 결정할 뿐 아니라, 그 이후의 인생도 결정하게 되는 것이 우리 사회입니다. 어느 대학에 가느냐에 따라, 인생이 바뀝니다. 우리 사회에서 어느 대학을 나오는가가 중요한 이유는 철저하게 연고주의에 기반 하는 사회이기 때문입니다.

이 연고주의는 우리 사회는 기본적으로 혈연, 지연, 학연에 지배받는 사회라는 것을 보여줍니다. 특히 학연에 의한 지배는 점점 공고화되어 가고 있는 것이 현실입니다. 특히 한·중·일로 대표되는 동아시아는 서양의 개인주의적이고 합리주의적인 사고방식과는 다른 유교적 혈연주의에 기초하는 사회이기에 이러한 연고주의가 지배적이고 결정적입니다.

2012년 9월 23일자 〈중앙일보〉 기사를 봅시다. 우리나라 고위공무원의 출신대학을 조사하였는데, 전체 고위공무원 1,527명 가운데 서울대가 451명(29.5%), 연세대가 139명(9.1%), 고려대는 132명(8.6%)로 흔히 sky대학이 722명(47.2%)을 차지하고 있습니다. 이들 대학을 제외한 수도권 대학 출신은 550명(36.0%)으로 고위공무원 10명 중 8명이 수도권대학 출신입니다. 반면 지방 국립대를 포함한 수도권 이외 지역 대학 출신은 242명(15.8%)에 불과했습니다. 고졸 출신은 13명(0.8%)뿐이었습니다.

이는 무엇을 말하고 있습니까? 철저한 연고주의와 학벌주의가 우리 사회를 지배하고 있음을 통계로 보여주고 있습니다. 이런 상황에서 누가 고등학교만 졸업하고 만족스러운 직장을 가질 수 있으며, sky대학 외의 다른 대학을 나온 사람들이 어찌 행복할 수 있겠습니까? 많은 부모들이 자식에게 일류대를 가라고 외치는 이유가 무엇입니까? 대학이 자녀의 미래를 좌우한다는 것을 알기 때문입니다.

미국의 대학은 적어도 우리나라처럼 일렬로 서열화 되어 있지 않습니다. 비슷한 좋은 대학들이 많을 뿐 아니라, 대학원 중심의 대학이 많습니다. 그래서 다양한 대학의 출신들을 뽑으려는 노력을 합니다. 오바마 대통령은 고등학교 졸업 후 LA에 있는 옥시덴탈대학교에 입학하고, 2년 후에 다시 컬럼비아대학교에 편입합니다. 그리고 대학원을 하버드 로스쿨로 갑니다. 이처럼 편입이 쉽고, 다양한 방식의 형식으로 학생을 선발하기에 한번의 시험으로 자신의 모든 것을 결정되지 않습니다. 그러나 우리 사회는 어느 대학에 나왔는가가 한평생 따라다닙니다. 그래서 국적은 바꿀 수 있어도 학적은 못 바꾼다는 말이 있습니다. 일류대학은 가급적 다른 학교 출신은 받지 않으려고 하고, 교수도 자기 학교 출신자로 채우는 것을 당연하게 여깁니다. 그러면서 자신들만의 천국을 만들어 대대로 지배계급이 되려고 합니다.

직장 역시 많은 스펙을 요구하고, 들어가서 한번 퇴직 당하면 다시 취직하기가 어렵습니다. 또한 사업을 해서 한번 실패하면 다시 일어서기가 어렵습니다. 그래서 한번 패자는 영원한 패자로 살아갈 수밖에 없고, 이런 사회는 불행할 수밖에 없습니다. 그런 점에서 패자가 다시 부활할 수 있도록 만들어 주는 제도적 장치가 필요합니다. 그리고 학력이나 출신대학으로 평가받지 않고 객관적으로 판단할 수 있는 합리성이 살아있는 사회가 되어야 합니다. 그래야 더 많은 사람들이 행복할 수 있는 사회가 될 수 있습니다.

행복을 재정의하자

오늘날 많은 사람들이 성공적인 삶을 추구합니다. 자기계발서 중에 제일 많은 주제는 성공적인 삶입니다. 성공과 행복은 어떤 상관관계가 있을까요? 행복의 반대말은 불행이지만, 성공의 반대말은 실패입니다. 즉 성공은 어떤 일을 해서 이루어내는 것을 말합니다. 그리고 자신이 도전했던 일을 이루어냈을 때, 사람들은 성취감이나 행복감을 느낍니다. 그래서 성공이 곧 행복이라는 등식이 통용되고 있습니다.

미국의 성공학과 리더십의 전문가로서 많은 책을 낸 존 맥스웰(John Mawxell)의 『인생성공의 법칙』이나 기업인들의 영적 스승이고 시간 관리의 대가인 스티븐 코비(Steven Covey)의 『성공하는 사람들의 7가지 습관』 같은 책에서 성공이 무엇인지를 잘 보여줍니다. 이들이 말하는 성공의 공통점은 대개 실패를 두려워하지 말라, 소중한 것을 먼저 하라, 과거와 작별하라, 생각을 긍정적으로 바꾸라 등등입니다.

여기서 논할 것은 성공이 곧 행복인가 하는 점입니다. 사람들은 출세를 성공이라고 여깁니다. 그럼 출세를 하면 행복할까요? 회사의 CEO가 되고 대기업의 이사가 되고, 판사나 검사가 된다면 성공한 삶이라고 할 수는 있으나 행복한 삶이라고 말할 수 없습니다. 성공이 곧 행복은 아니기 때문입니다. 그래서 우리는 단어의 정의를 잘 해야 합니다.

성공한 사람들 가운데서 스스로 행복하지 않다고 말하는 사람도 많습니다. 미국 CEO들을 대상으로 성공과 행복이 어떤 관계인지 질문을 했는데, 그 결과 'CEO로 성공해서 행복해졌다.'라고 대답한 사람은

제2부 공적 행복의 재발견

37%에 불과한 반면, '하루하루를 행복하게 살았더니 성공을 거둘 수 있었다.'라고 대답한 사람은 63%에 달했다고 합니다. 이는 무엇을 말합니까? 성공이 곧 행복은 아니라는 것을 말합니다. 즉 성공하면 행복해지는 것이 아니라 행복하게 사는 것이 곧 성공이라는 것으로 바꾸어야 합니다.

사람들은 성공을 어떤 성취나 목표 달성으로 보고, 현재의 행복이나 기쁨을 유예하곤 합니다. 그러나 이는 잘못입니다. 지금 이 순간 행복해야 결과에서도 행복할 수 있습니다. 지금 모든 것을 참으면 그 결과의 기쁨은 잠시일 수밖에 없게 됩니다. 사람이 원하는 성공적인 삶이란 대개 자신의 욕망이나 만족과 깊은 관련이 있기 때문입니다. 아리스토텔레스는 인간의 삶의 목적은 성공이 아니라 행복이라고 하였습니다. 그 행복은 공동체 속에서 살아가는 개인의 만족이나 덕스러움과 관련됩니다. 즉 선하고 바른 삶을 사는 것이 행복이라고 보았던 것이죠. 그러나 성공은 권력, 명예, 부, 건강, 물질, 장수와 같은 목표이며, 이러한 목표를 달성하면 행복할 것이라는 막연한 기대로 인해 행복과 성공이 뒤섞여 버리게 됩니다. 그래서 행복과 성공을 구분해서 보아야 합니다.

오늘 우리 사회에서 성공의 척도는 돈입니다. 돈이 많으면 성공했다고 말하고, 부러워합니다. 경제적인 문제를 너무 중시해서 경제가 조금만 나빠져도 스스로 불행하다고 생각하는 사람들이 많아집니다. 그럼 부가 많은 사람들이 반드시 행복할까요? 돈이 주는 편안함과 돈이 가지는 능력을 사람들은 알고 있습니다. 그러나 어느 정도만 있다면, 그 다음부터 돈은 행복이 아닙니다. 즉 성공은 행복의 필요충분조건은 아니라는 뜻입니다.

우리가 불행하다면 어느 면에서는 행복의 정의가 잘못되었기 때문일 수 있습니다. 돈이나 성공이 행복이 아니라고 한다면 어떻게 될까요? 예를 들어 가족의 행복이 나의 행복이라고 보거나, 또는 사랑하는 사람들을 즐겁게 하는 것이 나의 행복이라고 정의한다면 삶의 태도나 방식은 분명히 달라질 것입니다. 돈보다는 내가 좋아하는 일을 하거나, 보람 있는 일을 하는 것을 행복이나 성공이라고 정의한다면 행복은 달라질 수 있습니다. 그러므로 행복을 원한다면 행복이라는 단어를 재정의하기 바랍니다. 성공을 목적으로 삼지 말고 수단으로 삼아야 합니다. 돈이나 성공은 우리 삶의 목적이 아니라 수단임을 기억하시기 바랍니다. 돈을 벌어서 무엇을 할 것인지, 세속적인 성공을 해서 무엇을 해야만 내가 행복할 수 있는지를 생각해 보세요. 수단은 얻지 못하거나 이루지 못해도 상관없습니다. 목적이 분명하면 우리가 행복을 위해 달려가는 그 길에서 이미 행복을 만났을 것입니다. 행복은 저 멀리 있는 파랑새가 아니라 인생의 도상에서 수없이 만나는 즐거움이고, 기쁨입니다. 다만 행복이 무엇인지 알기만 한다면 말입니다.

잘 노는 사람이 행복하다

우리 사회는 노는 것에 대한 편견이 있습니다. 노는 것은 쓸데없는 짓이요, 필요 없는 것이라고 생각합니다. 그래서 우리는 근면, 성실이 삶의 태도요, 가훈인 경우도 많습니다. 열심히 일하는 모습이 아름다운 모습이기는 하나, 사람은 그렇게 일만 하면서 살 수는 없는 노릇입니다. 오히려 잘 노는 사람만이 행복할 수 있습니다.

네덜란드의 문화사 교수인 요한 하위징아(John Huizinga)는『놀이하는 인간(Homo Ludens)』이라는 책에서 인류문화사에서 놀이가 얼마나 중요한 것인가를 보여주고 있습니다. 모든 문화 현상의 기원을 놀이에 두고 인류의 문화를 놀이적 관점에서 고찰한 명저입니다. 여기서 중요한 것은 사람들이 하찮은 것으로 여기는 놀이가 얼마나 중요한 것인지를 보여준다는 점입니다. 그는 놀이의 특징을 4가지로 설명합니다.[98]

첫째, 놀이는 자발적 행위입니다. 명령에 의한 놀이는 더 이상 놀이가 아닙니다. 놀이는 자유 시간에 한가롭게 할 수 있는 행위입니다. 즉 놀이는 자유로운 행위이며 자유 그 자체입니다.

둘째, 놀이는 '일상적인' 혹은 '실제' 생활에서 벗어난 행위입니다. 실제 생활에서 벗어나 일시적으로 하는 행위이며, 놀이는 '~인 체하기'이며, 오로지 '재미를 위한 것'이어야 합니다.

셋째, 놀이는 시간과 공간의 제약을 받습니다. 놀이는 시작되면 적절한 시점에서 종료하게 됩니다. 이러한 시간적 제약으로 말미암아 놀이는 후손에게 물려져 전통이 되면 지속적이고 반복되는 특징이 있습니다. 한편 놀이는 일상생활에서 벗어나 있기 때문에 필연적으로 독립적인 장소가 필요합니다. 예를 들어 경기장, 카드 테이블, 마법의 원, 사원, 무대, 스크린, 테니스 코트 등등이 모두 놀이터입니다. 이는 특정한 규칙이 지배하는 울타리 쳐진 신성한 장소입니다. 이런 놀이터는 일상생활의 세계 속에 자리 잡은 일시적 세계이며, 별도로 정해진 행위의

---

98   요한 하위징아 지음, 이종인 옮김, 『호모 루덴스』(연암서가, 2010), pp. 41~50를 요약했음.

실천에 혼신의 힘을 기울이는 공간입니다.

넷째, 모든 놀이에는 나름대로 규칙이 있습니다. 규칙이 없는 놀이는 없습니다. 규칙을 위반하거나 무시하는 자는 '놀이 파괴자'입니다. 게임에서 벗어남으로 놀이로부터 환상을 빼앗고, 놀이 공동체의 존재를 위협하게 됩니다. 이런 자는 놀이의 세계로부터 추방되어 현실 세계로 쫓겨나게 됩니다.

제가 어린 시절에 하던 놀이 가운데 '무궁화 꽃이 피었습니다'라고 하는 놀이가 있었습니다. 술래는 눈을 감고 앞에서 "무궁화 꽃이 피었습니다."라고 하는 동안에 뒤에서 움직여서 술래에게 다가갑니다. 술래는 다 외치고 뒤돌아보아서 움직이는 사람을 지적하면, 그는 술래에게 붙어서 친구가 와서 쳐 줄 때까지 있어야 하는 놀이입니다. 그런데 상대방이 움직였는지 안 움직였는지를 구분하기가 쉽지 않습니다. 정말 이심전심으로 술래가 말할 때, 지적당한 친구는 거의 별 일 없이 수긍합니다. 어른들 같으면 "내가 언제 움직였냐?"라고 우기겠지만, 어린이들의 세계에서는 나름대로 규칙이 있습니다. 그리고 여기에는 어떤 이해관계가 없기에 순수하게 수긍하고, 느슨한 자신들의 규칙에 따르게 됩니다. 만일 술래의 말을 거부하면, 그는 놀이 파괴자가 될 것입니다. 하위징아의 말처럼 인간은 놀이라는 것을 통해 문화를 만들고, 놀이를 통해 인간은 행복해진다고 합니다. 그런 점에서 우리에게는 잘 노는 것이 중요합니다.

여러 가지 문제 연구소의 김정운 교수는 놀이의 중요성을 무척이나 강조합니다. 그는 하위징아와는 조금 다른 놀이의 다섯 가지 특징을 이렇게 말합니다.

첫째, 놀이는 비실재적이다. 즉 놀이는 일상적인 경험과 구별된다는 뜻이다. 예를 들어 빗자루는 놀이하는 아이들에게는 더 이상 빗자루가 아니다. 말이 되기도 하고, 비행기가 되기도 하고, 총이나 칼이 되기도 한다. 이러한 비실재성의 경험은 아동의 경험 세계를 넓혀주고 새로운 차원의 상징적인 세계로 넓혀준다.

둘째, 놀이는 '내적 동기'에서 출발한다. 처벌, 상품, 칭찬 등은 외적 동기화의 강력한 도구이다. 우리가 직장에서 열심히 일하는 것은 외적인 동기화의 강력한 도구이다. 즉 월급을 받는다. 그러나 놀이는 스스로의 만족을 위한 내적 동기가 중요하다.

셋째, 놀이는 목표를 이루는 것보다 과정을 즐기는 것이다. 만일 테니스를 치다가 승부에 목숨을 걸기 시작하면, 이미 놀이가 아니다. 놀이는 과정이지 목표가 아니다.

넷째, 놀이는 스스로 선택해야 한다. 아무리 재미있는 놀이도 억지로 시켜 한다면 놀이가 아니다. 내가 선택한 놀이여야 한다.

다섯째, 놀이는 즐거움이다. 놀이는 결국 즐거워야 한다. 재미가 있어야 놀이이다. [99]

놀이는 우리 삶에 중요한 요소입니다. 그러므로 이제 노는 것을 두려워하지 마세요. 그리고 잘 놀아야 합니다. 잘 노는 사람일수록 행복할 수 있습니다. 놀이할 때 인간은 모든 것을 잊어버리고 가장 행복한 시간을 보냅니다. 우리가 어린 시절에 자신이 좋아하던 놀이를 할 때

---

99 김정운 지음,『노는 만큼 성공한다』(21세기북스, 2013), pp. 84~87.

시간이 어떻게 가는지 알 수도 없고, 그 시간이 너무나 행복했었다는 것을 기억합니다. 인생을 살면서 자신이 좋아하는 일을 하고, 재미있게 놀면서 보람까지 얻을 수 있다면 그는 아마 가장 행복한 사람일 것입니다. 모든 것을 잊고 놀면 다시 일할 수 있는 힘이 생깁니다. 사람은 계속 놀라고 해도 그럴 수 없고, 계속 일만 하라고 해도 할 수 없는 존재입니다. 적절한 놀이와 일과 휴식이 균형을 이룰 때 건강하고 행복한 삶이 보장 됩니다. 놀지 않고 일만 한다면, 결국 기계나 노예의 삶이 될 수밖에 없습니다.

여기서 중요한 것은 놀이와 쉼의 차이를 구분할 줄 알아야 합니다. 놀이는 외적인 동기 없이 재미있는 일을 하는 것입니다. 낚시를 하는 사람은 낚시하는 동안 모든 것을 잊어버리고 행복해집니다. 축구를 하는 사람도 그렇습니다. 놀이는 우리에게 새로운 활력소와 재충전의 기회를 주기에 중요합니다. 그런데 쉼은 조금 다릅니다. 쉬라고 하면, 우리는 집에서 잠자고, 먹고, TV 보는 것이라고 생각합니다. 아닙니다. 쉼은 자신만의 시간을 가지고, 자신의 내면의 삶을 되돌아보고, 자신의 내면을 정리하는 시간이어야 합니다. 현대인들에게는 놀이도 있고 휴식도 있는데, 쉼이 부족합니다. 쉼은 자신의 삶을 되돌아보는 것이고, 이는 고독해야만 가능합니다(고독에 대해서는 이미 앞에서 강의를 했습니다). 사람은 자신의 내면을 깊이 바로 보는 고독의 시간이 필요합니다.

오늘날 발전한 소통 기술을 한번 생각해 봅시다. 트위터나 페이스북(facebook), 카카오톡 등은 다른 사람과 끊임없이 대화하게 하고, 자신이 찍은 사진을 보여주면서 감탄하고, 공감하기도 합니다. 현대인은 문자를 보내고, 인터넷을 검색하고, 음악을 듣고, 대화를 하면서 끊임없

제2부 공적 행복의 재발견

이 누군가와 대화를 나눕니다. 그런데 단 한 사람, 자신과는 대화하지 않습니다. 더 정확히는 자신과의 대화를 두려워하고, 어색해합니다. 자신에 대해 깊은 이해가 부족하니 주체성이 부족하고, 미래에 자신이 무엇을 해야 하는지 확신하지 못합니다. 사물이나 사건에 대해 깊이 있는 사색이 없으니 늘 피상적인 수준입니다. 그래서 다른 사람이 하는 대로 따라가게 됩니다. 결국 유행에 민감하게 되고, 자신을 스스로 믿지 못하고, 불안해합니다. 동시에 고독의 시간이 부족하여 세상을 바로 볼 수 있는 눈을 잃어버리게 됩니다.

이러한 고독과 사유 없는 삶은 결국 우리로 하여금 인간으로 사는 것이 아니라 소비자로 살게 만듭니다. 소비자의 삶은 앞에서 강의 했듯이, 돈을 욕망하게 하고, 그 돈을 벌기 위해서는 무엇이든 하게 만들어서, 결국 돈이 곧 행복이라는 등식을 믿게 만듭니다. 이런 소비자의 삶은 결국 우리 모두의 생각과 가치를 저열하게 만들어 버립니다. 우리 사회에서 사람을 나누는 기준을 보세요. 몇 평짜리 아파트에서 사느냐로 사람을 나누고, 무슨 차를 타느냐로 구분하며, 남편의 직업에 '사(師)'자가 들어가느냐 안들어가느냐로, 다니는 직장이 10대 기업이냐 30대 기업이냐, 또는 중소기업이냐로 끊임없이 구분하며 살아가게 만듭니다. 이러한 구분은 스스로 얼마나 자신감이 없는지를 드러내는 것이며 우리가 얼마나 외적인 것만을 추구하며 살아가고 있는지를 잘 보여주는 이 시대의 자화상입니다. 이러한 불행을 또 다시 자기 자녀들에게 교육시키며 살아가게 됩니다. 내가 왜 불행해지는지, 어떤 삶을 살아야 행복할 수 있을지에 대한 진지한 반성은 없고, 다른 사람이나 사회에서 통용되는 일반적인 기준들을 자신의 것으로 삼아 살아가게 됩니다. 이러한 비극의 근원에는 우리 스스로 고독한 시간을 통해서 스스로 자아성찰을 할 시간을 잃어버렸기 때문입니다. 인간의 삶이 무엇인지, 우리 사회가 무엇을 지향하는지, 그리고 모든 이들이 행복하려면 우리 사회가 어떤 사회가 되어야 하는지에 대한 진지한 사색이 없습니다.

부모들이 자녀들에게 행복할 사회를 만들어주는 데 초점을 맞추는 것이 아니라, 내 자녀만 잘 되기를 원하는 마음으로 어릴 때부터 많은 학원에 보내면서 공부를 강요하고, 좋은 성적만이 행복의 길이라고 몸소 가르쳐주고 있습니다. 그래서 제대로 놀지도 못하고, 생각도 안하고, 자주장도 없는 그런 수동적인 인간들만을 양성하고 있는 것이 우리의 교육입니다.

이제 당신은 고독해야 합니다. 고독을 두려워하지 마시기 바랍니다. 고독은 외로움이 아닙니다. 외로움은 아무도 나를 사랑하거나 이해해주지 못할 때 가지는 감정이라면, 고독은 스스로 타인을 떠나 자신과 마주하고자 하는 주체적이고 능동적인 행위입니다. 고독의 시간을 통해 진지한 사유와 성찰을 해 보시기 바랍니다. 인문학은 바로 이런 고독의 시간에 인간을 이해하고 삶을 이해함으로 피상적인 사유의 세계에서 벗어나, 사회와 인간의 본질을 통찰 할 수 있는 능력을 갖게 하는 것입니다. 자신을 성찰하고 사색함으로 자신의 삶의 목표를 재설정해야 합니다. 이것이 곧 사유하는 인간이요, 놀이하는 인간이며 쉼의 진정한 의미입니다.

다음은 이해인 수녀의 아름다운 시입니다. 제목은 '고독을 위한 의자'입니다.

홀로 있는 시간은

쓸쓸하지만 아름다운

호수가 된다.

바쁘다고 밀쳐두었던 나 속의 나를

조용히 들여다볼 수 있으므로,

여럿 속에 있을 땐

마치 되새기지 못했던

삶의 깊이와 무게를

고독 속에 헤아려볼 수 있으므로

내가 해야 할 일

안 해야 할 일 분별하며

내밀한 양심의 소리에

더 깊이 귀 기울일 수 있으므로.

그래

혼자 있는 시간이야말로

내가 나를 돌보는 시간

여럿 속의 삶을

더 잘살아내기 위해

고독 속에

나를 길들이는 시간이다.[100]

---

100 이해인 지음, 『꽃삽』(샘터, 2003), pp. 158~159.

고독은 스스로를 분주한 일상에서 내밀한 자신의 시간으로 유폐시키는 것입니다. 스스로 유폐됨으로 삶을 바로 관조할 수 있고, 자신이 어디에 서 있는지 알게 됩니다. 망망한 대해에서 배가 자신이 어디로 가는지 알 수 있는 지표는 나침반이 없을 때에는 오직 밤하늘에 떠 있는 별을 보고 가는 것입니다. 북극성은 움직이지 않기에 기준을 세울 수 있습니다. 고독의 시간은 바로 눈을 들어 북극성을 바라보는 시간임을 잊지 마시기 바랍니다.

젊은이여, 고독의 시간을 가지시라. 스스로 자신을 유폐시키시라. 그리고 진지하게 사색하시라. 보이는 것 너머의 진정한 세계를 보시라. 그럼 행복할 수 있으리라.

청춘이여 고전을 읽자

고독의 시간을 갖는다 해도, 문제는 별을 구별할 수 있는 지식이 있어야 합니다. 사색만 해서는 안됩니다. 공부도 해야 합니다. 즉 지식이 있어야 사색을 제대로 할 수 있습니다. 그 지식을 우리는 독서에서 얻을 수 있습니다. 특히 고전에 대한 독서가 긴요합니다. 인문학적 고전은 우리에게 인간의 본질이 무엇인지 가르쳐줍니다. 인간의 본질은 3천 년 전이나 오늘이나 3천 년 후에도 비슷할 것이기 때문입니다. 고전은 무슨 뜻일까요?

고전(古典)은 영어로 '클래식(classic)'이라고 한다. 클래식은 라틴어 '클라시쿠스(classicus)'에서 유래했는데, 이 말은 형용사이며 원래는

　　　　　　　　　　　제2부 공적 행복의 재발견

'함대(艦隊)'라는 의미를 가진 '클라시스(classis)'라는 명사에서 파생된 형용사이다. 함대란 말은 군함이 적어도 두세 척 이상은 있다는 뜻이다. 클라시스는 '군함의 집합체'라는 의미이다. 클라스쿠스라는 형용사는 로마가 국가적 위기에 직면했을 때, 국가를 위해 군함을, 그것도 한 척이 아니라 함대를 기부할 수 있는 부호를 뜻하는 말로, 국가에 도움을 주는 사람을 가리켰다. 반대로 국가가 위기에 직면했을 때 오직 자기 자식, 자식은 '프롤레스(proles)'라고 하는데, 밖에는 내놓을 것이 없는 사람들을 '프롤레타리우스(proletarius)'라고 불렀다. 여기서 빈곤한 노동계급을 말할 때 사용하는 '프롤레타리아(proletarian)'라는 말이 나왔다. 그럼 클래식은 왜 고전이라는 말이 되었는가? 인간은 언제나 위기를 맞이할 수 있다. 그러한 인생의 위기를 맞이할 때, 정신적인 힘을 주는 책이나 작품을 가리켜 클래식이라고 하였다.[101]

우리가 살면서 혹시 겪게 될 삶의 위기에서 고전은 든든한 함대가 되어줄 것입니다. 고전의 중요성이 바로 여기에 있습니다. 현대인들이 삶의 위기에 취약한 이유가 무엇입니까? 인생의 목적을 생각해 본 적도 없고, 사색도 해본 적이 없고, 인간의 삶을 깊이 이해하거나 들여다본 경험도 없이 살아가면서, 모든 지식은 상식 수준의 피상성만으로 살아가기 때문입니다. 문제는 그런 피상적 삶을 살다가 삶의 어떤 문제에 직면해서는 그 문제가 어디서부터 오는지도 모르고, 근원을 이해할 수

---

101 이마미치 도모노부 지음, 이영미 옮김, 『단테신곡강의』(안티쿠스, 2011), pp. 14~15.

있는 사유능력도 없게 되어 사건이나 사물의 본질을 알지 못합니다.

고전의 힘은 바로 여기에 있습니다. 만일 당신이 진정한 행복을 원한다면, 생각하고, 현실의 구조를 이해하고, 성찰해야 합니다. 모든 것을 피상적으로 이해해서는 안됩니다. 그러기 위해서 열심히 고전을 읽어야 합니다. 이미 고전의 저자들이 자신의 시대를 살면서 고민하고 사색하고 경험한 것들을 우리에게 책으로 남겼습니다. 이 아름다운 유산을 그냥 묻어두는 것은 어리석은 일입니다.

고전은 결국 인문학으로 확장됩니다. 오늘 한국 사회에 인문학 열풍이 불고 있습니다. 많은 사람들이 인문학 강의를 듣고, 인문학으로 무엇인가 창의적인 인간이 되고자 합니다. 여러분들이 이 강의를 듣는 것도 어쩌면 인문학에 대한 호기심 때문일 수도 있습니다. 인문학이라고 하면 문학, 철학, 역사를 말합니다. 문학은 무엇입니까? 저는 임철규 교수가 말한 문학의 정의가 가장 마음에 듭니다.

"위대한 문학이란, 문학이라는 형식을 통해 망각 속에 묻혀 있는 숱한 인간들을 역사 속으로 불러내어, 그들을 다시 '기억'해주고 그들의 '상처'를 어루만져주고 고통과 죽음을 슬퍼하며 '장례'를 지내주는 애도의 행위다."[102]

문학은 애도의 행위라는 말에 공감합니다. 역사에서는 한 줄로 기록된 것을 문학은 역사의 거대한 바다에 수장되어 있는 사람들을 불러

---

102 임철규 지음, 『그리스 비극』(한길사, 2007) p. 16.

서 그들을 애도해주는 것이라고 합니다. 소설가 박경리의 『토지』를 보세요. 평사리라는 마을의 최서희라는 한 여인을 통해서 일제시대부터 해방까지의 그 긴 여정을 온몸으로 살았던 삶을 보여주고 있습니다. 그녀와 함께 등장하는 많은 인물들을 하나하나 건져서 복원해 줌으로, 그들의 삶의 무게가 어떠했으며, 그들의 삶이 얼마나 아름다웠는가를 복원해주고 있습니다. 그래서 그 시대의 사람들의 삶이 의미 있음을 보여줌으로 그들을 애도하고 있습니다. 문학은 그런 점에서 애도의 행위라는 말에 공감하는 것입니다.

철학은 무엇입니까? 철학은 삶의 의미를 묻고 따지며 탐구하여 해답을 얻는 것입니다. 이성을 가지고 지혜를 추구하는 것이 철학입니다. 영어로 철학인 'Philosophy'는 지혜(sopia)를 사랑하는 것이기 때문입니다. 그리스인들은 이성이라는 바탕 아래 서로 자유롭게 소통하고, 이해하고 알아갔습니다. 소크라테스는 자신을 '지혜에 관한 한 자신이 아무것도 아님을 아는 자'라고 말했습니다. 즉 지혜를 좋아하는 사람이 철학자라는 말입니다.

역사는 단순한 과거의 이야기가 아닙니다. 역사는 지나간 과거의 나열이 아니라 카아(E. H. Carr)가 말한 것처럼 '과거와 현재의 대화'입니다. 인류의 과거를 아는 것은 곧 우리의 미래를 아는 것과 같습니다. 그런 의미에서 인문학은 모두 인간의 삶과 깊은 관련이 있습니다.

미국의 시카고대학은 1890년에 창설되었으나 별로 좋은 대학은 아니었습니다. 그러다 1929년 로버트 허친스(Robert Hutchins)박사가 총장으로 취임하면서 변화가 일어납니다. 허친스 박사는 학생들에게 교양교육의 일환으로 각 분야의 고전 100권을 무조건 읽게 하였습니다.

학생들은 100권의 책을 읽으면서 시대를 초월하는 진리를 발견하기도 하고, 자신의 삶을 재정립하게 되었습니다. 고전읽기로 시카고대학은 많은 노벨상 수상자를 배출하게 되고, 좋은 학교로 발전하게 되었습니다.

본디 인문학을 '휴머니타스(Humanitas)'라고 합니다. 이는 '인간다움에 관한 학'이라는 뜻입니다. 대학이라는 'University'의 어원은 우주라는 'Universe'에서 왔습니다. 무엇을 말합니까? 대학은 우주 또는 보편이라는 지식과 학문을 배우는 곳이라는 것입니다. 그래서 대학은 전공과 교양과목으로 나누어지며, 둘을 균형 있게 교육시킵니다. 미국에서는 사실상 대학 4년 동안 교양과 인문학적인 독서만을 하는 대학도 있습니다. 미국은 사실상 대학원 중심의 대학이기 때문에, 대학시절에 풍부한 독서력을 바탕으로 대학원에서 자신의 전공 공부와 결합하여, 사회가 필요한 인재를 만들어내는 구조입니다.

프랑스는 대입시험에서 철학을 중요하게 시험 보는 나라입니다. 우리의 수학능력시험인 바칼로레아는 철학의 배점이 커서 입시생들은 열심히 철학을 공부합니다. 외워서 쓰는 시험이 아닙니다. 추상적이고 관념적인 주제를 다루며, 사유의 폭을 시험합니다. 그래서 끊임없이 토론하고 사고하고 독서를 해야만 좋은 성적을 받을 수 있습니다. 프랑스 사람들은 자신들이 가장 지적인 국민이라고 생각한다고 합니다. 그 근저에는 철학이 있습니다. 철학은 지성의 토대이자, 문화와 예술의 뿌리이기 때문입니다.

결론적으로 고전을 읽고 사색하시라. 생각할 줄 아는 사람만이 사회와 삶을 넓고 깊게 볼 수 있고, 그런 눈을 가진 자만이 현실을 바꿀 수 있는 능력과 자신의 행복을 찾아 갈 수 있는 인간이 될 수 있습니다.

서로 사랑하라

사적인 행복을 얻는 가장 중요한 방법 가운데 하나는 사랑하는 것입니다. 행복에 대한 많은 책들은 행복하려면 사랑하라고 말합니다. 모든 대중가요의 주제는 사랑이고, 행복을 찾는 영화 대부분도 결국 사랑의 발견으로 끝나게 되는 것을 보게 됩니다. 프랑스의 작가인 프랑수아 를로르가 쓴 『꾸뻬 씨의 행복 여행』이라는 책이 있습니다. 얼마 전에 영화로도 나왔는데, 프랑스 파리의 정신과 의사였던 주인공 꾸뻬 씨가 모든 것을 가진 것 같은 사람들이 불행하다며 찾아오는 사람들을 상담해주다 자신 역시 행복하지 않다는 것을 알고, 행복의 답을 찾기 위해서 여행을 떠나는 이야기입니다. 그 여정에서 행복의 의미를 깨닫습니다. 그는 행복이란 멀리 있지 않고 가까이 있는 것을 사랑하는 것임을 알게 됩니다. 그는 불행하지도 않으면서 불행하다고 생각하는 사람들에게 다음과 같은 카드를 선물하기를 좋아합니다.

"춤추라, 아무도 바라보고 있지 않은 것처럼,
사랑하라, 한 번도 상처받지 않는 것처럼,
노래하라, 아무도 듣고 있지 않은 것처럼,
살라, 오늘이 마지막 날인 것처럼."

우리는 자신에게 주어진 시간을 사랑하지 않고, 자신에게 주어진 삶을 소중히 생각하지 않습니다. 매일매일 다시 오지 않는 귀중한 시간을 우리는 그저 흘러가는 강물처럼 대하며, 무덤덤하게 살아가고 있습니다. 삶에서 스스로 불행해하는 사람들의 특징은 시간을 사랑하지 않는다는 점입니다. 그런 면에서 먼저 시간을 사랑해야 합니다. 어쩌면 나에게 내일이라는 시간이 오지 않을 수 있다는 것을 알게 된다면, 지금 내 주위에 있는 사람이나 일이나 가정이나 삶이 소중하게 여겨지게 됩니다. 매일 아침마다 가족들과 인사를 하고 일을 하러 갔다가 돌아오지 못하는 사람들이 얼마나 많은지 아십니까? 저녁에 퇴근하면서 동료들과 내일 보자고 인사를 하고 떠났지만, 다시 못 나오는 사람은 또 얼마나 많을까요? 시간을 사랑하는 자만이 자신의 인생을 사랑하고, 인생을 사랑하는 자는 가까이에 있는 모든 것을 사랑할 수 있습니다.

『꾸뻬 씨의 행복 여행』에서는 진정한 행복을 이렇게 말합니다.

"진정한 행복은 먼 훗날 달성해야 할 목표가 아니라, 지금 이 순간 존재하는 것입니다. 인간의 마음은 행복을 찾아 늘 과거나 미래로 달려가지요, 그렇기 때문에 현재의 자신을 불행하게 여기는 것이지요. 행복은 미래의 목표가 아니라, 오히려 현재의 선택이라고 할 수 있지요. 지금 이 순간 당신이 행복하기로 선택한다면 당신은 얼마든지 행복할 수 있습니다. 그런데 안타까운 것은 대부분의 사람들이 행복을 목표로 삼으면서 지금 이 순간 행복해야 한다는 사실을 잊는다는 겁니다."[103]

---

103 프랑스아 를로르 지음, 오유란 옮김, 『꾸뻬 씨의 행복 여행』(오래된미래, 2004), p. 190.

사람들은 행복을 자꾸 미래로 유예합니다. 그러나 행복은 유예를 해서 얻어지는 것이 아닙니다. 지금 행복한 사람만이 미래에도 행복할 수 있습니다. 과거 역시 마찬가지로 우리는 사랑해야 합니다. 과거의 실수, 잘못, 실패는 우리를 힘들게 합니다. 그럼에도 그대로 받아들여야 합니다. 그때 내가 부족했음을 인정하고, 후회는 하되 절망은 하지 말아야 합니다. 그리고 지금 이 순간을 사랑하고, 최선을 다해야 합니다. 내가 마음대로 할 수 있는 시간은 지금 이 순간뿐이기 때문입니다.

　그리스 로마신화에 나르시스 이야기가 있습니다. 나르시스는 미소년이었습니다. 그런데 어느 날 우연히 물속에 비친 자신의 모습에 스스로 반해 자신에게 사랑에 빠져서 결국 자신의 모습을 따라서 물속으로 걸어 들어가 죽었다는 자기애적인 인물입니다. 여기서 '나르시시즘

나르시스

(narcissism)'이라는 말이 나왔습니다. 이 신화가 말하고자 하는 것이 무엇입니까? 인간은 자기애만으로 참된 행복을 얻을 수 없다는 것을 말합니다. 자기만을 사랑하는 사람은 결국 불행해집니다. 자기를 사랑하는 자는 다른 사람도 사랑할 수 있어야 합니다. 행복하기 위해서는 나르시시즘을 넘어서야 합니다. 그것이 공동체의 삶으로 확장될 때, 우리는 진정한 행복을 향해 갈 수 있을 것입니다.

고대 철학자 엠페도클레스(empedokles)는 만물의 구성 원인을 4가지 찾았습니다. 그는 모든 것의 기본이 되는 영원히 변하지 않는 원소는 물, 불, 흙, 공기라고 하여 4원소를 주장하였습니다. 뤽 베송(Luc Besson) 감독의 〈제5원소〉라는 영화는 여기에 하나를 더 붙이는데, 그것이 바로 사랑입니다. 전 우주의 파멸을 막는 마지막 원소가 바로 사랑이라는 말에 저는 전적으로 동의합니다. 사랑이 없는 세상이 어떻게 존재하며, 사랑 없는 행복이 어찌 가능하겠습니까? 그러므로 사랑하세요. 뜨겁게.

1 　우리 삶에서 실천할 수 있는 행복한 소비는 어떻게 가능할까요?

2 　한번 실패해도 다시 일어설 수 있는 방안은 무엇이 있을까요?

3 　행복과 놀이는 무슨 관계이고, 행복에 중요한 요소일까요?

4 　고전을 읽는 것이 행복에 중요합니다. 동의하십니까?

5 　사랑은 행복의 제일 중요한 요소가 맞습니까?

요한 하위징아 지음, 이종인 옮김, 『호모 루덴스』(연암서가, 2010)

단순한 놀이를 문화의 중요한 부분으로 인식하게 만들어준 고전입니다. 인간의 삶에서 놀이는 무의미한 시간 보내기가 아니라 문화이며, 창조의 원동력임을 강조하고 있습니다.

지그문트 바우만 지음, 정일준 옮김, 『쓰레기가 되는 삶』(새물결, 2008)

현대사회에서 생길 수밖에 없는 잉여인간이 어떻게 형성되고, 그 사람들이 왜 쓰레기 같은 존재로 여길 수밖에 없는지를 밝혀낸 책입니다. 자본주의의 문제에 대한 근원적 성찰을 잘 보여줍니다.

이정전 지음, 『우리는 행복한가』(한길사, 2009)

경제학자 이정전 교수가 경제학적으로 쓴 행복론입니다. 주류경제학의 성장위주는 진짜 행복을 주지 못한다는 것을 보여줍니다. 경제학적으로 통계와 수치를 통해서 행복이 무엇인지를 설명하고 있습니다.

에필로그

누구나 행복을 원합니다. 저마다 행복이 달라서 수천·수만 가지의 행복론이 있습니다. 이 책을 읽고 있는 당신도 나름의 행복론이 있을 것입니다. 저마다 다른 행복론에서 공통분모를 뽑을 수 있다면 그것이 행복의 근사치가 될 수도 있을 것입니다. 이 책은 여러 행복의 길 가운데 공적인 행복이 중요함을 강조하는 것과 행복의 길은 사회 구조와 깊은 관련이 있다는 점을 부각하는 것입니다. 그리고 인문학적인 공부를 통해 사유하는 것이 중요하다는 것을 말씀드립니다.

어쩌면 인생에서 행복하기 위해서는 제일 중요한 것이 행운이라고 생각할 수가 있습니다. 서유럽의 사회복지가 잘된 나라에 태어난 아이와 아프리카의 가장 가난한 나라에 태어난 아이의 삶이 얼마나 다른가를 미루어 알 수 있습니다. 그들이 태어난 것은 자신의 노력의 결과도 아닙니다. 전적으로 행운이냐 불운이냐?입니다. 그러나 행운만으로 행복이 결정되는 것도 아닙니다. 그들의 인생은 분명 달라질 터이지만 그렇다고 해서 아프리카 아이가 불행해지지 않을 수도 있습니다. 오히려 부자 나라에서 태어난 아이가 자신 스스로 불행하다고 생각할 수도 있습니다. 그래서 우리는 그들의 행복을 동일한 기준으로 셈할 필요는 없습니다. 그 누가 알겠습니까? 아프리카 아이가 더 행복하다고 할지는 모르는 일입니다.

우리에게 주어진 삶의 방식은 두 가지가 있습니다. 하나는 욕망을 극대화하여 계속 경쟁해서 승리하여 모든 것을 얻는 삶, 곧 승자독식사회(the winner take it all)의 삶을 사는 것입니다. 다른 하나는 앞의 것과 반대로 욕망을 절제하고, 경쟁을 그만두고, 행복을 재정의하여 자신이 원하는 일을 하며 사랑하며 살아가는 것입니다. 어느 길을 가는 것이 좋을까요? 그런데 정말 이 두 가지 길 외에는 없는 걸까요? 아닙니다. 제3의 길이 존재할 수 있습니다. 우리는 부탄처럼 갈 수도 없고, 그렇다고 계속 승자독식 사회로 살아갈 수도 없습니다. 사실 유럽의 복지국가 지향이 바로 그것입니다. 북유럽 국가들인 덴마크, 스웨덴, 노르웨이 같은 나라는 행복지수가 높습니다. 경쟁이 치열한 것도 아니고, 그렇다고 욕망을 크게 절제하지도 않습니다. 그들은 다른 사람과 더불어 공존하며 살아가는 길을 추구하고 있음을 알 수 있습니다.

서유럽과 비교하여 우리 사회가 불행한 이유가 몇 가지 있습니다. 첫째는 교육비의 과다 지출입니다. 더 정확히는 사교육비입니다. 유치원 시절부터 대학교 졸업 때까지 우리는 자녀의 교육에 막대한 돈을 쏟아 붓고 있습니다. 교육비가 무서워서 자녀를 낳을 수 없다는 말이 사실이 되었습니다.

두 번째는 의료비입니다. 우리 사회의 의료보험은 적용 안 되는 분야가 많아서 사실은 반쪽짜리 의료보험입니다. 암에 걸리면 수천만 원의 돈이 들어갑니다. 그래서 아프지도 못하고, 불안하니 사적 보험을 가입하게 됩니다. 그래서 돈이 없는 사람은 아프지도 못한다는 말이 나옵니다.

세 번째는 주거문제입니다. 우리 사회는 자기 집, 특히 아파트를 갖는 것이 중산층의 척도가 되는 때가 있었습니다. 그런데 지금 집값은 우리 국민 소득에 비하면 아주 높습니다. 거품이 많이 있어서, 봉급생활자가 저축을 해서 서울에 집을 사는 것은 거의 불가능합니다. 게다가 전세 값이 거의 집값에 버금가서, 빚을 내어 전세를 살게 됩니다. 또한 월세가 증가하면서 주거 문제는 점점 더 불안해지고 있습니다. 이런 주거 문제의 심각성은 국민들의 행복을 저하시키는 데 일조하고 있습니다.

우리 사회의 공적 행복도가 떨어지는 가장 큰 이유는 바로 이 세 가지 문제에 기인한다고 봅니다. 이 문제들만 어느 정도 해결된다면 공동체 구성원의 행복도가 높아질 것입니다.

이제 우리는 어떻게 해야 우리 사회 구성원이 행복할 수 있을지를 생각해야 합니다. 이제 나 혼자 열심히 해서 잘 살고 행복할 수 있다는 생각을 버려야 합니다. 우리 모두가 잘 사는 길, 모두가 행복한 길을 찾아야 합니다. 그 일을 위해서 우리는 연대하고 사랑하고 소통해야 합니다. 우리 모두가 행복한 길은 내가 속한 공동체가 행복한 공동체로 변하는 것입니다. 그것을 위해서 정치에 관심을 가져야 합니다.

그리고 또 하나 인문학을 통해서 인간의 삶이 무엇인지, 그리고 사유하는 것이 얼마나 중요한지를 이해하는 것입니다. 진짜 공부는 고전과 인문학을 통해 인간의 삶을 이해하고, 사유함으로 사회 현상이나 인간에 대한 피상적 이해를 벗어나는 일입니다. 즉 깊이 있게 사회와 인간을 이해한다면, 그런 사람들이 많아진다면 우리 공동체는 분명 지금보다 훨씬 더 나은 세상을 만들 수 있습니다. 또한 다른 사람이 만들거나 관습에 의해 형성된 행복이 아니라 자신이 새롭게 발견한 행복의 길을 걸어갈 수 있습니다. 자 이제 여러분 스스로 그 길을 찾아 가보시지요.

강의를 마칩니다.

인문학으로 행복 찾기

보론: 영적인 행복을 찾아서 - 기독교인의 행복

앞에서 움베르토 에코의 『장미의 이름』이라는 소설을 말했습니다. 이 책의 중요한 모티브는 존재한다고 알려졌지만, 지금은 존재하지 않는 아리스토텔레스의 『시학』 제2권인 희극편입니다. 이 책을 가지고 있었던 수도원의 도서관 사서였던 호르헤와 주인공 윌리엄 수사 사이의 대립과 갈등이 주 내용입니다. 중세는 교회가 지배하면서 엄숙주의가 팽배해지며 웃는 것은 불경하다는 생각이 팽배하였습니다. 중세 신학의 최고봉이었던 토마스 아퀴나스(Thomas Aquinas)가 신학을 전개했던 방법론이 아리스토텔레스입니다. 아리스토텔레스의 눈으로 신학을 해석했기에, 아리스토텔레스의 『시학』 2권에 희극을 긍정했다면, 중세 교회가 가진 엄숙주의는 토대를 잃어버리게 됩니다. 따라서 호르헤는 숨기려고 하고, 그 책을 보는 사람들을 모두 죽이게 됩니다. 이 살인 사건을 윌리엄이 해결하면서 웃음을 잃어버린 중세의 비극을 드러내고 있습니다.

이 책을 설명하는 이유는 웃음조차 불경하다는 엄숙주의 아래에 살던 중세인에게 행복은 결코 현세적이지 않았음을 말하기 위해서입니다. 중세의 기독교는 자신이 죄인임을 알고 하나님의 은혜로 죄사함 받아 영원한 천국의 삶을 보장해 준다고 믿었습니다. 중세인을 괴롭혔던 흑사병과 외세의 침입, 그리고 지속적인 가뭄을 통해서 가난할 수밖에 없고, 세상에서 누릴 수 있는 기쁨이 거의 없었던 농노들에게 천국의 소망은 유일한 희망이었습니다. 그들에게 세상은 천국을 가기 위한 중간 기착지였고, 이 세상에서의 삶이 천국을 보장하였기에 지금의 고난을 견디고 천국을 바라보면서 오늘을 경건하게 살아야 한다고 믿었습니다. 이러한 영향으로 지금도 교회에서는 웃으면 안 되며 경건하지 못한 것으로 오해하기도 합니다.

중세 기독교인들이 가고자 했던 천국은 어떤 곳일까요? 성경에 보면 천국은 지극히 아름다울 뿐 아니라 고통이나 아픔이 없는 곳입니다. 환상 가운데 천국을 보았던 사도 요한은 이렇게 말합니다.

"내가 들으니 보좌에서 큰 음성이 나서 이르되 보라 하나님의 장막이 사람들과 함께 있으매 하나님이 그들과 함께 계시리니 그들은 하나님의 백성이 되고 하나님은 친히 그들과 함께 계셔서 모든 눈물을 그 눈에서 닦아 주시니 다시는 사망이 없고 애통하는 것이나 곡하는 것이나 아픈 것이 다시 있지 아니하리니 처음 것들은 다 지나갔음이러라"(요한계시록21:4~5)

기독교인들에게 천국은 영원한 지복의 나라이며, 이 세상에서 당하는 모든 고통과 아픔과 슬픔이 사라진 곳입니다. 오직 기쁨과 행복만이 넘치는 나라이며, 이곳에서의 삶은 영원한 것이라고 믿습니다. 따라서 이 세상에서 얻는 행복보다는 천국에서의 삶을 더 중요하게 여깁니다. 이러한 생각이 이 세상에서는 금욕주의적인 세계관을 가지게 되고, 이러한 세계관은 내세지향적인 삶을 살아가게 하며, 행복을 저 세상으로 유예하기도 합니다. 이는 우리가 행복을 얻는 데 욕망의 만족을 추구하지 않게 합니다. 도리어 이 땅에서의 욕망의 추구를 줄여서 스스로 작은 것에 행복하게 하고, 육신의 만족에서 영혼의 만족 추구로 바뀌게 만들어 줍니다.

성서는 잃어버린 낙원을 다시 회복하는 과정을 보여줍니다. 하나님은 우주 만물을 지으시고 마지막 날에 인간을 만드셨습니다. 아담을 만드시고 홀로 있는 것이 보기 좋지 않아서 여자인 하와를 만드셨고, 그들이 거주할 수 있도록 에덴동산을 주셨습니다. 에덴은 히브리어로 '기쁨'이라는 뜻입니다. 말 그대로 기쁨의 동산이요, 행복의 동산인 것입니다. 하나님은 인간이 행복한 삶을 살아가라고 에덴을 주셨으나, 인간의 불순종으로 인해 에덴을 상실하게 됩니다. 아담과 하와는 하나님의 말씀을 어기고 선악과를 먹음으로 인해 행복의 동산에서 쫓겨나게 됩니다. 그 이후 전개되는 성경의 이야기는 결국 에덴을 상실한 인간의 모습과 그 불쌍한 인간을 위해 다시 에덴을 회복해주시기 위한 하나님의 사랑 이야기입니다. 그 정점에는 바로 예수님이 계십니다. 예수님은 우리에게 에덴을 회복시켜 주시기 위해서 오셨습니다. 그리고 요한계시록 20장에서 보이는 "새 하늘과 새 땅"은 에덴의 회복을 의미합니다.

존 밀턴(John Milton, 1608~1674)은 그의 작품 『실낙원』에서 인간의 타락 과정을 다음과 같이 노래합니다.

"인간이 한 처음에 하나님을 거역하고 죽음에 이르는
금단의 나무 열매를 맛봄으로써
죽음과 온갖 재앙이 세상에 들어왔고
에덴까지 잃게 되었으나…"*

---

* 존 밀턴 지음, 조신권 옮김, 『실낙원 1』(문학동네, 2012), pp. 12~13.

창세기는 인간의 타락으로 인해 인간은 행복을 상실했음을 말합니다. 상실한 인간은 이 세상에서 하나님을 떠나 자신의 힘과 능력으로 살기를 원했으나, 결국 실패하게 됩니다. 인간은 행복을 경험하지 못하고 잠시의 행복이나 기쁨이 진짜 행복인 줄 알고 살아가게 됩니다. 이러한 삶이 결국 인간이 세상에서 만족하지 못하게 됩니다. 그 결과 에덴을 잃어버린 인간에게 행복과 기쁨을 다시 주기 위하여 예수님이 이 땅에 오셨습니다. 그것이 바로 복음입니다. 복된 소식은 에덴을 잃어버린 인간들에게 행복을 주고 에덴을 회복시켜주시는 예수님을 만나는 것입니다. 이것이 복낙원이요, 행복의 길입니다.

여기에서 기독교의 행복관을 볼 수 있습니다. 즉 인간의 행복은 결국 하나님과 어떤 관계를 설정하느냐에 달려 있다는 것입니다. 인간의 본질은 하나님을 떠나서 살면 결국 세상에서 참된 기쁨이나 행복을 얻을 수 없게 됩니다. 그 이유는 인간의 본질 가운데 하나는 인간은 육체적 존재가 아니라 영적인 존재이기 때문입니다. 결국 인간의 행복은 인간에게 달려 있는 것이 아니라 하나님께 달려 있음을 알고 하나님과의 관계를 잘 맺는 것이 중요합니다.

기독교인들이 이 땅에서 행복을 얻지 못하는 이유가 무엇일까요? 사도 바울은 로마서 12:2절에서 "너희는 이 세대를 본받지 말라"고 하였으나, 기독교인들이 이 세대를 본받음으로 말미암아 진정한 행복을 상실하게 되었습니다. 우리 사회가 불행한 이유는 배금주의와 맘몬이즘에 빠져 있는 것이라면, 기독교인들도 그러하기 때문입니다. 세상은 돈이면 다 할 수 있다는 생각으로 가득하고, 권력이나 돈으로 행복을 살 수 있다고 생각합니다. 그런 세상을 본받지 말아야 할 교회와 성도들이 세상을 본받음으로 위기에 직면해있습니다. 교회가 교회답지 못한 것은 교회 안에 그리스도인들이 세상을 본받기 때문입니다. 이는 결국 하나님의 말씀보다는 세상의 물질을 더 사랑하는 모습입니다. 교회는 세상의 가치와 잣대로 이루어져서 세상의 다른 공동체와 다르지 않게 되었습니다. 도스토엡스키의 『까라마조프의 형제들』이라는 작품에 나오는 '대심문관'장에서 주교가 예수님께 했던 말이 그대로 이루어지고 있는 곳이 교회입니다. "이제 당신은 필요 없다고, 우리끼리 잘 하고 있으니 다시는 오지 마시오"라고 했던 주교의 목소리가 우리 교회 안에 만연하고 있습니다.

기독교인의 불행 가운데 하나는 바로 교회가 세상을 본받았기 때문입니다. 교회의 본질이 희석되고, 사라지면서 교회는 세상의 희망이 아닌 근심이 되어가고 있습니다. 우리 초대교회는 구한말에 세상의 희망이었습니다. 뿌리 깊은 유교문화의 폐해인 신분제 사회는 여전하고, 세상의 변화와는 상관없이 주자학이 전부인 것처럼 경전만을 외고 있던 그 시대에, 분연히 주님 안에서 우리는 모두 하나이고, 하나님의 자녀이기에 평등하다고 말했던 것이 교회입니다. 이 땅에 학교를 세워 근대 서양교육을 통해 미몽에서 벗어나게 함으로 교회는 세상의 희망이 되었습니다. 교회는 단순히 예배드리는 장소가 아닙니다. 어떤 점에서 예배는 가장 정치적일 수 있습니다. 우리가 드리는 예배와 기도는 세상에 대해서 능력이요, 세상을 본받지 않게 하는 강력한 성령의 힘이기 때문입니다.

또한 기독교는 은혜의 종교라는 점이 중요합니다. 은혜는 하나님이 대가 없이 주는 선물이며, 그 은혜로 말미암아 사람들은 감사하게 되고, 그 감사가 기쁘게 합니다. 기쁨은 우리에게 행복을 줍니다. 그런 점에서 기독교는 행복을 추구하는 종교입니다. 다만 그 행복은 내가 노력해서가 아닌 하나님의 선물이며, 하나님을 믿는 자녀들에게 주시는 축복이라고 믿습니다. 인간이 행복을 얻을 수 있는 방법 가운데 하나입니다. 이것이 영적인 행복입니다.